Dorothea Piening, Felix Rauner (Hg.)

Kosten, Nutzen und Qualität der Berufsausbildung

Bildung und Arbeitswelt

herausgegeben von

Prof. Dr. Rolf Arnold (TU Kaiserslautern)
Prof. Dr. Philipp Gonon (Universität Zürich)
Prof. Dr. Felix Rauner (Universität Bremen)

Beirat:
Prof. Dr. Thomas Deißinger (Konstanz), Prof. Dr. Dieter Euler (St. Gallen),
Prof. Dr. Walter Georg (Hagen), Prof. Dr. Walter Heinz (Bremen),
Prof. Dr. Wolfgang Hörner (Leipzig), Dr. Wilfried Kruse (Dortmund),
Dr. Lorenz Lassnigg (Wien), Dr. Uwe Lauterbach (Frankfurt am Main),
Prof. Dr. Günter Pätzold (Dortmund), Prof. Dr. Nikitas Patiniotis (Athen)

Band/Volume 29

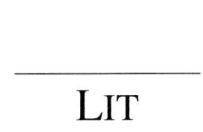

Dorothea Piening, Felix Rauner (Hg.)

Kosten, Nutzen und Qualität der Berufsausbildung

LIT

Bibliografische Information der Deutschen Nationalbibliothek
Die Deutsche Nationalbibliothek verzeichnet diese Publikation in der
Deutschen Nationalbibliografie; detaillierte bibliografische Daten sind
im Internet über http://dnb.d-nb.de abrufbar.

ISBN 978-3-643-12669-6

© LIT VERLAG Dr. W. Hopf Berlin 2014
Verlagskontakt:
Fresnostr. 2   D-48159 Münster
Tel. +49 (0) 2 51-62 03 20   Fax +49 (0) 2 51-23 19 72
E-Mail: lit@lit-verlag.de   http://www.lit-verlag.de

Auslieferung:
Deutschland: LIT Verlag Fresnostr. 2, D-48159 Münster
Tel. +49 (0) 2 51-620 32 22, Fax +49 (0) 2 51-922 60 99, E-Mail: vertrieb@lit-verlag.de

Österreich: Medienlogistik Pichler-ÖBZ, E-Mail: mlo@medien-logistik.at
E-Books sind erhältlich unter www.litwebshop.de

Dorothea Piening, Felix Rauner,
(Hg.)

**Kosten, Nutzen und Qualität
der Berufsausbildung**

Inhalt

Vorwort 5

1 Einleitung 7
   Felix Rauner

   1.1 Die Wiederentdeckung der dualen Berufsausbildung und die Schwierigkeit ihrer Steuerung 9
   1.2 Die bildungsökonomischen Grundlagen der Kosten/Nutzen-Forschung im Bereich der beruflichen Bildung 12
   1.3 Zu den berufspädagogischen Grundlagen der Kosten/Nutzen-Forschung 16

2 Das Online-Instrument „QEK" in der Praxis 21
   Felix Rauner

   2.1 Zur Bedeutung eines Instruments für die Ermittlung der Qualität und Rentabilität betrieblicher Berufsausbildung 21
   2.2 Aufbau des Instruments 24
       2.2.1 Allgemeine Angaben 24
       2.2.2 Die Ermittlung der Kosten und des Nutzens der Ausbildung 25
   2.3 Erfassen der Ausbildungsqualität 37

3 Betriebs- und berufsbezogene Analysen 52
   Felix Rauner

   3.1 Betriebsbezogene Analysen 52
   3.2 Berufsbezogene Analysen 57
   3.3 Die Ausbildungsqualität in ausgewählten Berufen 74

4 Kosten, Nutzen und Qualität der betrieblichen Ausbildung selbst und jederzeit evaluieren: Das Online-Instrument „QEK" 89

   4.1 QEK als Grundlage regionaler Studien: Das Beispiel der Bremer Landesinitiative „Innovative Berufsbildung 2010" 89
       Lars Heinemann, Kai Wangnick

4.2 QEK als Werkzeug der Ausbildungsberatung der Kammern: Das Beispiel Sachsen ... 138
Matthias Feiler, Dorothea Piening

    4.2.1 . Ansatz der Landesinitiative Sachsen ... 138
    4.2.2 Landesinitiative QEK - ein Überblick ... 139
    4.2.3 Arbeitsinhalte der Landesinitiative QEK – im Zentrum: das QEK-Tool ... 140
    4.2.4 Erfahrungen mit dem Instrument aus Sicht der Ausbildungsberatung der IHK in Dresden ... 144
    4.2.5 Ergebnisse aus dem Einsatz des QEK-Tools in Sachsen ... 147

4.3 „QEK Altenpflegeausbildung" macht es sichtbar: deutliche Verbesserung der betrieblichen Ausbildungsqualität in der Altenpflege durch den Einsatz von Qualitätsbausteine ... 168
Tina Knoch

5 Querschnittsanalysen zu den Qualitätsaspekten ... 186
Andrea Maurer, Dorothea Piening, Felix Rauner

    5.1 Lernen im Arbeitsprozess –Berufliches Lernen als Hineinwachsen in die berufliche Praxisgemeinschaft ... 186
        5.1.1 Ergebnisse der QEK-Studie zu drei ausgewählten Kriterien der Ausbildungsqualität ... 193
        5.1.2 Niveau der Arbeitsaufträge ... 199
        5.1.3 Eigenverantwortliches Lernen: Die vollständige Arbeitshandlung .. 207
    5.2 Lernen in Geschäftsprozessen ... 213
        5.2.1 Einleitung - Das Ende der Arbeitsteilung? ... 213

6 Eindrücke und Ausblick ... 252
Felix Rauner ... 252

    6.1 Ausbildungssituation durchleuchten – Kommentare von Anwendern ... 252
    6.2 Entwicklungsperspektiven ... 255

7 Literatur ... 257

8 Abbildungs- und Tabellenverzeichnis ... 268
    8.1 Abbildungsverzeichnis ... 268
    8.2 Tabellenverzeichnis ... 276

Vorwort

Die Forschungsgruppe „Kosten, Nutzen und Qualität der dualen Berufsausbildung" des IBB (Universität Bremen) dokumentiert mit diesem Buch die Erfahrungen, die in den zahlreichen einschlägigen Projekten gesammelt wurden. Einleitend wird die Selbstevaluations-Methode zum Erfassen des Kosten-Nutzen-Verhältnisses und der Qualität der beruflichen Berufsausbildung mit dem „QEK-Tool" eingeordnet in die bildungsökonomische Forschung im Bereich der beruflichen Bildung. Dabei zeigt sich, dass die im ITB-Forschungsbericht Nr. 33 „Nutzen und Qualität der betrieblichen Ausbildung" veröffentliche Beschreibung und Begründung des QEK-Tools auf einem wissenschaftlichen Fundament basiert, das in den vielfältigen QEK-Projekten empirisch bestätigt werden konnte. Die Selbstevaluation der betrieblichen Ausbildung mit dem QEK-Tool durch Ausbilder und Berater der zuständigen Stellen eröffneten differenzierte Einsichten in die eigene Ausbildungspraxis, die den Anwendern oft das erste Mal „die Augen öffnen" – wie es ein Ausbilder formulierte – für eine realistische Sichtweise der eigenen Ausbildertätigkeit. Die spontane Reaktion angesichts der anschaulichen und aussagekräftigen grafischen und tabellarischen Veranschaulichung der Analyseergebnisse ist nicht selten: „Das hätte ich nicht gedacht" und „Jetzt weiß ich, an welchen Stellschrauben ich drehen muss, damit die Ausbildungsqualität stimmt und sich die Ausbildung rechnet" (vgl. auch Kap. 6.1).

Auf der Ebene der aggregierten Daten zu einzelnen Ausbildungsberufen, Ausbildungssektoren oder auch für die betriebliche Ausbildung insgesamt tragen vor allem drei Ergebnisse zu einem verstärkten Ausbildungsengagement bei.

Als *Ausbildungsparadoxon* bezeichnen wir den Effekt, dass eine Erhöhung der Ausbildungsqualität in den überwiegenden Fällen das Kosten-Nutzen-Verhältnis nicht verändert. Im Gegenteil: In der Regel nimmt mit steigender Ausbildungsqualität die Rentabilität der Ausbildung zu. Eine hohe Ausbildungsqualität kennt daher nur Gewinner: Die Auszubildenden, die Unternehmer und die Gesellschaft als Ganzes, für die eine hoch entwickelt duale Berufsausbildung einen kaum zu überschätzenden Beitrag zum gesellschaftlichen Wohlstand und zur Vermeidung von Armut leistet (vgl. Strahm 2008).

Auf der Ebene der aggregierten Daten bestätigen sich die Befunde aller regionalen und sektoralen Projekte. Insgesamt übersteigen die Ausbildungserträge die Ausbildungskosten. Die statistische Verteilung zeigt, dass circa ein Viertel der Ausbildungsbetriebe in der Qualitäts-Rentabilitäts-Matrix (Kapitel 2.4) dem Feld der „innovativen Ausbildungspraxis" zugerechnet werden kann. Für diese Betriebe gilt, dass sowohl eine hohe Ausbildungsqualität vorliegt als auch die Rentabilität der Ausbildung gegeben ist.

Als dritte Erfahrung kristallisiert sich heraus, dass sich das QEK-Tool für die Ausbildungsberatung eignet. Diese Erfahrung legt nahe, QEK als eine Methode der Qualitätssicherung und Entwicklung zu implementieren.

Dieses Buch richtet sich in gleicher Weise an Studierende und Berufspädagogen, an die einschlägige Community der Berufsbildungsforschung und vor allem für die Qualitätsentwicklung und -sicherung zuständigen Institutionen und nicht zuletzt an Betriebe, die nach Argumenten suchen, die für eine Beteiligung an der beruflichen Ausbildung von Jugendlichen sprechen.

Wir bedanken uns bei den vielen ausbildenden Unternehmen, die uns in anonymisierter Form ihre Selbstevaluationsdaten zur Verfügung gestellt haben und zur Verfügung stellen, den IH und HW-Kammern, den Arbeitsministerien der Ländern, dem für die Pflegeausbildung zuständigen Bundesministerium für Arbeit und Soziales, dass sie mit der Unterstützung von Forschungs- und Entwicklungsvorhaben des QEK-Tools als eine Methode der Qualitätsentwicklung und –sicherung auf der Ebene der betriebliche Lern- und Qualifizierungsprozesse beigetragen haben.

Zudem gedenken wir mit diesem Buch Herrn Matthias Feiler, ehemaliger Mitarbeiter der Handwerkskammer Dresden und Leiter der Sächsischen Landesinitiative „QEK", der maßgeblich zum Erfolg der Initiative beigetragen hat. Sein plötzlicher Tod im November 2013 hat uns alle tief erschüttert - wir vermissen ihn sehr.

Bremen, März 2013
Die Herausgeber

1 Einleitung

Felix Rauner

In unterschiedlichen Politikfeldern wird übereinstimmend Bildung als entscheidende Ressource für Wohlstand und gesellschaftliche Stabilität hervorgehen. Innovations- und wettbewerbspolitisch ist die Qualifizierung der Fachkräfte gar nicht hoch genug einzuschätzen. Strittig ist, ob in einer *wissensbasierten Ökonomie* die Gewichte zu Gunsten der hochschulisch Qualifizierten verlagert werden sollten, so wie es die OECD-Bildungsberichte regelmäßig nahe legen. Der Anteil der Studienanfänger an einem Altersjahrgang hat in zahlreichen OECD-Ländern mittlerweile Werte von 70 bis 90 Prozent erreicht (Abb. 1). Länder wie Deutschland und die Schweiz liegen mit Werten unter dem OECD-Durchschnitt in der unteren Hälfte dieser Rangreihe. Dagegen verfügen beide Länder über hoch entwickelte duale Berufsbildungssysteme.

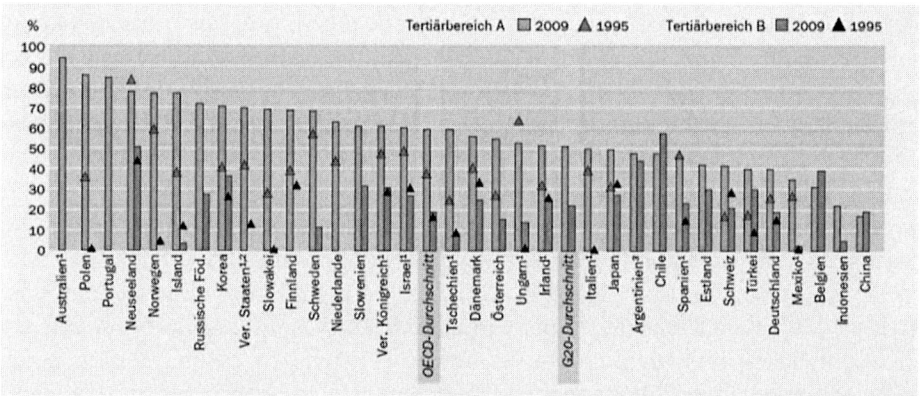

Abb. 1: Studienanfängerquoten (Quelle: OECD 2008)

Ökonomische Vergleichsstudien, die den Zusammenhang zwischen Bildung und Innovations- und Wettbewerbsfähigkeit der Unternehmen und von Volkswirtschaften untersucht haben, kommen übereinstimmend zu dem Ergebnis, dass Länder mit einem dualen Berufsbildungssystem und einer darauf aufbauenden bzw. damit verschränkten Ausbildung von Ingenieuren im internationalen Vergleich einen Wettbewerbsvorteil haben (Strahm 2008, Porter 1990, 369; Hamilton, Hamilton 1999; Steedman, Mason, Wagner 1991; Keep, Mayaew

2001). Es werden eine Reihe weiterer Gründe angeführt, die dafür sprechen, diese Berufsbildungstradition zu bewahren und zugleich zu modernisieren. Dazu gehören
- eine relativ geringe Jugendarbeitslosigkeit, da der Ausbildungsmarkt an den Arbeitsmarkt angekoppelt ist (Descy, Tessaring 2001) und
- die positiven Auswirkungen auf die soziale Integration der Jugendlichen in die Gesellschaft.

Beteiligt sich ein Unternehmen an der Ausbildung von Fachkräften, dann handelt es ökonomisch rational im Sinne der Humankapitaltheorie von Becker (1962), wenn der Lohn der Beschäftigten ihrer Produktivität entspricht bzw. diese nicht überschreitet bzw. wenn die Ausbildungserträge wenigstens die Höhe der Ausbildungskosten betragen. Unter den Bedingungen des internationalen Qualitätswettbewerbes ist es im ökonomischen Interesse der Unternehmen, eine hohe Ausbildungsqualität, ein hohes beruflichen Engagement und eine sich selbst finanzierende Ausbildung zu erreichen (vgl. Müller, Schweri 2006, 12 ff.). Dass in Deutschland immer noch eine große Zahl von Unternehmen ausbildet, obwohl ihnen erhebliche Netto-Kosten entstehen, gibt aus bildungsökonomischer Sicht einige Rätsel auf. Als Erklärung verweisen Walden und Herget auf den Opportunitätsnutzen, der sich durch eine eigene Ausbildung erst nach Abschluss der Ausbildungsphase einstellt (Walden, Herget 2002). Bildungsökonomisch betrachtet liegt damit ein investitionsorientiertes Ausbildungsverhalten vor. Andere Überlegungen basieren auf der Vermutung, dass die *Tradition der Lehrlingsausbildung* tief in der deutschen Unternehmenskultur verwurzelt ist. Kulturen bilden im technisch-ökonomischen Wandel ein Moment der Beharrung und Stabilität. Dagegen wird zu Recht eingewendet, dass sich in den neuen Dienstleistungsbranchen diese Ausbildungstradition erst gar nicht entwickelt und zugleich ein verstärkter Erosionsprozess in der dualen Berufsausbildung in traditionsreichen Branchen der Industrie und des Handels dadurch eintritt, dass die Internationalisierung der Unternehmen zur Herausbildung interkultureller Orientierungen und Handlungsmuster in der Personalentwicklung der Unternehmen führt. In den angelsächsisch geprägten Konzepten der Personalentwicklung und der Personalwirtschaft (dem Human-Ressource-Management) wird die duale Berufsausbildung oft als ein System dargestellt, das innerbetriebliche Demarkationen zwischen den berufsförmig organisierten Arbeitszusammenhängen hervorruft und damit die Wettbewerbsfähigkeit der Betriebe einschränkt (vgl. auch Kern, Sabel 1994).

1.1 Die Wiederentdeckung der dualen Berufsausbildung und die Schwierigkeit ihrer Steuerung

Seit etwa einem Jahrzehnt mehren sich die Anzeichen für eine Wiederentdeckung der dualen Berufsausbildung. Mit ‚Rediscovering Apprenticeship' (Wiederentdeckung der Lehre) wird in aktuellen Publikationen die Diskussion des International Research Network on Innovative Apprenticeship – INAP – zusammengefasst (Rauner, Smith 2010; Deitmer, Hauschildt, Rauner, Zelloth 2013). In dieses Bild passt auch eine Gesetzesinitiative im Vereinigten Königreich zur Re-Etablierung der Lehrlingsausbildung. In einer Analyse[1] heißt es u. a.: *The UK-performance in improving skills after the age of fifteen is significantly worse than that of other countries. Between the age of sixteen and twenty-five, the International Adult Literacy Survey (IALS) showed UK skill levels to be significantly lower than those of other European countries such as Germany and Switzerland. [...]. Only the United States has levels of low skills similar to the UK* (Steedman, McIntosh, Green 2004). Die Schlussfolgerung der Kommission lautet daher: *"Apprenticeship should be established as the main route to skill below graduate level"* (S. 17).

In der internationalen Diskussion über alternative Formen der Qualifizierung von Schulabgängern für den intermediären Sektor des Beschäftigungssystems (Facharbeiter-, Meister- und Technikerniveau) wird auf die Notwendigkeit hingewiesen, verstärkt Praxisphasen in die Berufsausbildung zu integrieren. Die duale Organisation beruflicher Bildung in einer drei- bis vierjährigen Ausbildung, in der

- systematische Arbeitserfahrung und schulische Bildung ineinander greifen (integrierte Dualität) oder
- eine schulische und betriebliche Phase der Berufsbildung sich im Verhältnis 2 : 1 (z. B. China) oder 2 : 2 (z. B. Norwegen) abwechseln: alternierende Dualität,

führen zur Berufsfähigkeit. Darin wird ihr großer Vorteil gesehen. Außerdem zeigen die Untersuchungen zum Kosten/Nutzen-Verhältnis, dass die betriebliche Ausbildung rentabel organisiert werden kann. Den Vorteilen der dualen Berufsausbildung steht die Schwierigkeit gegenüber, die berufliche Bildung

---

[1] Vgl. dazu die Berichte des Selective Committee on Economics Affairs. U. a.: Apprenticeship: A Key route to skill. Vol. I: Report (20.7.2007). HL-Paper 138-I.

effektiv zu steuern. Die koordinierte Steuerung der an einer dualen Organisation Berufsbildung beteiligten Akteure und Institutionen:

- berufliche Schulen und Ausbildungsbetriebe
- Organisationen der Wirtschaft
- Bildungsverwaltungen
- Arbeits- und Wirtschaftsministerien und -verwaltungen etc.

gelingt nicht immer, wie eine Untersuchung der Bertelsmann Stiftung zeigt (Abb. 2).

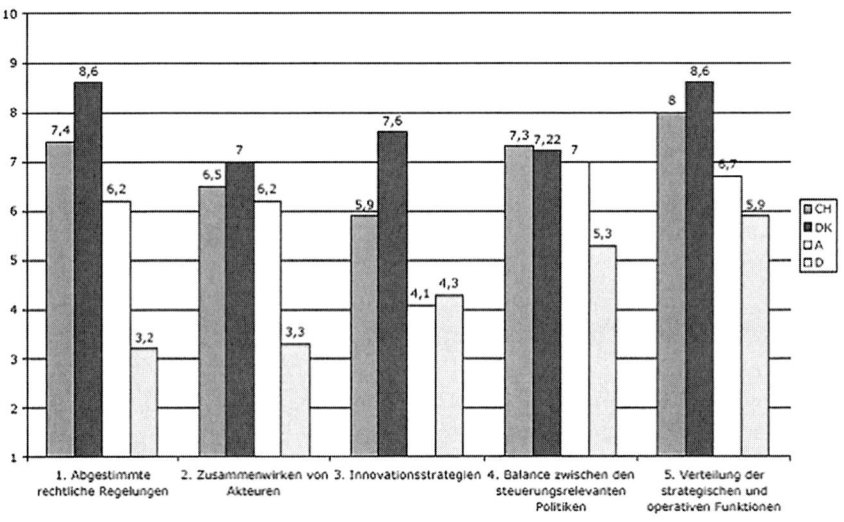

Abb. 3: Zusammenfassende Ergebnisse zur Integration der Steuerungssysteme (Dimension 1) der beruflichen Bildung in Dänemark, Deutschland, Österreich und der Schweiz

Abb. 2: zusammenfassende Ergebnisse zur Integration der Steuerungssysteme (Dimension 1) der beruflichen Bildung in Dänemark, Deutschland, Österreich und der Schweiz (Die Bewertungsskala reicht von sehr gut (10) bis völlig unzureichend (1).)(aus: Bertelsmann Stiftung 2009:18)

Von den vier in die internationale Vergleichsuntersuchung einbezogenen Länder Dänemark, Deutschland, Österreich und die Schweiz verfügen lediglich Dänemark und die Schweiz über eine *koordinierte plurale Steuerung* ihrer dualen Berufsausbildungssysteme. Schwächen der Steuerungsstruktur der deutschen Variante dualer Berufsausbildung beeinträchtigen die Attraktivität, Qualität und nicht zuletzt auch die Rentabilität der Berufsausbildung. Zuletzt entscheiden jedoch die Betriebe durch die Einstellung von Auszubildenden über die Zukunftsfähigkeit der dualen Berufsausbildungssysteme.

Die Aufklärung der Zusammenhänge, die zwischen Kosten, Nutzen und Qualität der Berufsausbildung bestehen, erhält immer dann einen kräftigen Impuls, wenn sich die Betriebe aus der Ausbildung zurückziehen und das Angebot an Ausbildungsplätzen nicht ausreicht. Dies war 1970 auch der Auslöser einer Bundestagsinitiative zur Etablierung einer Sachverständigenkommission (SK) zur Untersuchung der Kosten und der Finanzierung der beruflichen Bildung (Bundesdrucksache VI/1198). Der umgekehrte Fall, dass das Interesse der Schulabgänger und ihrer Eltern an einer beruflichen Bildung ab- und an einer akademischen Bildung zunimmt (academic drift) verschärft bei rückläufigen Schülerzahlen den Fachkräftemangel. Dies verstärkt ebenfalls die Diskussion um die *Attraktivität* der beruflichen Bildung. Und diese hängt einerseits von der Kosten/Nutzen-Relation der betrieblichen Ausbildung ab und andererseits von ihrer Qualität. Dabei tritt die berufspädagogisch geprägte Diskussion über die Vor- und Nachteile schulischer versus duale Berufsausbildung zunehmend in den Hintergrund, da sich die Einsicht durchgesetzt hat, dass man jeden Beruf – zuletzt – praktisch erlernen muss, unabhängig davon, ob es sich um einen akademischen oder nicht-akademischen Beruf handelt. Bei den etablierten Systemen der Berufsbildung wird daher weniger nach schulischer oder dualer Berufsbildung unterschieden, sondern nach den Formen der dualen Organisation beruflicher Bildung. Unterstellt man, dass jede Berufsausbildung zuletzt auf das Erreichen der Berufsfähigkeit zielt, dann ist das Prinzip der Dualität der Ausbildung nicht zu hintergehen. Neben der *integrierten* – einphasigen – Dualität sind die Formen der *alternierenden* – zweiphasigen – Dualität weit verbreitet. Dies trifft vor allem für die akademische Bildung zu, bei der sich an ein Hochschulstudium mehr oder weniger geregelt eine mehrjährige Phase der praktischen Einarbeitung in den Beruf anschließt.

1.2 Die bildungsökonomischen Grundlagen der Kosten/Nutzen-Forschung im Bereich der beruflichen Bildung

Die Frage nach dem Zusammenhang zwischen Kosten, Nutzen und Qualität der Berufsausbildung stellt sich daher ganz generell für die Praxisphasen beruflicher Bildung. Bemerkenswert ist in diesem Zusammenhang, dass die SK („Edding-Kommission") mit den vom Bundeskabinett beschlossenen „Grundsätzen" auch den Auftrag erhielt „die finanziellen Konsequenzen verschiedener Reformvorschläge zur Verbesserung der *Qualität* (hervorgehoben F.R.) der beruflichen Bildung (zu)ermitteln" (SK 1974, 7)[2]. Für die duale Berufsausbildung in der Tradition der Lehrlingsausbildung ist das Kosten/Nutzen/Qualitäts-Problem jedoch von *besonderem* Interesse, da die Betriebe durch das Abschließen der Ausbildungsverträge eine ganz entscheidende Verantwortung für diese Form der Berufsausbildung übernehmen. Und das *Lernen in Arbeitsprozessen* ist von Anfang an ein integrierter Bestandteil der Berufsausbildung. Die dabei von den Auszubildenden erwirtschafteten Erträge mindern die Ausbildungskosten. Dass bei Auszubildenden am Beginn ihrer Ausbildung die Ausbildungserträge eher geringer als die Ausbildungskosten ausfallen, ist unmittelbar einsichtig. Das bedeutet, dass nach dem Abschluss eines Ausbildungsvertrages für die Unternehmen zunächst einmal Nettokosten zu erwarten sind. Hierin liegt einer der Gründe dafür, dass der alternierenden dualen Ausbildung, bei der sich z. B. an eine zweijährige schulische Berufsbildung eine ein- bis zweijährige Phase der praktischen Einarbeitung in den Beruf anschließt, eine günstigere Kosten/Nutzen-Relation für die Betriebe unterstellt wird. Die Auszubildenden verfügen nach einer zweijährigen schulischen Vorbereitung auf ihren Beruf z. B. in einer Berufsfachschule bereits über Kompetenzen, die sie nützlich in die Arbeitsprozesse einbringen können. Dem wird jedoch von Seiten der Betriebe und der Wirtschaftsverbände häufig entgegen gehalten, dass eine Abkehr vom Prinzip der integrierten Dualität zu einer Minderung der Ausbildungsqualität führe. *Bei der Herausbildung internationaler Strukturen für die berufliche Bildung ist die Berufsbildungsforschung daher herausgefordert, die Kosten/Nutzen-Forschung um den Aspekt der Erfassung der Ausbildungsqualität zu erweitern.*

---

[2] Die Sachverständigenkommission Kosten und Finanzierung der beruflichen Bildung wird im Folgenden mit ihrem Abschlussbericht als SK zitiert.

Spätestens mit dem Gutachten der SK wurde die Erfassung des Zusammenhangs zwischen Kosten, Nutzen und Qualität der beruflichen Bildung ein Gegenstand der Berufsbildungsforschung. Die Grundannahme der SK sowie das von ihr entwickelte Modell zur Erfassung der Ausbildungskosten prägt zudem bis heute die einschlägigen Studien (vgl. Schweri u. a. 2003, 49ff.). Bereits mit dem Forschungsauftrag an die Edding-Kommission wird unterstellt, dass die berufliche Bildung Nettokosten verursache und daher ihre Finanzierung auf eine neue, wissenschaftlich abgesicherte Grundlage gestellt werden müsse, da nur auf diesem Wege Stabilität bei der Bereitstellung einer ausreichenden Zahl von Ausbildungsplätzen erreicht werden könne. Ausgegangen wurde von der bildungsökomischen Theorie, dass Betriebe in das Humanvermögen ihrer Beschäftigten investieren, da Wettbewerbsfähigkeit qualifizierte Fachkräfte voraussetze. Im Rahmen der volkswirtschaftlichen Gesamtrechnung wird die berufliche Bildung als eine Ressource der Humankapitalbildung (es müsste genauer heißen: Bildung von Humanvermögen) und damit als ein Investitionsprozess betrachtet. Der volkswirtschaftliche sowie der betriebswirtschaftliche Nutzen bestehen darin, dass dem Arbeitsmarkt die im Unternehmen ausgebildeten Fachkräfte zur Verfügung stehen. Fehlen diese, so beeinträchtigt dies die Wettbewerbsfähigkeit der Volkswirtschaft bzw. der Unternehmen. Dieses Investitionsmodell basiert auf der Vorstellung, dass erst nach einer Zeit des Investierens in das Humanvermögen – der Ausbildungszeit – die Erträge in Form qualifizierter Fachkräfte zur Verfügung stehen. Die Berufsausbildung wird wie die Formen allgemeiner Bildung als eine Investition aufgefasst, deren Nutzen sich erst im Anschluss an die Ausbildung ihren Nutzen voll entfaltet („return of investment"). Diese investitionstheoretische Überlegung zur betrieblichen Berufsausbildung prägt die bildungsökonomische Diskussion und Forschung ebenso wie die Annahme, dass eine Erhöhung der Ausbildungsqualität eine Erhöhung der Investitionen voraussetzt und damit höhere Ausbildungskosten verursacht. Daher geht die SK von der Annahme aus, dass mehr und besser ausgebildete Ausbilder, besser ausgestattete Lehrwerkstätten und eine den Zufälligkeiten des Arbeitsalltags entzogene systematische betriebliche Berufsausbildung in der Form aufeinander aufbauender Lehrgänge die Ausbildungsqualität verbessert (vgl. SK Kap. 3.2). Die Edding-Kommission (SK) hat sich mit diesem Zusammenhang am Beispiel von 11 Betrieben auseinandergesetzt. Sie ging von der in der berufspolitischen Diskussion populären Alternativhypothese aus, dass Betriebe aus Qualitäts- und Legalitätsdefiziten, wie die Nicht-Einhaltung von Arbeitszeitregelungen einen Nutzen erzielen. Das

Untersuchungsergebnis war eindeutig: „Der vermutete Zusammenhang zwischen den Erträgen der Ausbildung einerseits und dem Qualitäts- und Legalitätsdefizit andererseits konnte bei keinem der 11 Betriebe nachgewiesen werden." (SK, 294). Die Trennung von Ausbilden und Arbeiten erlaube es, so argumentieren Bontrup und Pulte noch bis Anfang des Jahrhunderts in ihrem ‚Handbuch Ausbildung', dass die Auszubildenden „ungestört und unbeobachtet" in einem „quasi-geschützten Raum" bleiben können (Bontrup/Pulte, 2001, 113).

Grundlegende Bedeutung für die Etablierung einer bildungsökonomischen Forschung im Bereich der beruflichen Bildung kommt einer These von Gary Becker (1964) zu. Danach gehen Unternehmen, wenn sie sich an der Berufsausbildung beteiligen, das Risiko ein, dass ihre Bildungsinvestitionen den ausgebildeten Fachkräften zu Gute kommen, die ihre Qualifikationen im Anschluss an ihre Ausbildung meistbietend vermarkten können. Wechselt ein Ausgebildeter nach Beendigung seiner Ausbildung den Betrieb, dann müsste der Ausbildungsbetrieb die Ausbildung als eine Fehlinvestition abschreiben. Unterstellt wird bei dieser Modellvorstellung, dass bei nicht ausgeglichenen Facharbeitsmärkten, wenn die Nachfrage nach Fachkräften das Angebot übersteigt, ausbildende Betriebe davon ausgehen müssen, dass ihre Auszubildenden nach erfolgreicher Ausbildung dem Betrieb nicht als Fachkräfte zur Verfügung stehen und gleichwertig qualifizierte Fachkräfte auf dem Arbeitsmarkt nur durch Erhöhung der Löhne angeworben werden können. In der Konsequenz kann dies zu einem Rückzug aus der Ausbildung führen bis hin zum Kollabieren von Facharbeitsmärkten bzw. der Herausbildung alternativer – z. B. (hoch)schulischer – Berufsbildungsgänge. Als weniger dramatisch gilt die Theorie der sogenannten Unterinvestition. Sie entspringt ebenso dem betriebswirtschaftlichen Kalkül, Ausbildungsrisiken zu vermeiden. Danach können Betriebe, die nicht ausbilden, höhere Löhne bezahlen, da sie die Ausbildungskosten einsparen. Auszubildende Betriebe neigen daher dazu diese Ausbildungsinvestitionen zu mindern.

Die Edding-Kommission hat sich nach Auffassung von v. Bardeleben und Beicht (1997, 25) von dieser These leiten lassen als sie eine überbetriebliche Finanzierung der betrieblichen Berufsausbildung vorgeschlagen hat. Dadurch könne dem Mangel an Ausbildungsplätzen und die Wettbewerbsverzerrung zwischen ausbildenden und nicht-ausbildenden Betrieben entgegengewirkt werden. Die etablierten Methoden der Kosten/Nutzen-Analyse im Bereich der beruflichen Bildung, wie sie später vor allem von der Forschungsstelle für Bildungsökonomie der Universität Bern eingeführt wurde, verfolgen einen *produktionsorientierten Ansatz* der Kosten-Nutzen-Analyse.

Der Produktionsansatz betrachtet Kosten und Nutzen der Ausbildung *während* der Ausbildung und geht davon aus, dass sich die Ausbildungsbetriebe in ihrem Ausbildungsverhalten vor allem daran orientieren. Die Vorstellung, dass berufliche Bildung eine Investition in Humanvermögen sei, die sich erst im Anschluss an die Ausbildung im Beschäftigungsverhältnis rentiere, lässt sich nach Schweri weder berufspädagogisch noch bildungsökonomisch begründen. Geht man von Facharbeitsmärkten aus, bei denen Angebot und Nachfrage nach qualifizierten Fachkräften etwa ausgeglichen ist oder von einer Situation eines Fachkräftemangels[3], dann müssen ausbildende Betriebe damit rechnen, dass die bei ihnen ausgebildeten Fachkräfte nach abgeschlossener Ausbildung den Betrieb wechseln. Für diesen Fall ist eine Berufsausbildung für das Unternehmen betriebswirtschaftlich nur dann vertretbar, wenn durch die Ausbildung keine Nettokosten entstehen. Unter den Bedingungen des sich eher verschärfenden Fachkräftemangels in zahlreichen Branchen wird daher die Realisierung einer betrieblichen Berufsausbildung, bei der die Ausbildungserträge wenigstens die Ausbildungskosten decken, zu einer grundlegenden Voraussetzung für eine funktionierende duale Berufsausbildung (Schweri 2008, 85 ff.).

Vor allem die wiederholt durchgeführten Kosten/Nutzen-Untersuchungen in der Schweiz bestätigen diese These. Die auf einem sehr hohen quantitativen und qualitativen Niveau etablierte duale Berufsbildung der Schweiz basiert darauf, dass die Ausbildungserträge bei der Mehrheit der Unternehmen die Ausbildungskosten überschreiten (Schweri u. a. 2003, Schweri 2007). Eine repräsentative Untersuchung im deutschem Kfz-Handwerk (Deutsches Kraftfahrzeuggewerbe 1998) sowie zahlreiche Regionalstudien des IBB (Heinemann/Rauner 2008) kommen zu vergleichbaren Ergebnissen. Die Untersuchungen des BIBB fallen insofern aus dem Rahmen als danach je nach Branche mehr oder weniger hohe Nettokosten entstehen (Schönfeld u.a. 2010). Rentabel sei die betriebliche Berufsausbildung, wenn man die Opportunitätskosten berücksichtige. Diese entstehen für nicht ausbildende Betriebe durch die Akquisition, Auswahl und Einarbeitung von Fachkräften. Die betriebliche

---

3 Die demographische Entwicklung in den nächsten Jahren gilt als Ursache für einen zu erwartenden Fachkräftemangel, der schon jetzt in einzelnen Branchen deutlich spürbar ist (BMBF 2013).

Berufsausbildung wird danach auch als eine Investition betrachtet, die sich erst im Anschluss an die Ausbildung rentiert (a.o.O. 131ff.). Diese Hypothese kann nach Schweri nur für den Spezialfall stark regulierter Arbeitsmärkte und bei Verbleib der Ausgebildeten im Ausbildungsbetrieb gelten. Verstärkend wirke eine hohe Arbeitslosigkeit. Unter den Bedingungen des steigenden Fachkräftebedarfs bei stark rückläufigen Ausbildungsquoten müssen die ausbildenden Betriebe davon ausgehen, dass sie mit nicht ausbildenden Betrieben um die Fachkräfte konkurrieren müssen. Dann verliere das Investitionsmodell als Grundlage für das Ausbildungsverhalten seine Bedeutung Schweri u. a. fassen den Stand der einschlägigen Forschung zusammen und kommen zu dem Schluss, das für die Beteiligung der Unternehmen an der dualen Berufsausbildung das ausschlaggebende Kriterium das Kosten und Nutzen-Verhältnis für die betriebliche Berufsausbildung ist: *"Es gibt viele Gründe, warum Betriebe Lehrlinge ausbilden, doch wie bei allen betrieblichen Entscheidungen dürfte das Kosten-Nutzen-Kalkül eine zentrale Rolle spielen. Bezogen auf die Lehrlingsausbildung bedeutete dies, dass die Betriebe nur dann Lehrlinge ausbilden, wenn der erwartete Betriebsgewinn mit der Lehrlingsausbildung höher oder mindestens gleich hoch ist wie der Gewinn ohne Lehrlingsausbildung"* (Schweri u. a. 2003, 17).

1.3 Zu den berufspädagogischen Grundlagen der Kosten/Nutzen-Forschung

Die makroökonomische und bildungsökonomische Annäherung an die Analyse der Kosten/Nutzen-Relation der betrieblichen Berufsausbildung in den 1960er und 70er Jahren hat zu Ergebnissen und Einschätzungen geführt, die die Besonderheiten des beruflichen Lernens nicht oder nur unzureichend berücksichtigt haben. Aus einer traditionellen bildungsökonomischen Perspektive handelt es sich bei der beruflichen Bildung um *eine* neben anderen Formen des Bildungssystems, wie der vorschulischen, schulischen oder hochschulischen Bildung. Da die berufspädagogische Diskussion und Forschung überwiegend geprägt ist durch eine universitäre Forschungsinfrastruktur, gegeben durch die Studiengänge für die Ausbildung von Berufsschullehrern, wird die berufliche Bildung traditionell vor allem unter dem Blickwinkel der *berufsschulischen* Bildungsgänge zum Gegenstand der berufspädagogischen Diskussion. Dies änderte sich erst mit der Gründung des Bundesinstituts für Berufsbildungsforschung (BBF), des späteren Bundesinstituts für Berufsbildung (BIBB) sowie der schrittweisen

Etablierung einer didaktischen Forschung im Rahmen des Modellversuchsprogramms für die betriebliche Berufsausbildung (vgl. Dehnbostel, Holz, Novak 1992).

In diesem Zusammenhang kommt der Rezeption der internationalen lern- und entwicklungstheoretischen Diskussion zum beruflichen Lernen eine erhebliche Bedeutung zu. Die Theorien des *situierten Lernens* (Lave, Wenger 1991), des *Cognitive Apprenticeship* (Collins, Brown, Newman 1989) sowie der *developmental tasks* (Havighurst 1972) rückte die Einsicht in das Zentrum der berufspädagogischen Diskussion, dass das Lernen im Arbeitsprozess der Dreh- und Angelpunkt des beruflichen Lernens ist. Reflektierte Arbeitserfahrung und das daraus entspringende Arbeitsprozesswissen werden als zentrale Kategorien der Didaktik beruflichen Lernens entfaltet (Dehnbostel, Walter-Lezius 1995; Fischer, Rauner 2002) und zur Grundlage eines breiten Spektrums von Modellversuchen und Modellversuchsprogrammen (Dehnbostel 1995). Damit änderte sich auch der Blickwinkel, unter dem der Zusammenhang zwischen Kosten, Nutzen und Qualität der betrieblichen Berufsausbildung untersucht wurde.

Die in der berufspädagogischen Diskussion etablierte Formel von der *Verknüpfung von Theorie und Praxis* als dem zentralen didaktischen Prinzip der dualen Berufsausbildung erwies sich in diesem Zusammenhang als höchst missverständlich, da die Kategorie der „Praxis" sehr unterschiedlich als

- learning by doing,
- lehrgangsförmig organisiertes praktisches Üben,
- Ausbildungsprojekte,
- experimentelles Lernen in Fachräumen und Laboren

interpretiert wurde und wird. „Praxis" wird nicht selten als Handlungslernen interpretiert. Der Arbeitsprozess als Medium beruflichen Lernens wurde allenfalls als ein Lernort unter vielen „Praxis"-Lernorten angesehen (vgl. Münch 1977; 1983; Pätzold, Walden u.a. 1996). Sein didaktischer Stellenwert wurde in der arbeitspädagogischen Diskussion des 20. Jahrhunderts bis in die 1980er Jahre unterschätzt. In der jüngeren berufspädagogischen Diskussion ist unstrittig, dass die duale Organisation beruflicher Bildung auf der Verschränkung von *Arbeiten* und *Lernen* basiert. Mit der Kategorie des Arbeitsprozesswissens (Abb. 3) wird das berufliche Wissen als ein Zusammenhang von handlungsleitendem, handlungserklärendem und handlungsreflektierendem Wissen definiert, das die reflektierte Arbeitserfahrung voraussetzt (vgl. Schön 1983, Rothe 2004, 27 ff., 229f.; Fischer 1995, Lehberger 2013).

Berufliches Arbeitsprozesswissen

Abb. 3: *Arbeitsprozesswissen als ein Zusammenhang von handlungsleitendem, handlungserklärendem und handlungsreflektierendem Wissen*

Lernen und Arbeiten lassen sich bildungstheoretisch als die zwei Seiten desselben Prozesses interpretieren und gestalten.

Bildungsökonomisch bedeutet das, dass sich der Ausbildungsnutzen aus dem beruflichen Lernen zu Grunde liegendem Prinzip des Lernens im Arbeitsprozess ergibt. Das Hineinwachsen in einen Beruf basiert entwicklungstheoretisch auf dem Lösen bzw. Bearbeiten beruflicher Aufgaben, die über ein berufliches Entwicklungspotential verfügen. Berufliches Lernen als fortschreitende und reflektierte Arbeitserfahrung setzt voraus, dass eine neue Arbeitssituation auf einen bereits vorhandenen Erfahrungshintergrund trifft. Jede neue Arbeitserfahrung wird im Lichte vorausgegangener Erfahrungen bewertet und die Ergebnisse dieser Bewertung wird zur alten Erfahrung hinzugefügt. Ist die Divergenz zwischen alter und neuer Arbeitserfahrung zu groß, dann kann subjektiv keine Brücke zur neuen Erfahrung geschlagen werden – es wird nichts gelernt.

Bevorzugt werden Arbeitserfahrungen dann zu dem bestehenden erfahrungsbasierten Wissen hinzugefügt, wenn die neue Erfahrung einigermaßen in die bestehenden Wissensstrukturen hineinpasst. Sollen aus Arbeitserfahrung berufliches Wissen und berufliche Einsichten erwachsen, dann kommt es ganz entscheidend darauf an, Arbeitserfahrung zu kommunizieren und zu reflektieren. Neues berufliches Wissen entsteht nur dann, wenn neue Arbeitserfahrung einerseits mit vorhandenen Bedeutungen zusammenpasst, diese quasi zum Schwingen bringt, und andererseits so weit vom vorhandenen Wissen abweicht, dass die neue Erfahrung zu einer Erweiterung und Vertiefung bisheriger Bedeutungen und Bewertungen erlebter Tatsachen beiträgt. Arbeitserfahrungen werden immer dann gemacht, wenn die vorhandenen Vorstellungen, Bedeutungen und Erwartungen durch die neue Realität in Frage gestellt, modifiziert und differenziert werden müssen. Das praktische Wissen erfährt seine Verallgemeinerung dadurch, dass es sich im Widerspruch zum theoretischen Wissen befindet und sich praktisch bewährt (vgl. Rauner 2000). Berufliches Arbeitsprozesswissen reicht insofern weit über das einschlägige theoretische Wissen, wie es in Lehrbüchern dokumentiert ist, hinaus: *"85% of the problems a doctor sees in his office are not in the book [...] A practitioner's repertoire includes the whole of his experience insofar it is assessable to him for understanding and action"* (Schön 1983, 23; 138).

Bildungsökonomisch gewendet ist Arbeit daher nicht nur die Verausgabung der im Bildungsprozess angeeigneter Fähigkeiten, sondern zugleich Medium des beruflichen Lernens und das Aneignen beruflicher Fähigkeiten. Vorausgesetzt ist dabei, dass die Arbeitsaufgaben und -prozesse über ein entsprechendes Lern- und Entwicklungspotential verfügen. Aus dieser Perspektive ist die Beschäftigung von Auszubildenden mit Hilfs- oder Routinearbeiten sowohl berufspädagogisch als auch bildungsökonomisch betrachtet wenig sinnvoll, da sich der Auszubildende keine neuen Fähigkeiten aneignen kann. Die verbreitete Redewendung, dass man an seinen Aufgaben wächst, hat die Forschung vielfältig bestätigt. Natürlich gilt dies nur für Arbeitsaufgaben, deren Bewältigung stets neue Herausforderungen beinhalten. Praktische Arbeitserfahrung und ihre Reflektion und Kommunikation in den Prozessen der betrieblichen Organisationsentwicklungen führen Schritt für Schritt zur Herausbildung eines Arbeitsprozesswissens, das die Auszubildenden befähigt, auch die neuen Aufgaben im Beruf zu bewältigen (Benner 1997; Rauner, Bremer 2004, 149ff.).

Ein zweiter betriebswirtschaftlich ebenso gewichtiger Aspekt wie das Lernen im Arbeitsprozess ist die Entwicklung beruflicher Identität. Sie begründet vor allem berufliches Engagement: Leistungsbereitschaft, Qualitäts- und Verantwortungsbewusstsein. Auch hier gilt, dass Hilfs- und Routinetätigkeiten über kein Identifizierungspotential verfügen und daher der Entwicklung beruflicher Identität im Wege stehen. Die Arbeitsaufgaben, die über ein berufliches Entwicklungspotential verfügen, werden daher auch als Entwicklungsaufgaben (developmental task) bezeichnet (vgl. Havighurst 1972). Umfang und Inhalt der Arbeitsaufgaben, mit denen Auszubildende betraut werden sowie die Kommunikation und Reflektion der Arbeitserfahrung entscheidet daher ganz wesentlich über die pädagogische Qualität sowie den betriebswirtschaftlichen Nutzen der Ausbildung.

2 Das Online-Instrument „QEK" in der Praxis
Felix Rauner

2.1 Zur Bedeutung eines Instruments für die Ermittlung der Qualität und Rentabilität betrieblicher Berufsausbildung

Die traditionell gegebene Selbstverständlichkeit, mit der sich viele Betriebe immer noch an der dualen Berufsbildung beteiligen, verliert mit fortschreitender Internationalisierung der ökonomischen Entwicklung an Bedeutung[4]. Nur wenn es gelingt, die Vorzüge der dualen Berufsbildung bildungsökonomisch nachzuweisen, hat sie eine Zukunft. Für das ökonomisch rationale Ausbildungsverhalten vieler Unternehmen gilt daher zunehmend mehr, dass sie nur dann an der Ausbildung von Fachkräften teilnehmen, wenn die Summe der Ausbildungskosten die Summe der Erträge nicht überschreitet. Müller und Schweri weisen auf die Risiken hin, die dann entstehen, wenn Betriebe aus einem falsch verstandenen sozialen Engagement heraus ausbilden, die Ausbildung subventioniert wird und sich Betriebe dabei ökonomisch nicht rational verhalten. Dies müsse zwangsläufig zur Abkopplung des Ausbildungsmarktes vom Arbeitsmarkt führen (Müller, Schweri 2006). Die Risiken liegen auf der Hand. Der Übergang von der Berufsbildung in das Beschäftigungssystem – die zweite Schwelle – wird höher. Es wird dann in einem zu großen Umfang für Aufgaben ausgebildet, die der Arbeitsmarkt nicht nachfragt. Dies führe zu einer höheren Jugendarbeitslosigkeit, wie dies in der Regel für Länder mit schulischen Berufsbildungssystemen gegeben ist.

Trotz der zentralen Bedeutung, die dem ökonomischen Kalkül auch für das Ausbildungsverhalten der Betriebe zugemessen wird, zeigt die Praxis, dass nur wenige Unternehmen explizit Kosten-Nutzen-Abschätzungen für ihre Berufsausbildung vornehmen. Die Redewendung von den „gefühlten" Kosten trifft wohl eher die verbreitete Praxis, Kosten und Nutzen der Ausbildung gegeneinander abzuwägen. Dieses implizite Abwägen der Rentabilität der Ausbildung führt häufig zu einer Überschätzung der Ausbildungskosten und einer

---
[4] Einen gewissen Perspektiv- und Politikwechsel hat die Empfehlung der G20-Arbeitsminister bewirkt, die duale Berufsausbildung als ein besonders wirksames Mittel zur Bekämpfung der Jugendarbeitslosigkeit einzuführen.

Unterschätzung der Ausbildungserträge. Wer ausbildet und damit zur *Versorgung von Jugendlichen mit Ausbildungsplätzen* beiträgt, erfährt gesellschaftliche Anerkennung in Zeiten knapper Ausbildungsplätze. Unterstellt wird dabei, dass die ausbildenden Betriebe eine finanzielle Bürde auf sich nehmen. Auch wenn sich die Berufsausbildung unternehmerisch rechnet, ist es in einem Klima, das die Berufsausbildung als *Versorgung von Jugendlichen* versteht, nicht opportun, sich zur Rentabilität der Berufsausbildung zu bekennen.

Auf der Nachfrageseite nach Ausbildungsplätzen wiederum zeigt sich in der jüngsten Zeit eine weitere Tendenz, die den Druck auf die betriebliche Ausbildung verstärkt: Die demografische Entwicklung führt zu einem weiteren Rückgang von Schulabgängern, die für eine Berufsausbildung zur Verfügung stehen. In den neuen Bundesländern hat dies bereits zu einem regelrechten Einbruch der Nachfrage nach einer dualen Ausbildung geführt (Abb. 4/Abb. 5, Quelle: Datenreport zum Berufsbildungsbericht 2009, BIBB).

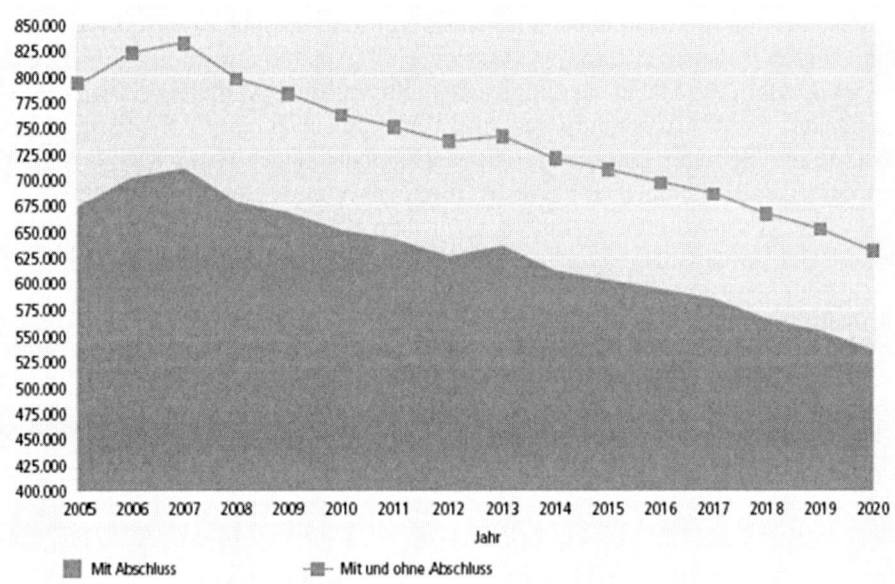

Abb. 4: : Entwicklung des Nachfragepotenzials für berufliche Bildung in Westdeutschland

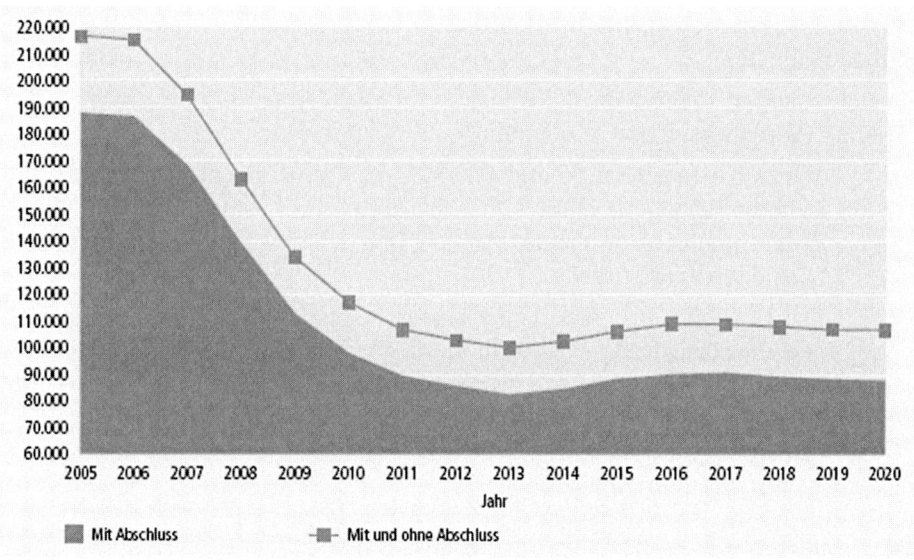

Abb. 5: : Entwicklung des Nachfragepotenzials für berufliche Bildung in Ostdeutschland

Angesichts dieser Entwicklung begeben sich Betriebe zunehmend in einen Konkurrenzkampf um geeignete Schalabsolventen. Nur wenn es gelingt, die Attraktivität der betrieblichen Ausbildung überzeugend darzustellen und Auszubildenden eine qualitativ hochwertige Ausbildung anzubieten, kann der Fachkräftenachwuchs der Unternehmen mittel – und langfristig gesichert werden.

QEK als Instrument der Ausbildungsberatung

Ausbildungsberater und -beraterinnen, die eine Weile mit QEK gearbeitet und einen gewissen Überblick über konkrete Einzelfällen haben, können aus der grafischen Auswertung der QEK-Daten eine Vielzahl von Anregungen für die Qualitätsentwicklung der betrieblichen Berufsausbildung ableiten. In einer Reihe von regionalen und sektoralen QEK-Anwendungsprojekten nutzen sie QEK als ein Instrument, das nach ihren Aussagen der Beratungstätigkeit eine neue Qualität verleiht: Neu ist, dass man sich in einer beachtlichen Tiefe anhand der Analyseergebnisse über die Stärken, Schwächen und die Innovationspotentiale der Berufsausbildung austauschen kann. Der Gewinn solcher Ausbildungsdialoge liegt darin, dass die internen Kenntnisse der Ausbilder und Ausbilderinnen einerseits mit den Querschnittserfahrungen der Ausbildungsberater andererseits zusammentreffen.

Zwei Einsichten begründen daher das betriebliche Interesse an einem Instrument zur Abschätzung der Ausbildungsqualität und -rentabilität.

1) Wenn Kosten, Nutzen und Qualität der Berufsausbildung miteinander zusammenhängen, dann ist es betriebswirtschaftlich geboten, diesen Zusammenhang durch die Anwendung wissenschaftlich abgesicherter Methoden aufzuklären.

2) Die Einsicht, dass eine hohe Ausbildungsqualität durch eine betriebliche Berufsausbildung erreicht werden kann, in deren Zentrum das Lernen in realen, wertschöpfenden und zugleich die Kompetenzentwicklung herausfordernder Arbeitsaufgaben steht.

2.2 Aufbau des Instruments

Das Onlinetool QEK nimmt den „typischen" Ausbildungsverlauf eines Ausbildungsberufs in dem jeweiligen Unternehmen in den Fokus, d.h. der/die einzelne Auszubildende mit ihren individuellen Kompetenzen und Leistungen werden zunächst nicht erfasst. Das Instrument umfasst drei Fragenkomplexe:

1) Der erste Fragebogen bezieht sich auf allgemeine Angaben zum Betrieb, zu dem jeweiligen Ausbildungsberuf und der Anzahl von Auszubildenden sowie Ausbildern.

2) Der zweite Fragebogen beschäftigt sich mit den Kosten und den Erträgen der jeweiligen Ausbildung.

3) Der dritte Fragebogen befasst sich mit verschiedenen Aspekten der Ausbildungsqualität aus der Sicht der Betriebe.

2.2.1 Allgemeine Angaben

Im allgemeinen Fragbogen werden insbesondere Daten wie Ausbildungsberuf, Dauer der Ausbildung, Anzahl der Auszubildenden und ihre schulische Vorbildung sowie die Anzahl der haupt- und nebenamtlichen Ausbilder und ihre Löhne und Gehälter erfasst. Dabei sind hauptamtliche Ausbilder Personen, die primär die Aufgabe haben, Auszubildende zu betreuen und ihnen Lerninhalte zu vermitteln. Als nebenamtliche Ausbilder werden hingegen Fachkräfte bezeichnet, die neben ihren regulären betrieblichen Aufgaben mit der Begleitung von Ausbildungsabschnitten der Auszubildenden betraut werden.

2.2.2 Die Ermittlung der Kosten und des Nutzens der Ausbildung

Die *Erfassung der Bruttokosten* orientiert sich an dem vom BIBB entwickelten Verfahren. Die Bestandteile der Bruttokosten setzen sich aus den Personalkosten der Auszubildenden und der Ausbilder, den Anlage- und Sachkosten sowie sonstigen Kosten zusammen (Abb. 6).

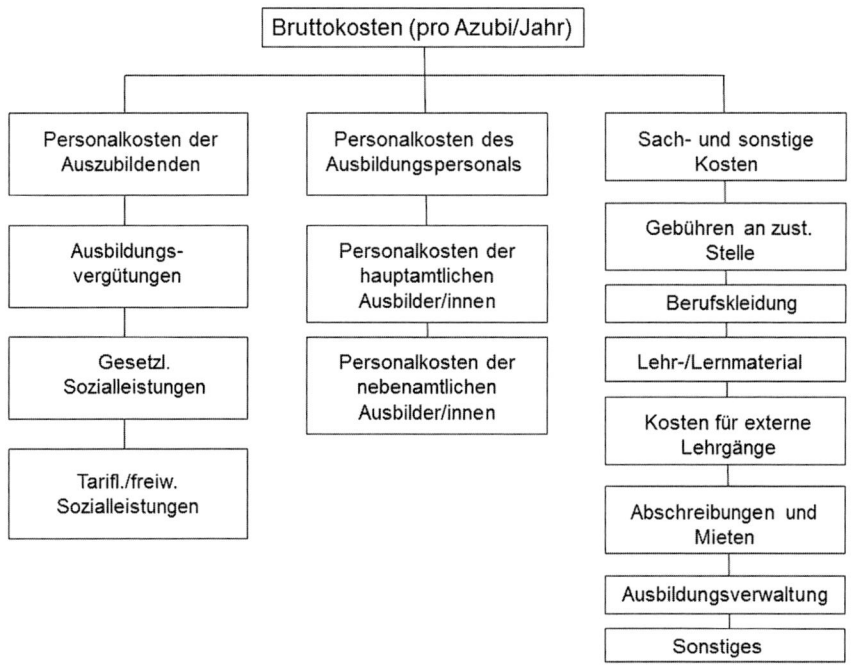

Abb. 6: Kostenarten bei der Erfassung der Bruttokosten für die betriebliche Berufsausbildung

Um einer realistischen Abschätzung der Kosten nahe zu kommen, werden die Betriebe bei der Nutzung von QEK auf zwei Punkte besonders aufmerksam gemacht, die das Ergebnis verfälschen können.

a) Kosten für das ausbildende Personal

Bei der Erfassung der Kosten für das ausbildende Personal kommt es Neben den hauptamtlichen Ausbildern wirken auch andere Fachkräfte an der Ausbildung mit, wenn sie z.B. mit der Aufgabe betraut werden, Auszubildende an der Ausführung von Arbeitsaufträgen zu beteiligen. Dieses ist die verbreiteteste Form der „praktischen" Ausbildung sein. Diese „nebenamtlichen Ausbilder" sind Fachkräfte, die (i.d.R. mit einem kleinen Zeitkontingent) eingebunden sind in eine durch die jeweiligen Ordnungsmittel und einen betrieblichen Ausbildungsplan gesteuerte systematische Berufsausbildung.

b) Anlagen- und Materialkosten

Die Anlagen- und Materialkosten können nur als Kosten gerechnet werden, wenn sie ausschließlich für Ausbildungszwecke genutzt werden. Das Zerspanungszentrum eines Unternehmens, in dem 12 Auszubildende mit ihrem Ausbildungsmeister und eine Gruppe von drei Facharbeitern arbeiten, fungiert zugleich als Ausbildungswerkstatt und als Zerspanungsabteilung des Unternehmens. In diesem Fall ist zu klären, ob es in diesem Zerspanungszentrum Maschinen und Anlagen gibt, die anteilig oder ausschließlich für nicht produktive Ausbildungszwecke angeschafft wurden bzw. genutzt werden.

Ausbildungsnutzen

Der Ausbildungsnutzen geht von der Annahme aus, dass der Betrieb, wenn er nicht ausbilden würde, für die produktive Arbeit, die von Auszubildenden erbracht wird, (anteilig) Fachkräfte beschäftigen müsste. Die entsprechenden Lohnkosten entsprechen daher dem Wert, den die Arbeit der Auszubildenden für den Betrieb hat. Einer der zur Berechnung des Ertrages zugrunde legenden Werte bildet dabei der, von Ausbildern eingeschätzte, Leistungsgrad der Auszubildenden.

Ermittlung des Leistungsgrades von Auszubildenden

Mit dem Leistungsgrad von Auszubildenden wird das Vermögen, berufliche Arbeit zu verrichten, bewertet und quantifiziert. Als Bezugsgröße für den abzuschätzenden Grad der Leistung, die Auszubildende im Arbeitsprozess erreichen, gilt der durchschnittliche Leistungsgrad einer Fachkraft. Er wird mit 100 Prozent definiert. Benötigt z.B. ein Auszubildender für einen Arbeitsauftrag die doppelte Zeit wie eine Fachkraft, dann beträgt der Leistungsgrad 50 Prozent. Oder trägt ein Auszubildender in Zusammenarbeit mit einer Fachkraft bei der Bearbeitung eines Auftrages nur zu einem Bruchteil dessen, was eine Fachkraft leistet, zum Arbeitsergebnis bei, dann ist dieser „Bruchteil" bei der Bewertung des Leistungsgrades als ein Prozentwert zu quantifizieren. Die Werte des Leistungsgrades der Auszubilden werden halbjährlich erfasst Nicht berücksichtigt werden bei der Bewertung des Leistungsgrades die Ausbildungszeiten, in denen Auszubildende zwar an einem Arbeitsauftrag beteiligt werden, jedoch nicht mitarbeiten. Dies kann dann vorkommen, wenn Auszubildende durch Beobachtung und gegebenenfalls durch Nachfragen in einen Arbeitsauftrag eingewiesen werden. In diesem Fall handelt es sich um eine nicht-produktive Lernzeit. Diese wird als innerbetriebliche Unterweisung in einem weiteren Fragekomplex gesondert erfasst.

Dabei ist die Unterscheidung von einfachen oder anspruchsvollen Tätigkeiten an dieser Stelle unerheblich. Auch eine ausgebildete, erfahrene Fachkraft müsste ohne Zuarbeit eines Auszubildenden diese einfachen Tätigkeiten im Zusammenhang seiner Facharbeit selbst ausführen.[5] Aber selbst wenn einfache Aufgaben von Hilfskräften auf dem Niveau von Un- und Angelernten ausgeführt werden, berücksichtigt der Ausbilder bei der Bewertung des Leistungsgrades von Auszubildenden beide Leistungsaspekte im Zusammenhang. Der quantitative und qualitative Aspekt der produktiven Leistung von Auszubildenden kann realistisch nur als ein einheitlicher Wert einigermaßen objektiv eingeschätzt werden. Ausbilder haben aufgrund ihrer Praxiserfahrung eine sehr genaue Vorstellung davon, wie sich die Kompetenz und Leistungsfähigkeit eines Auszubildenden beim Hineinwachsen in seinen Beruf im der Ausbildung an das Niveau einer Fachkraft annähert. Das bestätigen vor allem die sehr genauen Unterschiede, die Ausbilder bei der Bewertung der produktiven Leistung von Halbjahr zu Halbjahr über den gesamten Ausbildungszeitraum sowie zwischen Auszubildenden verschiedener Berufe machen.

Zwei Schwierigkeiten werden durch dieses Verfahren bei der Erfassung von produktiven Tätigkeiten von Auszubildenden vermieden.

---

[5] Zudem wird die Unterscheidung zwischen Un- und Angelernten- und Facharbeitertätigkeiten in den letzten Jahrzehnten zunehmend u. a. daher fragwürdig wird, weil erstere immer weniger zu identifizieren sind.

Der zeitliche Umfang von Tätigkeiten der Auszubildenden auf dem Un-, Angelernten- und Fachkräfteniveau ist eine Funktion des Detaillierungsgrades, nach dem Arbeitszusammenhänge aufgegliedert werden. Fachkräfteaufgaben lassen sich in der Regel auch als eine Summe von einfachen Tätigkeiten organisieren. Auf dieses Phänomen hat die arbeitswissenschaftliche Forschung frühzeitig aufmerksam gemacht. Eine weitreichende Arbeitsteilung erlaubt es, das generelle Qualifikationsniveau auf der Ebene der direkt wertschöpfenden Arbeitsprozesse drastisch abzusenken (vgl. Braverman 1974).

Düll unterscheidet zum Beispiel bei Operateuren (Vorarbeitern) an einer Schweißanlage vierzig Tätigkeiten, die er nach sechs Gruppen klassifiziert (Tab. 1).

100	*Auftragsplanung und Vorbereitung*
101	Material anfordern
102	Transportbehälter bereitstellen
103	Material abtransportieren
104	Material bereitstellen
105	Auftrag bestätigen
106	Auftrag vergegenwärtigen
330	*Manuelle Bearbeitung*
331	Entraten/Feilen
332	Werkstückteile zusammensetzen
333	Auf- und Abspannen der Werkstücke
334	Heften
335	Schweißen
336	Schleifen

Tab. 1: Ausgewählte Tätigkeitskategorien des Operateurs (Vorarbeiters) an einer Industrieroboteranlage im Maschinenbau nach Düll 1988, zitiert nach Ulich (2001, 83)

Die in Tab. 1 aufgeführten Tätigkeiten lassen sich überwiegend als einfache Tätigkeiten einstufen, wenn man sie aus dem Kontext des Arbeitszusammenhanges herauslöst und arbeitsteilig organisiert. Die Bewertung und Entlohnung der

Operateurs-Tätigkeit erfolgt aus guten Gründen nicht auf der Basis der Teiltätigkeit und ihrer Einstufung als Un- bzw. Angelernten- oder Fachtätigkeiten, sondern auf der Basis der verantwortlichen Wahrnehmung des *Arbeitsfeldes*. Diese Logik lässt sich auch auf die Einarbeitung von Auszubildenden übertragen.

Übernimmt zum Beispiel eine Auszubildende, die ihre Ausbildung als Arzthelferin begonnen hat, Aufgaben an der Rezeption, die im Regelfall mit zwei Fachkräften besetzt ist, anstelle einer ausgebildeten Fachkraft, dann führt dies zunächst zu einer anderen Arbeitsteilung als zwischen zwei ausgebildeten Fachkräften. Es ist jedoch zu erwarten, dass sich die Arbeitsteilung zwischen Fachkraft und Auszubildender mit fortschreitender Vertrautheit Letzterer mit den Rezeptionsaufgaben die Arbeitsteilung und Zusammenarbeit die Form der zwischen zwei Fachkräften annimmt – ganz im Sinne der Ausbildungsziele. Es würde bereits analytisch größte Schwierigkeiten bereiten, hier eine Differenzierung zwischen hochwertigen und weniger hochwertigen Tätigkeiten einzuführen. Eine weitere Schwierigkeit bestünde darin, diese Anteile im Fortgang der sich täglich veränderten Aufgabentiefe und -breite für die Auszubildenden in ihren zeitlichen Umfang zu erfassen.

Die *Produktivitätszuwächse bei Auszubildenden* ergeben in der Regel Werte, die auf einer S-Kurve liegen. Der charakteristische Verlauf des Zuwachses des Leistungsgrades ist auch ein Ausdruck der zunehmenden beruflichen Handlungskompetenz.

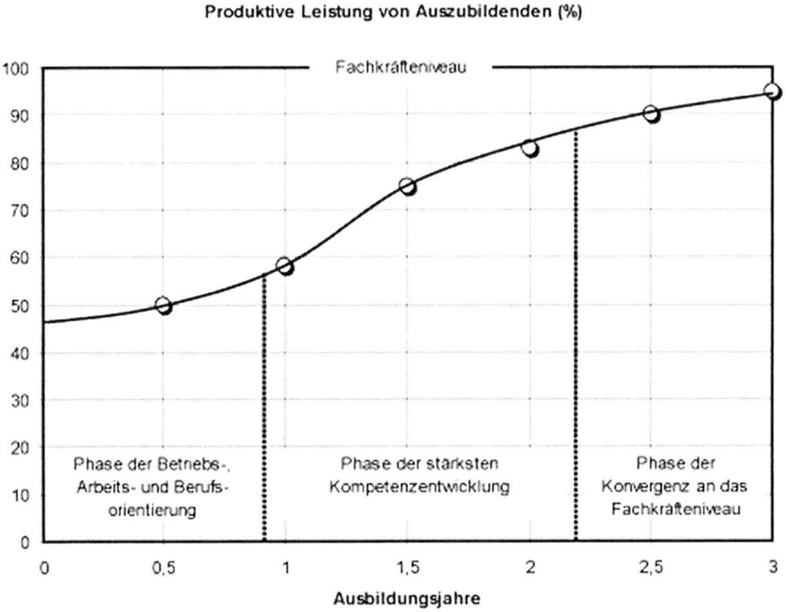

Abb. 7: Entwicklung des Leistungsgrades Auszubildender nach Halbjahren (vgl. Rauner 2008, 52).

Diese Regressionskurve repräsentiert die den Einzeldaten zugrunde liegende Modellvorstellungen des Ausbilders über die Zunahme des Leistungsgrades der Auszubildenden einer bestimmten Berufsgruppe im Ausbildungsverlauf. Die genaueren Daten bilden daher die Punkte der Regressionskurve. Für die Ermittlung des Mittelwertes über die Gesamtdauer der Ausbildung können jedoch die Rohdaten verwendet werden, da die Summe ihrer Abweichungen von den Werten der Regressionskurve gegen 0 geht.

Der charakteristische Verlauf des Zuwachses des Leistungsgrades ist auch ein Ausdruck der zunehmenden beruflichen Handlungskompetenz. Es ist nicht überraschend, dass diese Wachstumskurve einen für vergleichbare Wachstumsphänomene charakteristischen S-Kurvenverlauf aufweist.

1) *Bei der Bewertung des Leistungsgrades von Auszubildenden kommt es darauf an, nicht nach der Kompetenz der Auszubildenden zu fragen, sondern nach dem Grad der produktiven Leistung im Arbeitsprozess.*

Es geht hier ausschließlich um die im Ausbildungsprozess erbrachte Arbeitsleistung, wie sie tatsächlich von den Auszubildenden erbracht wird. Es nutzt dem Betrieb wenig, wenn Auszubildende über eine hohe Kompetenz verfügen, die sie nicht entsprechend in produktive Arbeit umsetzen können oder wollen, da sie z. B. bei fortgeschrittener Ausbildung mit zu einfachen Aufgaben unterfordert werden, oder wenn zu viel Ausbildungszeit mit unproduktiven *praktischen Übungen* verbracht wird, deren Ausbildungswert zu dem von der Lehr-Lernforschung als gering bewertet wird.

2) *Eine Unterscheidung in Tätigkeiten für Fachkräfte und Angelernte, wie dies in anderen Untersuchungen vorgenommen wird, ist problematisch, wenn dabei unterstellt wird, dass die Produktivität von Auszubildenden mit der von un- und angelernten Arbeitskräften gleichgestellt und die Produktivität von Auszubildenden bei der Wahrnehmung von Aufgaben auf Fachkräfte-Niveau durchgängig mit 50 Prozent gewichtet wird.*[6]

Bei den beruflichen Fachaufgaben muss unterschieden werden zwischen solchen, die bereits Anfänger ausführen können und anderen, die entweder ein vertieftes, explizites Fachwissen oder umfangreiche Arbeitserfahrungen oder auch beides voraussetzen. Die moderne Berufsbildung versucht daher, auch die Arbeitsaufgaben für Auszubildende entsprechend entwicklungslogisch anzuordnen (Rauner 2000, 44ff; 2002; Benner 1984). Es ist danach möglich und üblich, dass Auszubildende Fachaufgaben schon während der Ausbildung auf dem Produktivitätsniveau von Fachkräften ausführen. Durchgängig geben die Ausbilder für das letzte Ausbildungshalbjahr Leistungsgrade an, die denen der Fachkräfte nahe kommen oder diese erreichen (100%).

Das QEK-Tool bietet vor allem die Möglichkeit, Aufschluss über die Kosten/Nutzen-Struktur zu ermitteln und dabei Aufschluss darüber zu erhalten, welchen Faktoren dabei ein besonderes Gewicht zukommt. Dasselbe gilt verstärkt für die Ermittlung der betriebs- und berufsspezifischen Qualitätsprofile. In Verbindung mit den Vergleichsdaten des jeweilgen Berufes bzw. der Bran-

---

[6] Empirische Untersuchungen zeigen, dass sich im Bereich der Tätigkeiten von angelernten Fachkräften ein grundlegender Wandel vollzogen hat. Es handelt sich dabei z. B. in der produzierenden Industrie um qualifizierte Tätigkeiten, die eine hohe und sehr hohe Qualifikation voraussetzen (f-bb 2005). Der Unterschied zur berufsförmig organisierten Facharbeit besteht vor allem darin, dass es sich um (sehr) spezielle Tätigkeiten handelt oder um solche, die sich der berufsförmigen Organisation von Arbeit entziehen.

che (Benchmark) erhält der Betrieb Daten und Veranschaulichungen, die sich zu einem Gesamtbild zusammenfügen, das ihm zugleich Optionen für eine Verbesserung der Ausbildungssituation offeriert. Insofern ist QEK nicht nur ein Analyse-, sondern vor allem auch ein Beratungsinstrument.

Neben den bereits dargelegten Argumenten bei der Erfassung der produktiven Lern- bzw. Arbeitszeiten zwischen Hilfs- und Fachfähigkeiten bzw. -tätigkeiten zu unterscheiden (s. o.), spielt ein weiteres Argument eine Rolle, das sich aus dem Charakter des QEK-Tools als einem Selbstevaluationstool ergibt. Verstärken lässt sich das Beratungspotential des QEK-Tools dadurch, dass es von professionellen Ausbildungsberatern (z. B. der Kammern) bei der Ausbildungsberatung genutzt wird. Ein solches Tool würde als gegeben unterstellen, dass eine ‚normale Berufsausbildung' mehr oder weniger umfangreiche Anteile von Hilfstätigkeiten einschließt, die nach dem Stand der Forschung die Entwicklung beruflicher Kompetenz und Identität beeinträchtigen. Diese implizite Botschaft wäre nicht vereinbar mit dem Zweck, für den dieses Tool entwickelt wurde, nämlich für eine effektive Form der Ausbildungsberatung[7]. Zu dieser gehört auch die Vermittlung der Erkenntnis, dass sich Auszubildende in ihrer Ausbildung eher unterfordert fühlen und dass die Ausbilder aller Branchen dies in einer umfangreichen Untersuchung bestätigt haben. Vor allem im ersten Ausbildungsjahr liegt das Ausbildungsniveau der Arbeitsaufgaben, die Auszubildenden übertragen werden, auf dem Niveau ausreichend (bei einer Notenskala von 1 bis 5).

---

7 Bei der Erfassung der Ausbildungsqualität wird jedoch das fachliche Niveau der Lern- und Arbeitsaufgaben erfasst.

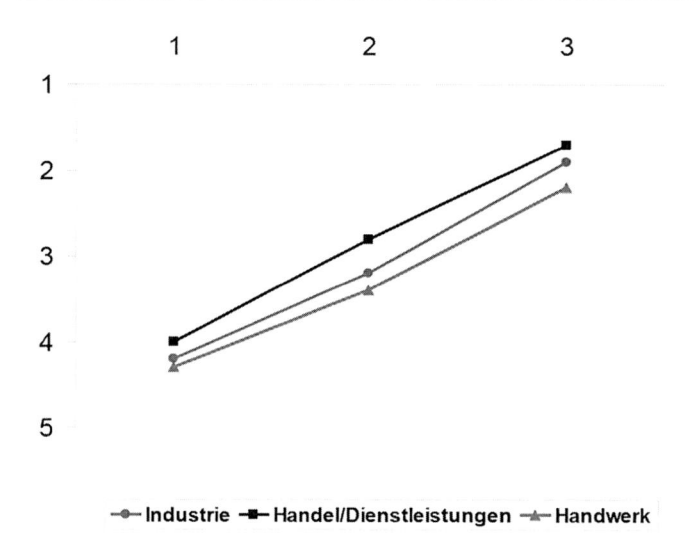

Abb. 8: Branchenübergreifender Vergleich des Niveaus der Arbeitsaufgaben

Zugleich können mit dem QEK-Tool Beispiele guter Ausbildungspraxis identifiziert werden, mit denen eindrucksvoll demonstriert werden kann, dass das Konzept des Lernens in qualifizierenden Arbeitsprozessen eine realistische und lohnende Form moderner Berufsausbildung darstellt. „Die Auszubildenden werden vom ersten Ausbildungstag an in der betrieblichen Realität in wertschöpfenden Arbeitsprozessen ausgebildet und arbeiten an Arbeitsaufträgen – je nach individuellen Fähigkeiten – produktiv in der realen Arbeitsumgebung. Man kann anhand der zeitlichen Schwerpunktsetzung in der Berufsausbildung sehen, dass vorrangig direkt im Arbeitsprozess ausgebildet wird. „[…]. Nach dem Konzept des auftragsorientierten Lernens werden Auszubildende von Beginn ihrer Ausbildung an in die Bearbeitung von Arbeitsaufträgen auf dem Niveau von Fachkräften einbezogen […]. Die Arbeitsaufträge werden von der Arbeitsvorbereitung vorsortiert, die darauf achtet, dass die Aufträge von den Auszubildenden einerseits bewältigt werden können und andererseits lernhaltige Aspekte aufweisen, die die berufliche Kompetenzentwicklung unterstützen" (Haasler 2008, 163 ff.).

Die Berechnung des Ausbildungsertrages

ergibt sich aus den folgenden Schritten:

1. Schritt
Zunächst wird auf der Grundlage der vom Ausbilder eingetragenen Halbjahreswerte der über den gesamten Ausbildungszeitraum durchschnittliche Leistungsgrad der Auszubildenden im Verhältnis zu dem einer Fachkraft ermittelt.

2. Schritt
Im zweiten Schritt werden die produktiven Lernzeiten (Ausbilden im Arbeitsprozess) ermittelt. Legt man eine Jahresarbeitszeit von 220 Tagen zugrunde, erreichen die Auszubildenden in diesem Beispiel ca. 66 Prozent (Tab. 2) dieser Arbeitsleistung. Multipliziert man den Leistungsgrad mit der produktiven Lernzeit, dann ergibt sich daraus der Wert für die produktive Arbeit, die von einer Fachkraft erbracht werden müsste, wenn der Betrieb nicht ausbilden würde.

	1. Ausbildungsjahr	2. Ausbildungsjahr	3. Ausbildungsjahr
Externe Kurse	5	5,3	4
Innerbetrieblicher Unterricht	9,7	6,8	5,2
Prüfungsvorbereitung	0,5	2,2	5,2
Prüfungszeiten	0,1	2,2	3,6
Produktive Zeiten	145,1	143,4	143

Tab. 2: Durchschnittliche Zeiten während der Ausbildung in Tagen pro Jahr (dreijährige Ausbildungsgänge)

Die anteiligen Lohnkosten (die Lohnnebenkosten eingeschlossen) entsprechen dann dem Ausbildungs*ertrag*. Die Differenz zwischen den Brutto-Kosten der Ausbildung und den Ausbildungserträgen ergeben entweder einen Nettoertrag oder Nettokosten (Abb. 10). Diese lassen sich auch durch QEK für jedes Ausbildungsjahr gesondert ermitteln.

Nutzen der Ausbildung
- ✓ Betriebliche Ausbildungszeiten

*

- ✓ Grad der produktiven Leistung der Azubis im Vergleich zu einer Fachkraft

*

- ✓ Einkommen einer ausgebildeten Fachkraft

Kosten Ausbildung
- ✓ Ausbildungsvergütung
- ✓ Kosten des Ausbildungspersonals
- ✓ Sachmittel
- ✓ Verwaltung und Abschreibungen

= Ausbildungsertrag / Ausbildungskosten

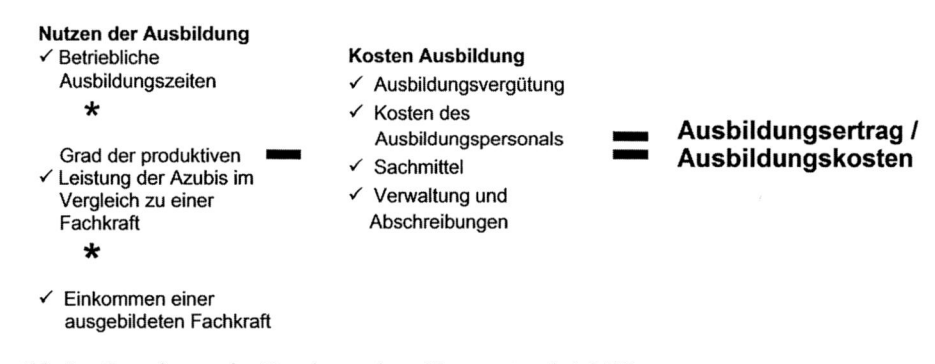

Abb. 9: : Berechnung der Nettokosten bzw. Nettoerträge bei QEK

Rentabilität der Ausbildung

Abb. 10: Beispiel für die Rentabilität der Ausbildung (Quelle: Fallstudie QEK Kfz-Mechatroniker, ID-281022a_R)

Weiterer Nutzen durch betriebliche Ausbildung

QEK liegt ein *produktionsorientiertes* und nicht ein *investitionsorientiertes* Konzept der Ausbildung bei der Kosten-Nutzen-Abschätzung zu Grunde, d.h. es werden nur die Kosten bzw. der Nettoertrag ermittelt. die sich während der

Ausbildung ergeben. Der darüber hinaus in der Kosten-Nutzen-Forschung geltend gemachte Opportunitätsnutzen durch die Übernahme von Auszubildenden in ein Beschäftigungsverhältnis basiert im Wesentlichen auf folgenden Faktoren: (vgl. Walden und Herget 2002 sowie Schönfeld u.a. 2010):

- Rekrutierungskosten: Anzeigekosten und Einstellungsgespräche entfallen
- Einarbeitungszeiten: Diese entstehen, wenn externe Fachkräfte für die spezifischen betrieblichen Aufgaben eingearbeitet werden müssen. Bei betrieblich Ausgebildeten entfällt die Einarbeitung, da sehr häufig bei geplanter Übernahme die Einarbeitung auf den künftigen Arbeitsplatz in die Ausbildung integriert wird.
- Fluktuation und Fehlbesetzung: Das Risiko der Fehlbesetzung durch eine externe Fachkraft entfällt durch die Übernahme eines betrieblich Ausgebildeten weitgehend.
- Ausfallkosten durch Fachkräftemangel: Bei relativ niedrigen Ausbildungsquoten besteht ein struktureller Fachkräftemangel. Dieser kann betrieblich nur durch Überstunden vorhandener Fachkräfte ausgeglichen werden. Im ungünstigen Fall führt dies auch zur Einschränkung bei der Annahme von Aufträgen. Die dadurch entstehenden Kosten können als eine Form des Opportunitätsnutzens kalkuliert werden.

Walden und Herget kommen auf der Grundlage einer empirischen Untersuchung zu diesen Faktoren zu der Einschätzung, dass der Gesamtnutzen einer betrieblichen Berufsausbildung deutlich den durch die Ausbildungserträge gegebenen Nutzen übersteigt. Offen ist jedoch, bei welchen Betrieben und unter welchen gesamtökonomischen und betriebswirtschaftlichen Rahmenbedingungen der Opportunitätsnutzen sich positiv auf das Ausbildungsverhalten der Betriebe auswirkt.

Bei der Entwicklung von QEK wurde diese Dimension des Ausbildungsnutzens nicht berücksichtigt, da in einer Vielzahl von betrieblichen Fallstudien, die mit QEK durchgeführt wurden, die Erfahrung gemacht wurde, dass die Entscheidung auszubilden im Regelfall nicht von Überlegungen zum Opportunitätsnutzen abhängig gemacht wird. Jeder einzelne Betrieb muss bei der Anwendung von QEK daher für sich kalkulieren, was ihm die eigene Ausbildung wert ist, wenn die Ausbildung Netto-Kosten verursacht. QEK liegt ein *produktionsorientiertes* und nicht ein *investitionsorientiertes* Konzept der Ausbildung bei der Kosten-Nutzen-Abschätzung zu Grunde.

Gleichwohl kann auf der Grundlage der letzten Kosten-Nutzen-Analyse des BIBBs im Jahr 2008 davon ausgegangen werden, dass die Übernahme von Auszubildenden in ein Beschäftigungsverhältnis dem Unternehmen einen zusätzlichen Opportunitätsnutzen von durchschnittlich 7.000 € erbringt (Schönfeldt u.a. 2010).

2.3 Erfassen der Ausbildungsqualität

Die Ausbildungsqualität

Mit der Novellierung des Berufsbildungsgesetzes (BBiG 2005) wurde ein weiterer Schritt zur Implementierung von Qualitätssicherungsverfahren getan. Die Edding-Kommission hat für Ihre Untersuchung der betrieblichen Ausbildung ein sehr detailliertes Instrumentarium zur Analyse der Ausbildungsqualität entwickelt und angewandt. Bemerkenswert ist, dass die Kommission unter Bezugnahme auf methodische und praktische Gründe besonderes Gewicht auf die Input-Qualitätsfaktoren gelegt hat.

Als Kriterien der Output-Qualität definierte die SK
- die formelle Eignung – ablesbar an den Prüfungsergebnissen
- berufsbezogene Eignung – ablesbar vor allem an der Einarbeitungszeit in den Beruf
- arbeitswelt- und gesellschaftsbezogene Eignung.

Dieses Kriterienraster zur Erfassung der Output-Qualität kann auch nach 40 Jahren Berufsbildungsforschung als Maßstab für die einschlägige Qualitätsforschung angesehen werden (SK 929 ff.). Problematischer ist dagegen das Kriterienraster zur Bestimmung der Input-Qualität. Hier hat die SK nach fünf Kriterien unterschieden.

1) Organisation (*Ausbildungsplanung und ihre Verbindlichkeit, Ausbildungskontrolle sowie weitere Organisationsaspekte*)
2) Technik (Bewertet u. a. nach dem Umfang und Wert der eingesetzten Ausbildungsmittel)
3) Intensität (Bewertet nach dem Grad der Systematisierung des Ausbildungsprozesses und des Anteils an neuen und schwierigen Tätigkeiten)

4) Personal (Zahlenverhältnis von Ausbildern und Auszubildenden sowie formale Qualifikation der Ausbilder)
5) Methode (Möglichkeiten der Individualisierung und Differenzierung, proklamierte Unterweisung etc.)

Als zentrale Rahmenbedingungen wurde das übergeordnete Qualitätskriterium der „Legalität" der Ausbildung angegeben. Darunter fallen alle Aspekte einer geregelten Ausbildung.

Analysiert man die Input-Kriterien im Zusammenhang, dann entsteht ein Bild, das deutlich geprägt ist, durch die in der großen Industrie etablierten Formen „verschulter Unterweisung". Dies schmälert nicht die außerordentlich hohe Qualität, mit der die SK die Ausbildungsqualität im Sinne des Qualitätsverständnisses betrieblicher Berufsausbildung, wie es Anfang der 70er Jahre galt, erfasst wurde. Vor allem die Output-Kriterien behalten ihre Aktualität. Dies gilt auch für einzelne Indikatoren der Input-Kriterien. Die Erfassung „neuen und schwierigen Tätigkeiten", die von Auszubildenden ausgeführt werden sowie die Mehrzahl der Untersuchungsaspekte des Kriteriums „Organisationen" haben auch unter dem veränderten Blickwinkel eine in die betriebliche Arbeits- und Geschäftsprozesse sowie die betrieblichen Organisationsprozesse integrierten Ausbildung ihre Gültigkeit behalten.

Die Qualitätskriterien der QEK-Methode sind so ausgewählt, dass mit ihnen zwei Output-Kriterien erfasst und im Zusammenhang bewertet werden können.

Die Qualität der Ausbildung als ein Zusammenhang zwischen subjektbezogenen und objektiven Dimensionen der Berufsausbildung

umfasst Qualitätskriterien, die unabhängig vom zeitlichen Verlauf der Ausbildung mehr oder weniger gegeben sein können. So ist z. B. die Einbettung beruflicher Lernprozesse in berufliche Arbeitsprozesse, die ihrerseits in Geschäftsprozesse eingebettet sind und als solche erfahren werden können, von Beginn der Ausbildung an möglich.

Ein klassisches Beispiel ist das von Lave und Wenger geschilderte Beispiel der westafrikanischen „Vai and Gola") Schneiderlehrlinge, die am Beginn ihrer Ausbildung durch das Annähen der Knöpfe und das Fertigen der Säume des Gewandes erfahren, wie ein Gewand fertig gestellt wird, wie es fertig aussieht und worauf bei der Übergabe des von ihnen fertig gestellten Gewandes an den Kunden ankommt. "In fact, production steps are reversed, as apprentices begin by learning the finishing stages of producing a garment, go on to learn to sew it, and only later learn to cut it out" (Lave and Wenger 1991, 72). Umgekehrt können bei fortschreitender Spezialisierung der Ausbildung nach dem in der deutschen Berufsbildungstradition verbreiteten Muster einer breit angelegten Grundbildung, auf die Stufen fortschreitender fachlicher Differenzierungen folgen, die Geschäftsprozesse aus dem Blickfeld geraten. Situiertes Lernen nach Lave und Wenger bedeutet dagegen, schon am Beginn der Berufsausbildung Formen des beruflichen Lernens einzuführen, die es dem beruflichen Anfänger ermöglichen anhand konkreter beruflicher Aufgaben in die berufliche Praxisgemeinschaft hineinzuwachsen.

Da das QEK-Tool beide Qualitätsaspekte im Zusammenhang bewertet, die Qualität der Lernformen und der Lernergebnisse, ist in der Regel eine leichte Zunahme der Ausbildungsqualität im Fortgang der Ausbildung zu erwarten. Nimmt die Ausbildungsqualität von Ausbildungsjahr zu Ausbildungsjahr stark zu, dann ist dies ein Indiz dafür, dass am Beginn der Ausbildung die Ausbildungspotenziale, die durch das Lernen in qualifizierenden Arbeitsprozessen gegeben sind, nicht ausgeschöpft werden. Umgekehrt zeigen Beispiele ‚guter Ausbildungspraxis', dass bereits im ersten Ausbildungsjahr ein hoher Qualitätsindex erreicht werden kann, wenn auf eine hohe Qualität der Ausbildungsmethoden – bewertet anhand der Inputfaktoren – Wert gelegt wird.

Das hier vorgestellte Verfahren zur Selbstevaluation der Ausbildungsqualität umfasst sechs Qualitätsaspekte, vier Gestaltungsfaktoren (Inputfaktoren) und zwei Ergebnisfaktoren (Outputfaktoren):

Gestaltungsfaktoren
1) Lernen im Arbeitsprozess: Produktive Arbeitszeiten
2) Fachliches Ausbildungsniveau: Qualität der Arbeitsaufgaben
3) Eigenverantwortliches Lernen: die Vollständigkeit der Arbeitshandlung
4) Lernen in Geschäftsprozessen: prozessbezogene Ausbildung
Ergebnisfaktoren
1) Berufsfähigkeit
2) Berufsfähigkeit

Abb. 11: Die sechs Qualitätsaspekte der Selbstevaluation

Die Input-/Gestaltungsfaktoren

1) Lernen im Arbeitsprozess: Produktive Ausbildungszeiten

Den für die berufliche Bildung einschlägigen Lern- und Entwicklungstheorien ist gemeinsam, dass sie für die Begründung einer Berufsbildungsdidaktik das erfahrungsbasierte Lernen im Arbeitsprozess nahelegen. Nach Havighurst (1972) wird die Entwicklung bei Erwachsenen durch Entwicklungsaufgaben (developmental tasks) bewirkt. Berufspädagogisch gewendet wurden daraus das Konzept der beruflichen Entwicklungsaufgaben sowie ihre entwicklungslogische Systematisierung in beruflichen Bildungsgängen (vgl. Gruschka 1985, Rauner 1999, Benner 1984). Als eine Bestätigung dieses berufspädagogischen Bildungskonzeptes können auch die Ergebnisse der Expertiseforschung interpretiert werden (vgl. Gruber 1999).

Im Rahmen mehrerer umfangreicher Evaluationsprojekte des ITB in verschiedenen Branchen wurde anhand großer Stichproben die These bestätigt, dass sich durch die Reduzierung der Lernzeiten in beruflichen Arbeitsprozessen und eine Ausweitung des lehrgangsförmigen Lernens (z. B. in Lehrwerkstätten) die berufliche Kompetenzentwicklung verschlechtert (Bremer, Haasler 2004). Zugleich beeinträchtigt dies auch die Entwicklung beruflicher Identität und das daraus resultierende berufliche Qualitätsbewusstsein sowie die berufliche Leistungsbereitschaft (Jäger 1988). Umgekehrt wird durch das in die betrieblichen Arbeitsprozesse integrierte berufliche Lernen die berufliche Kompetenzentwicklung in besonderem Maße gefördert (Haasler, Meyer 2004, 142ff). Wird berufliche Bildung außerbetrieblich und schulisch organisiert, dann erfordert das Hineinwachsen in die beruflichen Praxisgemeinschaften zum Erreichen der Berufsfähigkeit in der Regel eine ein- bis zweijährige Berufspraxis. Der Umfang der produktiven Lernzeiten lässt sich daher als ein Indikator für Ausbildungsqualität nutzen. Das Kriterium der produktiven Lernzeit bedarf der Ergänzung um Kriterien, die sich auf die Qualität der beruflichen Arbeitsaufgaben beziehen.

2) Fachliches Ausbildungsniveau: Qualität der Arbeitsaufgaben

Dieses Qualitätskriterium stützt sich zunächst auf die plausible Annahme, dass nur die Beteiligung an und schließlich die eigenständige Durchführung von Fachaufgaben im Rahmen betrieblicher Aufträge die berufliche Kompetenzentwicklung gewährleistet. Werden Auszubildende im Laufe ihrer Ausbildung mit

Aufgaben unter ihrem Entwicklungsniveau bzw. dem fachlichen Niveau des Ausbildungsberufes beschäftigt, dann beeinträchtigt dies ihre Ausbildung. Berufliches Lernen als fortschreitende und reflektierte Arbeitserfahrung setzt voraus, dass eine neue Arbeitssituation auf einen bereits vorhandenen Erfahrungshintergrund trifft. Jede neue Arbeitserfahrung wird im Lichte vorausgegangener Arbeitserfahrung bewertet, und das Ergebnis dieser Bewertung wird zur alten Erfahrung hinzugefügt. Ist die Divergenz zwischen alter und neuer Arbeitserfahrung zu groß, dann kann subjektiv keine Brücke zur neuen Erfahrung geschlagen werden – es wird nichts gelernt. Bevorzugt werden Arbeitserfahrungen dann zu dem bestehenden erfahrungsbasierten Wissen hinzugefügt, wenn die neue Erfahrung einigermaßen in die bestehenden Wissensstrukturen hineinpasst. Berufliches Wissen umfasst auch das implizite Wissen (Polanyi 1966, Neuweg 1999). Die je aufs Neue stattfindende subjektive Bewertung der Arbeitserfahrung erfolgt zunächst weitgehend vorbewusst und automatisiert. Sollen aus Arbeitserfahrungen explizites berufliches Wissen und berufliche Einsichten erwachsen, dann kommt es ganz entscheidend darauf an, Arbeitserfahrung zu kommunizieren und zu reflektieren. Neues berufliches Wissen entsteht nur dann, wenn neue Arbeitserfahrung einerseits mit vorhandenen Bedeutungen zusammenpasst, diese quasi zum Schwingen bringt, und andererseits soweit vom vorhandenen Wissen abweicht, dass die neue Erfahrung zu einer Erweiterung und Vertiefung bisheriger Bedeutungen und Bewertungen erlebter Tatsachen beiträgt. Die Ausbilder werden daher danach gefragt, wie sich die Arbeitsaufgaben, mit denen die Auszubildenden betraut werden, zwischen dem Niveau von *Fach-* und *Jedermanns*-Aufgaben verteilen.

Fachaufgaben, so kann unterstellt werden, tragen zur Kompetenzentwicklung bei. *Jedermanns*-Aufgaben dagegen verfügen, eigenständig betrachtet, über kein Entwicklungspotenzial (vgl. Bremer 2004, 34f, Gruber 1999, 179f, Collins, Brown, Newman 1989). Sie erhalten erst im Funktionszusammenhang mit einer Fachaufgabe, z:B. als Vorbereitung, Bedeutung (vgl. S. 27ff). Damit die Bewertung des fachlichen Ausbildungsniveaus durch die Ausbilder handhabbar wird, muss eine Fragestellung gewählt werden, die sie mit einiger Gewissheit beantworten können. Ausbilder können problemlos einschätzen, ob und in welchem Umfang Auszubildende mit Fachaufgaben und mit *Jedermanns*-Aufgaben (Hilfsarbeiten) betraut werden bzw. wie die jeweiligen Arbeitsaufgaben für Auszubildende auf einer Skala zwischen diesen beiden Polen einzustufen sind.

3) Eigenverantwortliches Lernen: Die Vollständigkeit der Arbeitshandlung

Die Frage nach der Vollständigkeit der Arbeitshandlung wird vom Verordnungsgeber für Ausbildungsordnungen als ein zentrales Qualitätskriterium hervorgehoben und in den Ausbildungsrahmenplänen verankert. Die Berufsbildungsplanung stützt sich dabei auf eine umfangreiche arbeitswissenschaftliche Forschung, die diese Kategorie der Arbeitsgestaltung nicht nur aus der Perspektive der Humanisierung der Arbeit, sondern auch aus der Sicht der betriebswirtschaftlichen Forschung begründet (Ulich 1994, Kap.4; Rauner 2000, 27 ff.).

Die Begründung des Konzeptes der vollständigen Arbeitshandlung geht zurück auf Hellpachs Konzept der „Gruppenfabrikation". Diese schließt „den Zusammenhang von eigener Planung, Entwurf und freier Wahl unterschiedlicher Möglichkeiten, Entscheidungen für eine und Verantwortungsübernahme für die Entscheidung, Überblick und Einteilung der Durchführung sowie die Einschätzung des Gelingens des Erzeugnisses mit ein" (Hellpach 1922, 27). Die arbeitswissenschaftliche Forschung begründet das Konzept der vollständigen Arbeitsaufgaben und -handlung als ein zentrales Anliegen der Humanisierung der Arbeit. Vor allem Emery (1959), Hackman & Oldham (1976) sowie Ulich (2001) haben sich mit der Begründung von Merkmalen für eine humane Arbeitsgestaltung befasst. Ulich haben die Merkmale für die Gestaltung von Arbeitsaufgaben tabellarisch zusammengefasst (vgl. dazu Ulich 1994, Tab. 3).

Gestaltungsmerkmal	Angenommene Wirkung	Realisierung durch...
Ganzheitlichkeit	– Mitarbeiter erkennen Bedeutung und Stellenwert ihrer Tätigkeit – Mitarbeiter erhalten Rückmeldung über den eigenen Arbeitsfortschritt aus der Tätigkeit selbst	... Aufgaben mit planenden, ausführenden und kontrollierenden Elementen und der Möglichkeit, Ergebnisse der eigenen Tätigkeit auf Übereinstimmung mit gestellten Anforderungen zu prüfen
Anforderungsvielfalt	– Unterschiedliche Fähigkeiten, Kenntnisse und Fertigkeiten können eingesetzt werden – Einseitige Beanspruchungen können vermieden werden	... Aufgaben mit unterschiedlichen Anforderungen an Körperfunktionen und Sinnesorgane
Möglichkeiten der sozialen Interaktion	– Schwierigkeiten können gemeinsam bewältigt werden – Gegenseitige Unterstützung hilft Belastungen besser ertragen	... Aufgaben, deren Bewältigung Kooperation nahelegt oder voraussetzt
Autonomie	– Stärkt Selbstwertgefühl und Bereitschaft zur Übernahme von Verantwortung – Vermittelt die Erfahrung, nicht einfluss- und bedeutungslos zu sein	... Aufgaben mit Dispositions- und Entscheidungsmöglichkeiten
Lern- und Entwicklungsmöglichkeiten	– Allgemeine geistige Flexibilität bleibt erhalten – Berufliche Qualifikationen werden erhalten und weiter entwickelt	... problemhaltige Aufgaben, zu deren Bewältigung vorhandene Qualifikationen eingesetzt und erweitert bzw. neue Qualifikationen angeeignet werden müssen
Zeitelastizität und stressfreie Realisierbarkeit	– Wirkt unangemessener Arbeitsverdichtung entgegen – Schafft Freiräume für stressfreies Nachdenken und selbstgewählte Interaktionen	... Schaffen von Zeitpuffern bei der Festlegung von Vorgabezeiten
Sinnhaftigkeit	– Vermittelt das Gefühl, an der Erstellung gesellschaftlich nützlicher Produkte beteiligt zu sein – Gibt Sicherheit der Übereinstimmung individueller und gesellschaftlicher Interessen	....Produkte deren gesellschaftlicher Nutzen nicht in Frage gestellt wird ...Produkte und Produktionsprozesse, deren ökologische Unbedenklichkeit überprüft und sichergestellt werden kann

Tab. 3: Merkmale der Aufgabengestaltung in Anlehnung an Emery & Emery (1974), Hackman und Oldham (1976) und Ulich (1994, 161)

Die Kategorie der Handlung wird handlungstheoretisch als zielbewusstes Handeln interpretiert. Von der pädagogischen Leitidee „zu wissen und zu verantworten, was man tut" ist die Kategorie der Handlung jedoch weit entfernt. „Zu wissen, was man tut" verweist auf die Vielfalt von Verantwortlichkeiten, mit der das eigene Tun verknüpft ist, so wie es die KMK (1991) mit ihrem Hinweis auf die „Befähigung zur Mitgestaltung der Arbeitswelt in sozialer und ökologischer Verantwortung" formuliert hat. Die berufspädagogische Diskussion hat den Begriff der vollständigen Arbeitshandlung aufgenommen und ihn mit dem Konzept einer *gestaltungsorientierten Berufsbildung* eine weit über den ursprünglichen arbeitswissenschaftlichen Kontext hinausreichende Bedeutung zugemessen (Rauner 2006).

4) Lernen in Geschäftsprozessen: prozessbezogene Ausbildung

Mit dem Re-engineering von Unternehmen geht seit Anfang der 1980er Jahre eine Rücknahme funktionsorientierter Organisationskonzepte und ihre Überlagerung oder Substituierung durch eine ausgeprägte Geschäftsprozessorientierung einher. Im Handwerk findet dies seinen Niederschlag im Konzept der *Dienstleistung aus einer Hand*. Mit der Einführung flacher Betriebshierarchien und einer Rücknahme horizontaler und vertikaler Arbeitsteilung ging eine Verlagerung von Kompetenzen in die direkt-wertschöpfenden Arbeitsprozesse sowie die Einführung partizipativer Formen betrieblicher Organisationsentwicklung einher (Abb. 12). Damit war die berufliche Bildung unmittelbar herausgefordert, diese betriebswirtschaftlichen Konzepte in die Ausbildung zu transformieren. Seinen Niederschlag fand dies in der Leitidee der Geschäftsprozess- und Prozessorientierung beruflicher Bildung (Dybowski, Pütz, Rauner 1995). Eine prozessorientierte Ausbildung ist seither ein wichtiger Zielaspekt der dualen Berufsbildung, der seinen Niederschlag sowohl in den Ausbildungsordnungen als auch in den Prüfungsregelungen findet (f-bb 2005).

Die Kategorie des Prozesses und der Prozessorientierung löst die der Funktion und der Funktionsorientierung ab und steht für prozessuale Sachverhalte, die die berufliche Arbeit und die berufliche Bildung prägen (Grubb 1999, 177).

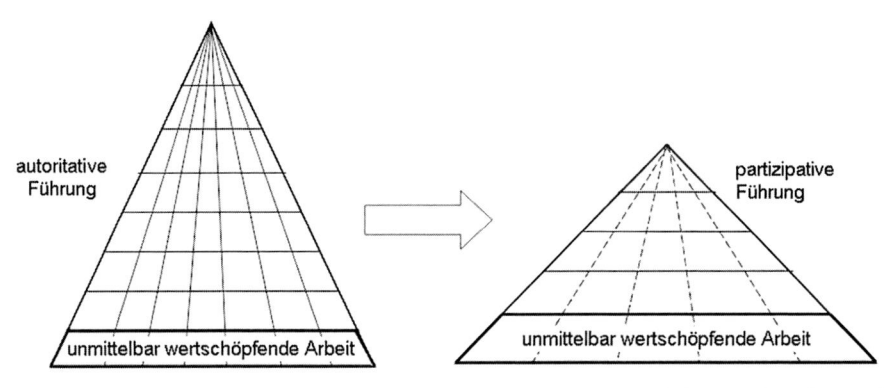

Unternehmensführung durch Kontrolle	Unternehmensführung durch Beteiligung
• Funktionsorientierte, tayloristische Arbeitsorganisation	• Geschäftsorientierte Arbeitsorganisation
• Ausgeprägte Hierarchien	• Flache Hierarchien
• Niedrige und fragmentierte Qualifikationen	• Gestaltungskompetenz
• Ausführende Arbeit	• Engagement und Verantwortungsbewusstsein
• Qualität durch Kontrolle	• Qualitätsbewusstsein

Abb. 12: Von einer funktions- zu einer geschäftsprozessorientierten Organisationsstruktur

Das lernende Unternehmen

Die Leitidee des lernenden Unternehmens hat wie keine andere die Kooperation zwischen den in den Unternehmensleitungen repräsentierten Geschäftsfeldern gefördert und dem Thema *Lernen* eine hohe Aufmerksamkeit in den unternehmerischen Innovationsprozessen beschert. Folgt man der immer wieder bestätigten Einsicht, dass Arbeiten und Lernen zwei untrennbar miteinander verschränkte Prozesse sind, dann bedarf es keiner kunstfertigen Begründung für die programmatische betriebswirtschaftliche These, dass Lernen eine Kerndimension jedes Unternehmens ist. Diese Einsicht schließt in besonderer Weise das situierte Lernen ein, wie es in einer geradezu idealtypischen Form in der dualen Berufsausbildung verkörpert ist (Lave, Wenger 1991).

Geschäftsprozessorientierte Organisationsstruktur

Der Wandel vom Verkäufer- zum Käufermarkt und der internationale Qualitätswettbewerb waren die auslösenden Momente zur Einführung prozessorientierter Organisationsstrukturen mit dem Ziel

- Kundenanforderungen schnell und zu minimalen Kosten zu erfüllen,
- Entwicklungszeiten zu verkürzen,
- Den Zeitaufwand für die Markteinführung zu verringern,
- Eine hohe Produktqualität bei gleichen oder auch sinkenden Preisen zu realisieren.

Berufliche Bildung und betriebliche Organisationsentwicklung

Wie kein anderes Thema hat die Analyse des Zusammenhanges zwischen betrieblicher Organisationsentwicklung und beruflicher Bildung auf die Notwendigkeit eines grundlegenden Perspektivwechsels in der beruflichen Bildung verwiesen: nämlich weg von einer auf die Anpassung der Lernenden an den Wandel der Arbeitswelt hin zu einer auf die Mitgestaltung zielenden Berufsausbildung (s. o.).

Arbeitsprozesse und ihre didaktische Funktion im Prozess der beruflichen Kompetenz- und Identitätsentwicklung

Die räumlich begrenzte Geographie des *Arbeitsplatzes* wird in einer prozessorientierten Berufsbildung durch die Struktur weitgehend entgrenzter *Arbeitsprozesse* ersetzt. Durch die vernetzten Strukturen der computer-, netz- und mediengestützten Arbeitsprozesse ist berufliches Lernen eingebunden in räumlich und zeitlich entgrenzte Arbeitsprozesse, die neue Methoden der Arbeitsanalyse und Gestaltung erfordern (Fischer, Rauner 2002).

Die Output-/Ergebnisfaktoren

1) Berufliches Engagement (occupational commitment)

Berufliche Kompetenzentwicklung vollzieht sich immer als ein Zusammenhang von Kompetenz- und Identitätsentwicklung. Die Entwicklung beruflicher Identität ist untrennbar mit der Entwicklung beruflicher Kompetenz verbunden (Blankertz 1983, Kirpal 2004). Davon zu unterscheiden ist die Aneignung einzelner Fachkompetenzen z. B. in der Form zertifizierbarer, modularer Qualifikationen. Berufliche Identität begründet ganz entscheidend das berufliche Engagement bzw. das darin zum Ausdruck kommende Qualitätsverhalten und die berufliche Leistungsbereitschaft. Dieser Qualitätsaspekt beruflicher Bildung wird über eine Skala ermittelt, die auf entsprechenden empirischen Untersuchungen der Commitment-Forschung basiert (Cohen 2007). Berufliches Engagement findet seinen Ausdruck in Leistungsbereitschaft und Qualitätsbewusstsein. Die Commitment-Forschung unterscheidet zwischen dem Engagement für das Unternehmen (organisational commitment) und dem beruflichen Engagement (occupational commitment). Carlo Jäger unterscheidet in diesem Zusammenhang zwischen Arbeitsmoral, im Sinne extrinsischer Motivation auf der Grundlage von Leistungsdruck und Berufsethik im Sinne intrinsischer Motivation, die der beruflichen Identität entspringt (Jäger 1988). Berufliche Bildung erhebt den Anspruch, einen Beitrag zur Entwicklung der Persönlichkeit im Sinne von „Bildung im Medium des Berufes" (Blankertz 1983), zu leisten. Daher legt die Berufspädagogik nahe, im Berufsbildungsprozess die Entwicklung beruflicher Kompetenz und beruflicher Identität in ihrem Zusammenhang zu fördern. Berufliche Identität wird daher nicht nur als eine mit der beruflichen Kompetenzentwicklung verschränkte Dimension der Persönlichkeitsentwicklung angesehen, sondern auch als die Voraussetzung für ein aus der beruflichen Identität entspringendes berufliches Engagement (vgl. Brown, Kirpal, Rauner 2006).

2) Berufsfähigkeit

Die Berufsfähigkeit ist das übergeordnete Ausbildungsziel jeder dualen Berufsbildung. Sie soll mit dem Abschluss der Erstausbildung erreicht werden. Zentraler Indikator für das Erreichen dieses Zieles ist das Bestehen der Prüfung. Daher werden die Prüfungsleistungen für die Bewertung dieses Qualitätskriteriums mit herangezogen. Darüber hinaus geht es um die Abschätzung der Einarbeitungszeit in den jeweiligen Beruf nach Abschluss der Berufsausbildung durch die Ausbilder. Dabei geht es nicht um die üblichen Einarbeitungszeiten für Fachkräfte in neue Aufgaben, sondern um die Zeit, die – gegebenenfalls – über die Ausbildungszeit hinaus erforderlich ist, um das Qualifikationsniveau von Fachkräften zu erreichen.

Das Erreichen der Berufsfähigkeit als dem übergeordneten Ziel jeder beruflichen Bildung gilt als das Alleinstellungsmerkmal beruflicher Bildung. Es bedeutet, dass eine angehende Fachkraft am Ende ihrer Berufsausbildung über die Kompetenz einer Fachkraft in dem entsprechenden Beruf verfügt und ohne zusätzliche Einarbeitungszeit diesen Beruf ausüben kann. Lave und Wenger begründen mit ihrer Theorie des situierten Lernens, dass das Erreichen der Berufsfähigkeit prinzipiell an das Lernen in betrieblichen Praxisgemeinschaften gebunden ist (Lave und Wenger 1991, 32).[8]

Da auch Formen dualer Berufsbildung durch die Verkürzung der Ausbildungszeit oder ein Übermaß am lehrgangsförmigen Lernen zur innerbetrieblichen Verschulung der Ausbildung beitragen können, kommt es bei der Bewertung der Ausbildungsqualität auch darauf an, den Grad des Erreichens der Berufsfähigkeit zu bestimmen.

Während alle anderen Qualitätskriterien über den gesamten Ausbildungszeitraum erfasst werden können, lässt sich die Berufsfähigkeit erst am Ende der Ausbildung bewerten. Daher verfügt nur das Qualitätsdiagramm, das die Bewertung der gesamten Ausbildung zusammenfasst, über sechs Dimensionen.

Die Operationalisierung dieser sechs Qualitätsindikatoren ist mit zwei Herausforderungen konfrontiert. Es muss zunächst gelingen, das Ausbildungskonzept unter Bezugnahme auf

---

8 „Nicht die Situation als sozialer Kontext instruiert das Handeln der Lernenden, sondern die Wahrnehmung, Re-Definition und emotionale Bewertung der Situation in ihrer Gewordenheit, d. h. ihre Situiertheit in einer Praxisgemeinschaft". Lernprozesse haben in diesem Sinne nicht nur eine doppelte Funktion, sondern auch eine doppelte Struktur: sie sind „sowohl personal als auch sozial situiert" (Wehner, Classes, Endres 1996, 77f). Schulische und hochschulische Formen beruflicher Bildung verfügen daher nicht über das Potenzial, dem Lernenden die Berufsfähigkeit zu vermitteln. Insofern handelt es sich dabei prinzipiell um Formen berufsorientierender und berufsvorbereitender Bildung.

1) den Stand der Forschung und der berufspädagogischen Diskussion zu begründen und
2) die Qualitätskriterien so zu operationalisieren, dass sie sich als tauglich für ein Instrument der Selbstevaluation erweisen.

Jede dieser sechs Dimensionen der Ausbildungsqualität wurde daher so normiert, dass sie sich als Notenskala abbilden lassen (vgl. Abb. 13).

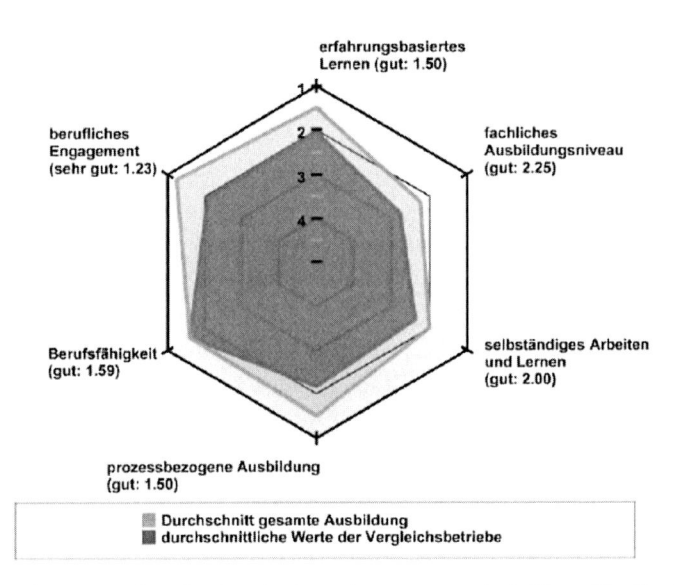

Abb. 13: Qualitätsdiagramm über den Durchschnitt der gesamten Ausbildung (Quelle: Fallstudie QEK)

Zu den drei Kriterien, mit denen die Qualität des Lernens im Arbeitsprozess anhand beruflicher Arbeitsaufgaben, -aufträge und -prozesse bewertet werden, wurden Fragen entwickelt, die dem arbeitspädagogischen Sprachgebraucht der Ausbilder entsprechen. So ist Ausbildern zum Beispiel das Konzept der *vollständigen Arbeitshandlung* vertraut, da es als eine zentrale didaktische Leitidee für die betriebliche Berufsausbildung gilt und vielfältig in einschlägiger Handreichung erläutert wird. Darüber hinaus hat diese Leitidee auch Eingang in die

Abschlussprüfungen gefunden und muss daher berufs- und situationsspezifisch immer wieder operationalisiert werden. Die Ausbilder müssen bei der Anwendung des QEK-Tools daher lediglich den Grad des eigenverantwortlichen Lernens/Arbeitens im Sinne vollständiger bzw. unvollständiger Arbeits-/Lernhandlungen angeben.

Die Untersuchungsergebnisse geben Aufschluss über zahlreiche Aspekte, die die Qualität und Rentabilität der betrieblichen Berufsausbildung betreffen:

1. Das Qualitätsniveau der Ausbildung in der Form eines über alle Qualitätsdimensionen gemeinsamen Wertes: der Qualitätsausbildungsindex;

Die Bildung eines Qualitätsindex ist an einige Voraussetzungen gebunden, die es im Fortgang der QEK-Forschung weiterhin zu untersuchen gilt. Die Ermittlung eines arithmetischen Mittelwertes über alle sechs Qualitätsindikatoren setzt voraus, dass diese voneinander unabhängig sind und ihnen das gleiche Gewicht zugemessen werden kann. Die statistische Überprüfung der Indikatoren hat die berufspädagogisch begründete Hypothese der voneinander unabhängigen Qualitätsindikatoren bestätigt. Auf eine Gewichtung der Indikatoren wurde verzichtet. Die Anwender des QEK-Tools, können selbst entscheiden ob und gegebenenfalls wie sie die Qualitätsindikatoren gewichten wollen. In diese Gewichtung gehen zwangsläufig auch normative Momente ein. Dies zeigen Fallstudien, die im Zusammenhang mit der QEK-Entwicklung durchgeführt wurden. So wurden zum Beispiel die beiden Ausbildungsziele *Entwicklung beruflicher Identität* und *Identifizierung mit dem Unternehmen* in ihrer Bedeutung für die Ausbildung sehr unterschiedlich gewichtet. Insgesamt haben die Fallstudien keine Anhaltspunkte dafür geliefert, eine generelle Gewichtung der Indikatoren vorzunehmen. Der Vorteil einer Gleichgewichtung liegt vor allem darin, dass ein Vergleich der Werte zwischen Unternehmen, Branchen, Regionen etc. möglich ist.

2. Die Ausprägung der unterschiedlichen Qualitätsaspekte und ihre Entwicklung im Rahmen der einzelnen Ausbildungsjahre sowie auffällige Abhängigkeiten, die zwischen einzelnen Qualitätsdimensionen bestehen.

Die Ausprägung der Qualitätsaspekte erlaubt es dem Anwender, offensichtlichen Zusammenhängen zwischen den Indikatoren nachzugehen. So lassen sich vor allem Zusammenhänge zwischen den vier Input-Indikatoren ((1) ... (4)) und den zwei Ergebnisindikatoren ((5) ... (6)) erkennen. So besteht z.B. ein unmittelbarer Zusammenhang zwischen dem niedrigen Niveau an Selbstständigkeit und einem gering ausgeprägten beruflichen Engagement. Auf der Grundlage eines breiten Einsatzes von QEK werden diese Zusammenhänge quantitativ untersuchen und zu verallgemeinerbaren Erkenntnissen verdichten. Diese erleichtern es wiederum dem einzelnen Unternehmen, seine spezifischen Qualitätswerte besser zu interpretieren.

3. Die Qualitätswerte lassen sich auch im Zusammenhang mit den die Kosten und Erträge verursachenden Größen interpretieren.

Besonders aufschlussreich für die Verbesserung der Berufsausbildung in einem Unternehmen bzw. in einer Branche sind schließlich die Zusammenhänge, die sich zwischen Qualität und Rentabilität der Ausbildung ergeben. So wird das Kriterium *Lernen im Arbeitsprozess* sowohl zur Bestimmung der Ausbildungsqualität als auch des Ausbildungsnutzens herangezogen. Ein gering ausgeprägtes Lernen im Arbeitsprozess mindert sowohl die Ausbildungsqualität als auch den Ausbildungsnutzen.

Wie der Leistungsgrad der Auszubildenden von den Ausbildungsformen abhängt, bedarf weiterer empirischer Untersuchungen. Dass diese Abhängigkeiten generell bestehen, lässt sich zunächst nur mit einer gewissen Plausibilität sowohl berufspädagogisch-didaktisch als auch anhand der empirischen Daten der Pilotstudie begründen.

3 Betriebs- und berufsbezogene Analysen
Felix Rauner

3.1 Betriebsbezogene Analysen

Das primäre Anwendungsfeld des QEK-Tools ist die Selbstevaluation der einzelbetrieblichen Ausbildungssituationen unter den Aspekten der Rentabilität und der Qualität der Ausbildung sowie der Identifizierung der Einflussfaktoren, die den Gestaltungsspielraum für Innovationen in der Ausbildungspraxis abstecken. Oft ist die Selbstevaluation der Ausbildungsqualität und -rentabilität eingebettet in Projekte der Ausbildungsberatung durch die örtlichen Kammern (s. 4.2).[9] Liegt zu einem Beruf eine hinreichende große Zahl von Einzelfällen vor – dies ist für eine große Zahl von Berufen gegeben –, dann stehen für die einzelbetriebliche Evaluation auch die Referenzdaten des jeweiligen Berufes bzw. der Branche zur Verfügung, so dass jeder Anwender erkennen kann, ob und zu welchem Grad seine Ausbildung in Bezug auf Kosten, Nutzen und Qualität von den durchschnittlichen Berufs-, Kammer und anderen Durchschnittswerten abweichen. Für die Repräsentation der Ergebnisse der (Selbst)Evaluation sowie die Darstellung von Ergebnissen auf aggregierten Niveaus eignet sich die Qualitäts-Rentabilitäts-Matrix, wenn es darum geht, alle Evaluationsergebnisse im Zusammenhang übersichtlich darzustellen.

Die Vier-Felder-Matrix „Qualität-Rentabilität" (QRM) erlaubt es, alle Evaluationsergebnisse zusammenzufassen. Dem Anwender erschließt sich auf einen Blick, wie sich Qualität und Rentabilität seiner Ausbildung zueinander verhalten.

---

[9] Neben der betrieblichen Selbstevaluation der Ausbildungsqualität und -rentabilität sind Analysen und Dokumentationen auf beinahe beliebigen Aggregationsniveaus (Kammerebene, Bundesländer sowie berufs- und branchenspezifische Sektoren) möglich.

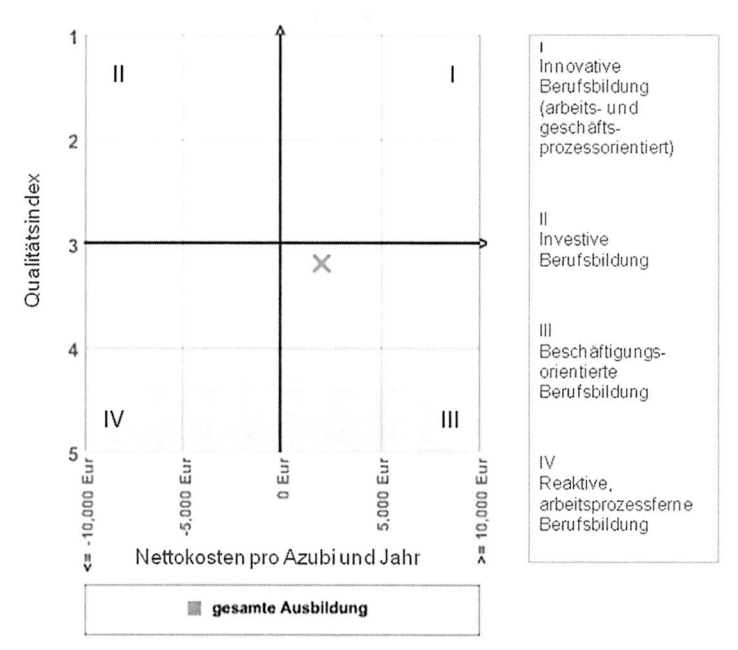

Abb. 14: Rentabilität- Qualitätsmatrix (Quelle: QEK-IHK, Osnabrück-Emsland)

Auf der waagerechten Achse bildet QEK die Rentabilität der Ausbildung ab. Ergebnisse in einem den Feldern II und IV der Matrix bedeuten Nettokosten, Ergebnisse in den Feldern I und III repräsentieren Nettoerträge. Nettokosten ergeben sich immer dann, wenn die Ausbildungskosten (Brutto) die Ausbildungserträge übersteigen. Umgekehrt ergeben sich Nettoerträge, wenn die Kosten-Nutzen-Bilanz positiv ausfällt.

Auf der senkrechten Achse wird die Qualität der Ausbildung in Form der Schulnoten von 1–5 markiert.

„1" steht für sehr gute und „5" für eine mangelhafte Ausbildungsqualität unterschieden. In der Waagerechten werden zwischen Nettokosten von 0–10000,- EUR und Nettoerträge von 0–10000,- EUR unterschieden. Dadurch entsteht eine 4-Felder-Matrix mit den Feldern

I: Innovative Berufsbildung (arbeits- und geschäftsprozessorientiert):

Die Ausbildungsqualität ist hoch und zugleich ist die Rentabilität der Ausbildung gegeben.

II: Investive Berufsausbildung:

Diesem Quadranten sind die Fälle zugeordnet, die über eine hohe Ausbildungsqualität verfügen, jedoch Nettokosten verursacht

III: Beschäftigungsorientierte Berufsausbildung:

Die Fälle in diesem Quadranten zeichnen sich dadurch aus, dass sie zwar rentabel sind, jedoch auf einem niedrigen Ausbildungsniveau. Beschäftigung und nicht Ausbildung stehen dabei i.d.R. im Vordergrund.

IV: Reaktive, arbeitsprozessferne Ausbildung:

Diesem Quadranten sind die Fälle zugeordnet, die sowohl unrentabel sind als auch über eine niedrige Ausbildungsqualität verfügen.

Die im Folgenden dargestellten vier Fälle in Abb. 15 bis Abb. 18 repräsentieren typische Ausbildungsformen (über den Verlauf der vier Ausbildungsjahre), die in der Praxis relativ häufig anzutreffen sind.

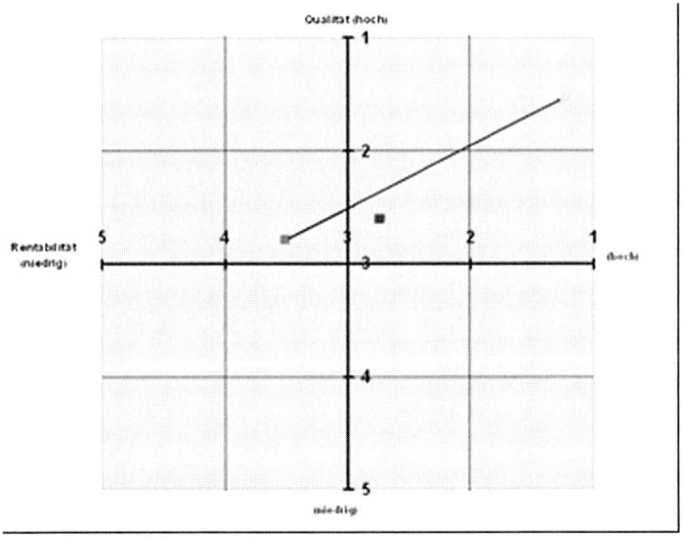

Abb. 15: Ausgewähltes QRM-Beispiel A

Im Beispiel A verläuft die Ausbildung idealtypisch im Sinne situierten Lernens: Qualität und Rentabilität der Ausbildung nehmen gleichzeitig zu. Die Zwischen- und Abschlussprüfung sind in die Ausbildung integriert und erfordern keine nennenswerten gesonderten Prüfungsvorbereitungszeiten.

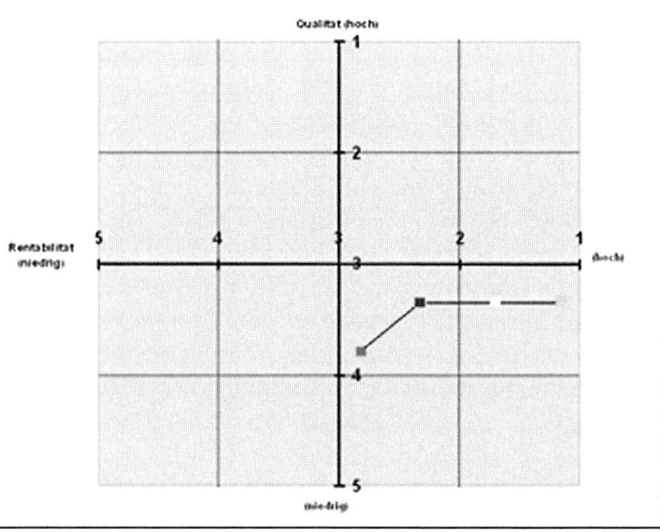

Abb. 16:Ausgewähltes QRM-Beispiel B

Beispiel B steht für Betriebe, in denen die Auszubildenden zwar produktiv tätig sind, jedoch auf einem Niveau, das dem von Un- und Angelerntentätigkeiten entspricht.

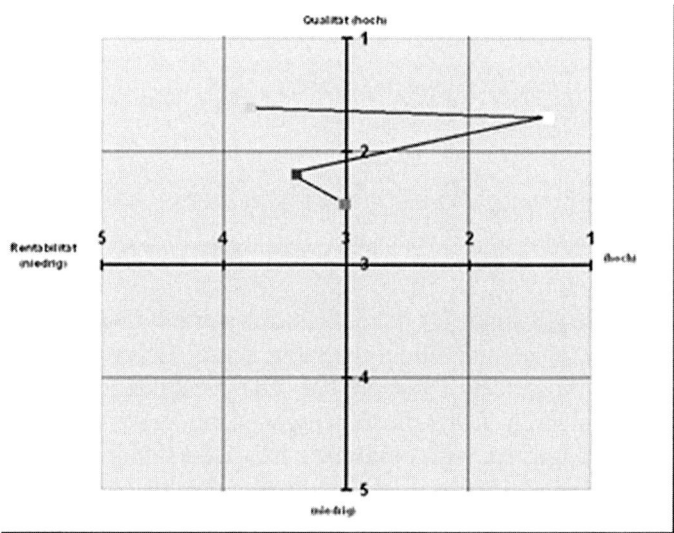

Abb. 17: Ausgewähltes QRM-Beispiel C

Ein Betrieb mit einem Ausbildungsverlauf wie in Beispiel C abgebildet, verfügt über eine sehr innovative Berufsausbildung, die bereits im ersten Ausbildungsjahr eine hohe Ausbildungsqualität erreicht. Zugleich decken die Ausbildungserträge die Ausbildungskosten. Im dritten Ausbildungsjahr zeigt sich die Wirksamkeit des innovativen Ausbildungskonzeptes in hohen bis sehr hohen Qualitäts- und Rentabilitätswerten. Die Stagnation und Rückfälle im zweiten und vierten Ausbildungsjahr auf ein niedriges Rentabilitätsniveau und die nur sehr eingeschränkte Anhebung der Ausbildungsqualität werden in diesem Fall durch eine intensive Vorbereitung auf die extern definierten praktischen Prüfungen verursacht. Es kommt faktisch im zweiten und im vierten Ausbildungsjahr (bei einer 3 ½ jährigen Ausbildung) zu einer Unterbrechung der Ausbildung. Zugleich mindert dies die Produktivität der Ausbildung.

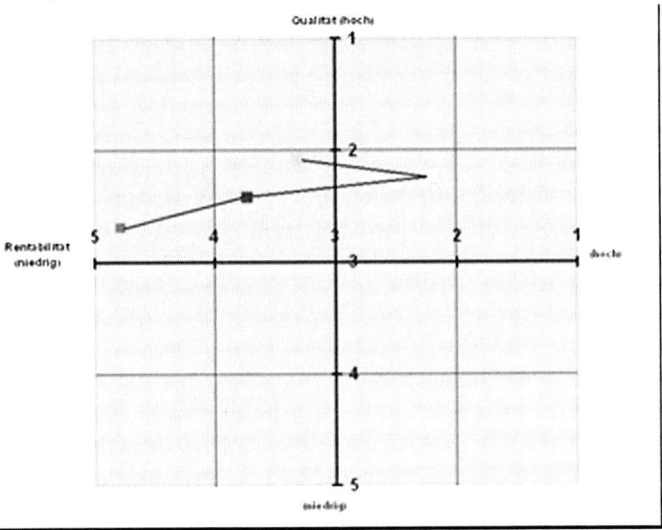

Abb. 18: Ausgewähltes QRM-Beispiel C

Bei dieser Fallstudie (Beispiel D) handelt es sich um ein großes Industrieunternehmen, das sehr viel in die Modernisierung seiner Lehrwerkstätten und die Qualifizierung der Ausbilder investiert hat. Die Ausbildung ist in den ersten beiden Ausbildungsjahren projektförmig organisiert. Die »Ausbildungsprojekte« werden durchgängig in sehr modernen Lehrwerkstätten durchgeführt und haben nur zum Teil einen Bezug zu den unternehmerischen Geschäftsprozessen. Erst im dritten Ausbildungsjahr wird die Ausbildung in die entsprechenden

Fachabteilungen verlagert. Dort ist allerdings die Mitsprache der hauptamtlichen Ausbilder bei der Gestaltung der Ausbildung deutlich eingeschränkt. Die Rentabilität der Ausbildung nimmt zwar im dritten Ausbildungsjahr sprunghaft zu. Die Ausbildungsqualität steigt jedoch nur mäßig an, da die Auszubildenden aus der Sicht der Fachabteilungen nur mit Anfängeraufgaben betraut werden können. Die in den ersten beiden Ausbildungsjahren verursachten Ausbildungsdefizite können im dritten Ausbildungsjahr nicht mehr ausgeglichen werden. Im 4. Ausbildungsjahr sinkt die Rentabilität durch die Vorbereitung auf die Abschlussprüfung deutlich ab. Ein Einsatz von QRM über längere Zeiträume zeigt darüber hinaus die Veränderungstendenzen der Qualität und Rentabilität der betrieblichen Ausbildung.

3.2 Berufsbezogene Analysen

Die QR-Diagramme eignen sich in besonderer Weise für das Benchmarking. Die Betriebe können ihre Ergebnisse mit den Durchschnittswerten ihrer Branche ihrer Region vergleichen (Abb. 19).

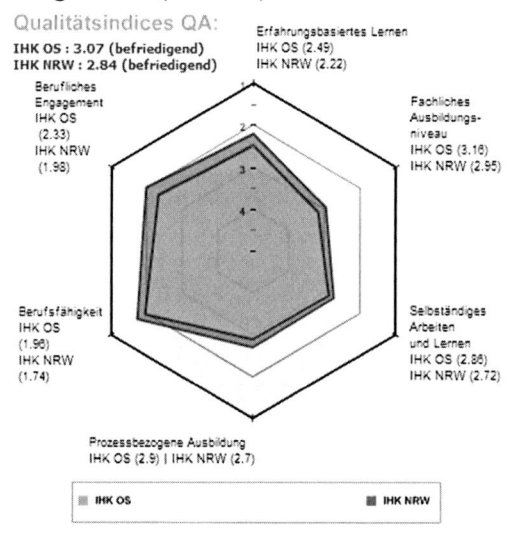

Abb. 19: Qualitätsprofile der Ausbildung in Industriebetrieben zweier Regionen (NRW, Osnabrück-Ems)

Abb. 19 veranschaulicht die Qualität der Ausbildung in Industriebetrieben des Kammerbezirks Osnabrück-Ems (OS) im Vergleich zu Industriebetrieben, die an der QEK-Studie in NRW teilgenommen haben. Der Inputfaktor prozessbezogene Ausbildung weist eine relativ große Differenz von 0,6 auf. Diese korreliert mit der Rentabilität der Ausbildung.

Vergleich	NRW	Osnabrück
Inputfaktoren		
Erfahrungsbasiertes Lernen	2.25	2.52
Fachliches Ausbildungsniveau	2.81	3.16
Selbstständiges Arbeiten und Lernen	2.67	3.00
Prozessbezogene Ausbildung	2.40	3.00
Outputfaktoren		
Berufsfähigkeit	1.63	2.00
Berufliches Engagement	2.70	3.00

Tab. 4: Qualitätsunterschiede in der industriellen Berufsausbildung (OS und NRW), vgl. auch Abb. 19

Die Herausforderung für Innovationen in der industriellen Ausbildung OS-Ems liegt vor allem in der Entwicklung einer stärkeren geschäftsprozessorientierten Ausbildung.

Die Aufschlüsselung der Qualitätsdiagramme nach Ausbildungsjahren bestätigt den Gesamtbefund. Eine bereits am Beginn der Ausbildung höhere Ausbildungsqualität in den NRW-Industrieunternehmen wirkt sich durchgängig positiv auf die Ausbildung aus (Abb. 20).

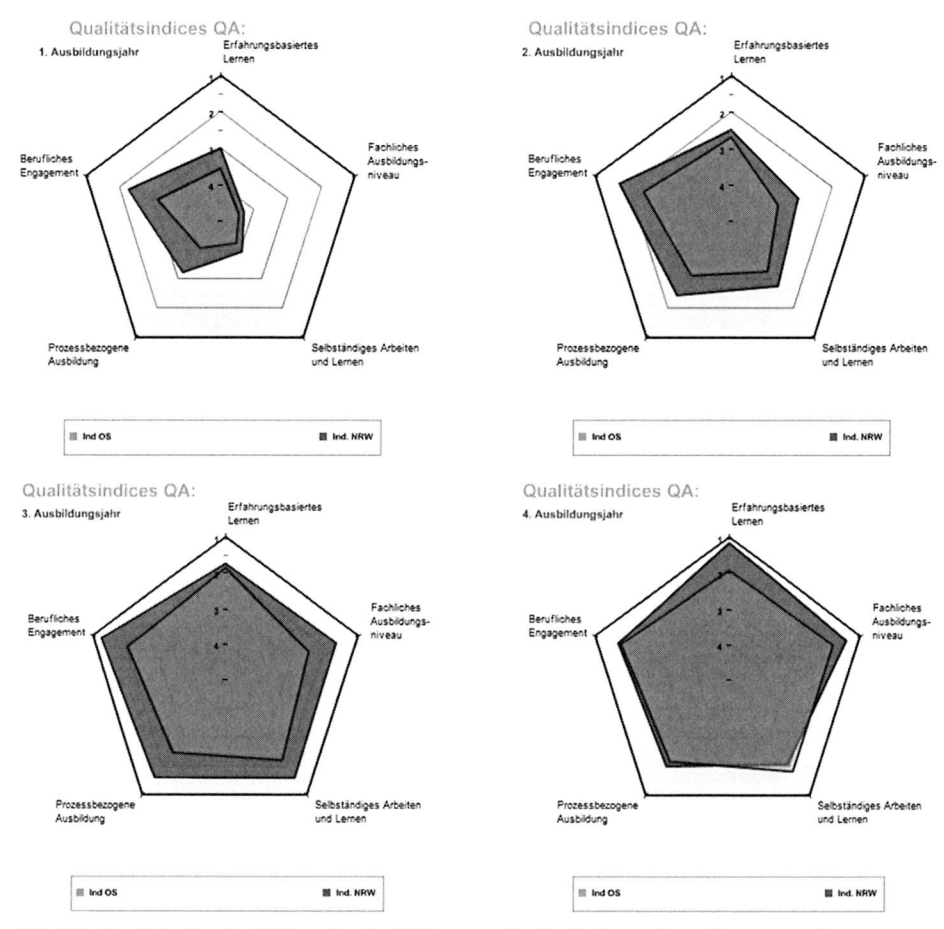

Abb. 20: *Qualität der Ausbildung im Ausbildungsverlauf in Industriebetrieben zweier Regionen (NRW OS)*

Zunächst fällt auf, dass die beiden Regionen die Potenziale der betrieblichen Ausbildung – im Durchschnitt – vor allem im ersten Ausbildungsjahr nicht ausschöpfen. Alle Gestaltungs(input)faktoren sind schwach bis sehr schwach ausgeprägt. Dass die Bewertung der fachlichen Ausbildungsniveaus als mangelhaft erscheint, entspricht den Befunden vergleichbarer Regionalstudien. Die Ausbildungspotentiale für das erste Ausbildungsjahr werden von der überwiegenden Zahl der Ausbildungsbetriebe nicht erkannt bzw. nicht genutzt. Zum Teil gilt das auch für das zweite Ausbildungsjahr. Die Qualitätsdiagramme zum 1. und 2. Ausbildungsjahr zeigen, dass die Ursachen in einer unterentwickelten Prozessorientierung der Ausbildung zu finden sind. Und diese ergibt sich bereits daraus, dass das „Herzstück" der betrieblichen Ausbildung: das Lernen in herausfordernden Arbeitsprozessen (erfahrungsbasiertes Lernen) unzureichend genutzt wird.

Die vorliegenden Datensätze zeigen, dass eine nennenswerte Zahl von Unternehmen ein deutlich höheres Ausbildungsniveau bereits am Beginn der Ausbildung realisiert. Die Qualitätsdiagramme des ersten Ausbildungsjahres bestätigen auch, dass die Schwächen der Ausbildung sich auf das berufliche Engagement negativ auswirken. So zeigen die NRW-Auszubildenden als Folge einer höheren Ausbildungsqualität (wenn auch auf einem niedrigeren Niveau) ein deutlich höheres berufliches Engagement. Erst im 3. Ausbildungsjahr nutzen die Ausbildungsbetriebe in beiden Regionen die Potenziale des „Lernens in qualifizierenden Arbeitsprozessen".

Fallbeispiele IHK Kammerbezirk Osnabrück-Emsland

Die sechs ausgewählten Fallbeispiele aus den Berufen Industriemechaniker, Industriekauffrau/-mann und Elektroniker für Betriebstechnik zeigen, wie die Ausbildungsbetriebe die in den Berufsbildern definierten Qualifikationsanforderungen in die Ausbildungspraxis umzusetzen.

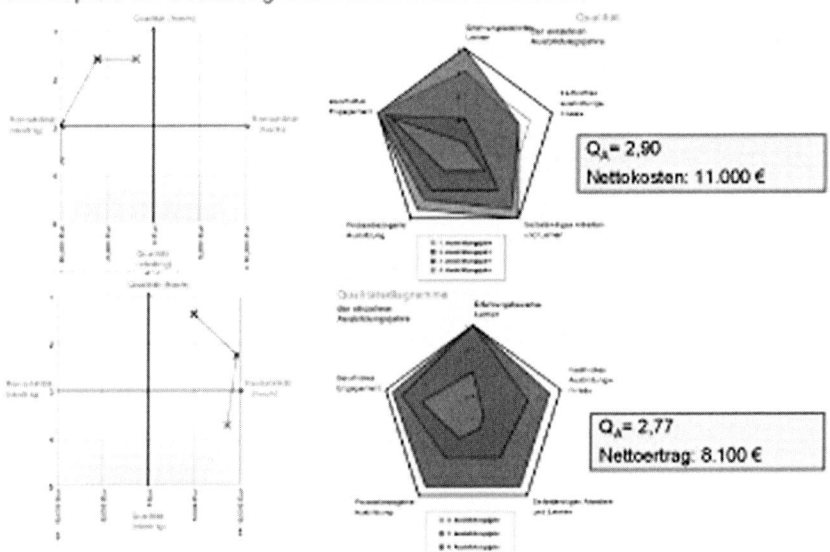

Abb. 21: Fallbeispiele Ausbildungsberuf Industriemechaniker

Die zwei Ausbildungsbeispiele Industriemechaniker repräsentieren entgegengesetzte Formen der Ausbildung. Das Beispiel A ist ein Musterbeispiel arbeitsplatzferner Ausbildung, die nach eigener Einschätzung auf einem relativ hohen Ausbildungsniveau stattfindet. Dem Unternehmen gelingt es ganz offensichtlich, Auszubildende auszuwählen, die ein großes berufliches Engagement mitbringen (Wunschberuf) und dieses Engagement in eine weitgehend verschulte Ausbildung einbringen können. Dadurch entstehen sehr hohe Ausbildungskosten bei einer mäßigen Ausbildungsqualität (Q_A= 2,90). Problematisch sind die Werte für die ersten beiden Ausbildungsjahre.

Das alternative Beispiel repräsentiert eine völlig andere Ausbildungspraxis. Die Ausbildungserträge im ersten und zweiten Ausbildungsjahr sind ungewöhnlich hoch. Im ersten Ausbildungsjahr korrespondiert dies jedoch nicht mit einer hohen Ausbildungsqualität. Die Auszubildenden sind zwar produktiv tätig, sie sind jedoch mit ihren Arbeitsaufträgen nicht eingebunden in die betrieblichen Geschäftsprozesse. Dies ändert sich allerdings im zweiten Ausbildungsjahr. Die

Ausbildungsqualität erreicht etwas höhere Werte als im Vergleichsunternehmen bei einer gleichzeitig hohen Rentabilität.

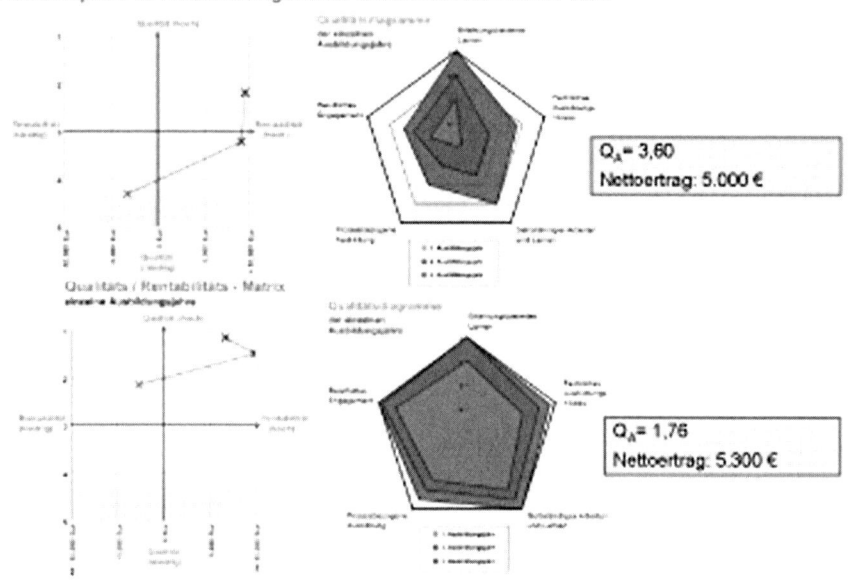

Abb. 22: Fallbeispiele Ausbildungsberuf Industriekaufmann/-frau

Mustergültig gelingt die Organisation der Ausbildung in einem Unternehmen, das Industriekaufleute auf einem sehr hohen Qualitätsniveau von QA=1,76 ausbildet und dabei die Rentabilität der Ausbildung sicherstellt (5.300,00 Euro). Das hervorragende Merkmal dieser Ausbildung ist die hohe Ausbildungsqualität bereits im ersten und zweiten Ausbildungsjahr. Das Unternehmen behandelt die Auszubildenden als neue Mitarbeiter, denen sie von Anfang an verantwortliche und herausfordernde Arbeitsaufträge überträgt – ohne sie zu überfordern. Dass es sich dabei um ein Beispiel hervorragender Ausbildungspraxis handelt, wird auch durch das Vergleichsbeispiel unterstrichen. Dieses Unternehmen erreicht eine vergleichbare hohe Rentabilität (5.000,00 Euro), jedoch bei einer sehr niedrigen Ausbildungsqualität. Die Auszubildenden werden durchgängig zu Hilfsarbeiten herangezogen, deren Bedeutung sie für die betrieblichen Ausbildungsprozesse nicht verstehen und erfahren können. Daraus resultiert auch das geringe berufliche Engagement.

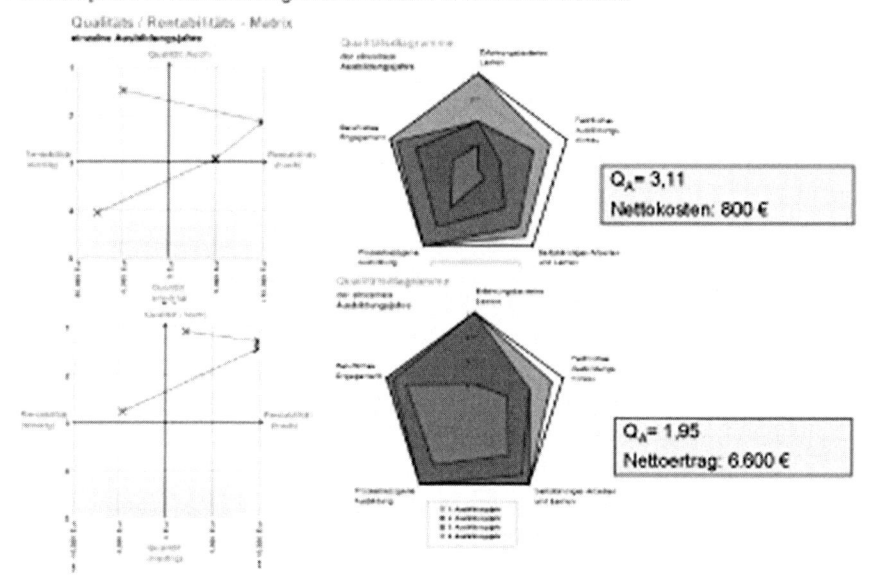

Abb. 23: Fallbeispiele Ausbildungsberuf Elektroniker Betriebstechnik

Die zwei Fallbeispiele für Elektroniker Betriebstechnik bestätigen den Befund, dass sich eine hohe Ausbildungsqualität mit einer hohen Rentabilität der Ausbildung einhergeht. Obwohl im Beispiel B das erfahrungsbasierte Lernen im ersten Ausbildungsjahr nur gering ausgeprägt ist, gelingt es trotzdem, bereits im ersten Ausbildungsjahr eine relativ hohe Ausbildungsqualität zu erzielen. Mit dem zweiten Ausbildungsjahr wird das Konzept des Lernens in qualifizierenden Arbeitsprozessen sehr erfolgreich umgesetzt. Das fachliche Ausbildungsniveau könnte dabei im zweiten und dritten Ausbildungsjahr angehoben werden. Die insgesamt erreichte hohe Ausbildungsqualität geht einher mit einer hohen Ausbildungsrentabilität. Hier liegt ein Beispiel guter Ausbildungspraxis vor. Der Ausbildungsbetrieb schöpft die Möglichkeiten des Lernens im Arbeitsprozess nicht aus. Ein außerordentlich schwaches erstes Ausbildungsjahr belastet die Ausbildung. Das Lernen in qualifizierenden Ausbildungsprozessen wird unzureichend genutzt. Dies mindert die Ausbildungsqualität (Q_A=3,11) und Rentabilität deutlich. Beide Ausbildungsbetriebe haben offenbar das Konzept einer modernen Prüfung (betrieblicher Auftrag) nicht eingeführt. Daher sinkt die Rentabilität der Ausbildung im letzten Ausbildungsjahr und die Entwicklung der Ausbildungsqualität stagniert.

Weitere Beispiele

In der FEINTECHNIK GmbH sind derzeit 35 Mitarbeiter, inklusive der 7 Auszubildenden, beschäftigt.

Bereits seit 1969 werden kontinuierlich Auszubildende im Beruf des Feinmechanikers/Industriemechanikers ausgebildet. Obwohl zum erforderlichen Qualifikationsprofil des Unternehmens auch Zerspanungsmechaniker passen würden, wird die Ausbildungstradition im Sektor Feinwerkmechanik fortgeführt. Zwischen 1969 und 2003 wurden alle drei bis vier Jahre neue Auszubildende rekrutiert, sodass es immer einen oder zwei Auszubildende im Betrieb gab. […]. Der Geschäftsführer entwickelte ein neues Konzept von Ausbildung, mit der Zielsetzung, mehr Ausbildungsplätze zu schaffen. Bedingung ist, dass die Ausbildung a) möglichst kostenneutral ist und b) dass aus ihr qualitativ gute Fachkräfte hervorgehen (vgl. Haasler/Rittmeyer 2007). […].

Im Verlauf des Jahres 2003 wurden alle Mitarbeiter des Unternehmens auf das neue Ausbildungskonzept vorbereitet. Kernziel dabei war, möglichst in der gesamten Ausbildung das Lernen und Arbeiten an wertschöpfenden Arbeitsaufträgen zu realisieren. Ein langjähriger Ausbildungsmeister, der methodisch dem Lernen nach dem Vier-Stufen-Konzept an Übungsaufgaben verhaftet blieb, konnte und wollte die neue Ausrichtung der Ausbildung nicht mittragen und musste daher das Unternehmen verlassen. Die Geschäftsführung des Unternehmens ist der Auffassung, dass Auszubildende nur dann zu „Mit"arbeitern werden, wenn Sie nicht den Status eines „Lehr"lings zugewiesen bekommen.

Die Auszubildenden werden vom ersten Ausbildungstag an in der betrieblichen Realität in wertschöpfenden Arbeitsprozessen ausgebildet und arbeiten an Arbeitsaufträgen – je nach individuellen Fähigkeiten – produktiv in der realen Arbeitsumgebung. Man kann anhand der zeitlichen Schwerpunktsetzung in der Berufsausbildung sehen, dass vorrangig direkt im Arbeitsprozess ausgebildet wird (siehe Abb. 24).

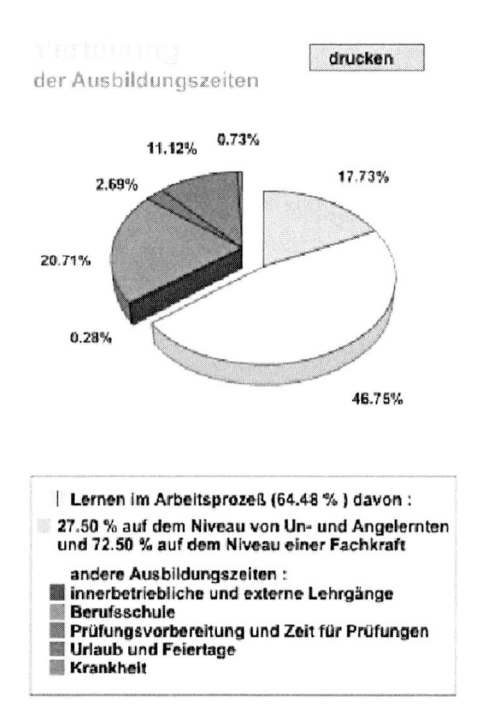

Abb. 24: Zeitliche Aufteilung der Berufsausbildung

Bereits im ersten Ausbildungsjahr lernen und arbeiten die Auszubildenden an realen Arbeitsaufträgen, die dem Unternehmen Erträge erbringen. In den ersten Tagen nach Ausbildungsbeginn wird im Betrieb eine generelle Einführung in die Funktionsweise der Maschinen gegeben und über Arbeitssicherheits- und Umweltschutzmaßnahmen aufgeklärt. In der Gesamtschau über die 42 Monate der Berufsausbildung ergibt sich ein Anteil von 64 Prozent der Ausbildung im Arbeitsprozess.

Da die Ausbildung nicht vorrangig nach dem Ausbildungsrahmenplan gestaltet wird, sind die notwendigen zusätzlichen Prüfungsvorbereitungen recht zeitintensiv um das etablierte Prüfungswesen erfolgreich zu bewältigen. Vor den Teilprüfungen werden jeweils rund 15 Tage Übungszeit veranschlagt um die Auszubildenden an standardisierten Projekten (oftmals ohne jeglichen Verwendungszweck) „zu verdummen" (Zitat des Geschäftsführers).

Abb. 25: Prüfungsstück im Ausbildungsberuf Industriemechaniker

Die Anfertigung des praktischen Prüfungsstückes verlangt von den Auszubildenden Fertigkeiten und Bewältigungsstrategien, die im Profil der alltäglichen Facharbeit nicht gerade die Schwerpunkte bilden. Da die gesamte betriebliche Berufsausbildung aber in den für den Beruf maßgeblichen Geschäfts- und Arbeitsprozessen stattfindet, wird vor den praktischen Prüfungen zielgerichtet für deren Anforderungen „trainiert". Erst durch die seit der Neuordnung der Berufe bestehende Option, in den Prüfungen einen betrieblichen Arbeitsauftrag zum Prüfungsgegenstand zu machen, besteht die Möglichkeit, die zentral erstellten kontextfreien standardisierten Prüfungsstücke zu umgehen. Diese Option wird seither zur Prüfung der Auszubildenden der FEINTECHNIK R. Rittmeyer GmbH intensiv genutzt.

Nach dem Konzept des auftragsorientierten Lernens werden Auszubildende von Beginn ihrer Ausbildung in die Bearbeitung von Aufträgen auf dem Niveau von Fachkräften einbezogen und ein Großteil der betrieblichen Ausbildungszeit wird für die Erfüllung von Aufträgen aus dem Betrieb bzw. von Kundenaufträgen genutzt. Die Arbeitsaufträge werden von der Arbeitsvorbereitung vorsortiert, die darauf achtet, dass die Aufträge von den Auszubildenden einerseits bewältigt werden können und andererseits lernhaltige Aspekte aufweisen, die die berufliche Kompetenzentwicklung unterstützen. Nach der Leitidee der Selbstqualifizierung suchen sich die Auszubildenden einen Arbeitsauftrag oder Teile dessen heraus und bearbeiten ihn eigenverantwortlich. Für das betriebliche Lernen bedeutet dieses Vorgehen, dass jeder Auszubildende die Lernprozesse an sein individuelles Tempo anpassen kann und eigenständig über seine Lerngeschwindigkeit und -schritte bestimmt. Das hat zur Folge, dass die Auszubildenden beispielsweise grundlegend mit computergestützten Zeichenprogrammen (CAD) umgehen können, obwohl dies in der Ausbildungsordnung zum Industriemechaniker in dieser Ausprägung nicht explizit vorgesehen ist.

Alle Mitarbeiter (inklusive Auszubildende) des Unternehmens werden ermuntert, sich gegenseitig zu helfen und auf Fragen der Auszubildenden einzugehen. Darüber hinaus wurde ein Kompetenzteam aufgebaut mit Experten verschiedener Kompetenzfacetten aus den unterschiedlichen Geschäftsfeldern. Diese Experten stehen den Auszubildenden bei fachspezifischen Fragen mit ihrem Spezialwissen unterstützend zur Seite. Jedem Auszubildenden steht es zudem frei, sich einen Mentor aus dem Kompetenzteam auszuwählen der zum Hauptansprechpartner wird bei Problemen (über-)fachlicher Art und sich auch darum kümmert, dass die Anforderungen der Ausbildungsordnung erfüllt werden, bzw. der dem Auszubildenden bei der Prüfungsvorbereitung unterstützend zur Seite steht.

Im Unternehmen gibt es eine kleine Ausbildungswerkstatt, welche allerdings nicht zu verwechseln ist mit einer herkömmlichen Lehrwerkstatt im großindustriellen Kontext. Sie dient eher als „in-group-Raum" und Rückzugsmöglichkeit, wenn die Auszubildenden sich auf die Prüfungen vorbereiten oder neue Arbeitsaufgaben oder Arbeitstechniken ausprobieren. Die Maschinen sind vergleichbar mit denen der Produktionsstätten und werden ausschließlich von den Auszubildenden und Praktikanten genutzt, sodass sie jederzeit zugänglich sind. Den Auszubildenden wird freigestellt, ob sie hier ihre Arbeitsaufträge erfüllen, oder die betrieblichen Produktionsstätten vorziehen.

Kosten und Erträge der betrieblichen Ausbildung wurden mit dem QEK-Tool ermittelt.

Berufsbezogene Analysen

Kosten und Ertrag	Kosten der Ausbildung eines Auszubildenden (AA)	Produktive Leistung eines Auszubildenden (PLA)	Produktiver Ertrag der Ausbildung eines Auszubildenden (NkA)
Mittelwert pro Ausbildungsjahr	13.157,93 €	15.162,51 €	2.004,57 €
Summe Ausbildungszeit	46.052,78 €	53.068,80 €	7.016,02 €
1. Ausbildungsjahr	12.107,16 €	10.649,60 €	-1.457,56 €
2. Ausbildungsjahr	14.878,89 €	15.078,40 €	199,51 €
3. Ausbildungsjahr	11.952,34 €	19.148,80 €	7.196,46 €
4. Ausbildungsjahr	7.114,39 €	8.192,00 €	1.077,61 €

Tab. 5: Kosten-Ertrags-Aufschlüsselung

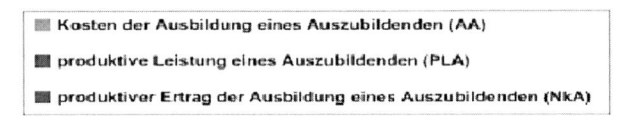

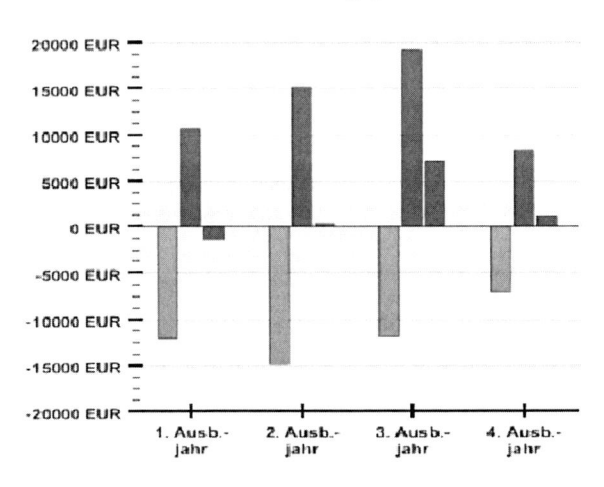

Abb. 26: Kosten-Ertrags-Bilanz der beruflichen Erstausbildung

Wie aus Abb. 26 ersichtlich, sind die gesamten Erträge der Auszubildenden höher als die verursachten Bruttokosten. Die Erträge liegen im Jahresdurchschnitt bei 15.163 €, sodass sich in der Bilanz über die gesamte Ausbildungsdauer ein Gewinn für das Unternehmen ergibt.

Bereits im ersten Ausbildungsjahr übersteigen die Ausbildungserträge die 10.000 € Grenze. Im zweiten Ausbildungsjahr steigen die Ausbildungsvergütungen und die Betreuungsintensität durch die Ausbildenden an (da der zeitliche Anteil der Berufsschule zurückgenommen wird). Zudem bereiten sich die Auszubildenden intensiv auf die Zwischenprüfung (Teil 1 der Abschlussprüfung) vor, sodass die Kosten ansteigen. Im dritten (prüfungsfreien) Ausbildungsjahr übersteigen die Nettoerträge erstmal deutlich die Bruttokosten. Im vierten Ausbildungsjahr sind die Ausgaben recht hoch, da die Prüfungsvorbereitung zum Teil 2 der Abschlussprüfung berücksichtigt werden muss, die mit 15 Arbeitstagen veranschlagt wird in denen keine Wertschöpfung für das Unternehmen betrieben wird. Weiterhin wird den Auszubildenden ein externer einwöchiger Pneumatik-Kurs zur Steuerungstechnik angeboten, den das Unternehmen innerbetrieblich so nicht bieten kann, dessen Ausbildungsinhalte vom Ausbildungsrahmenplan aber gefordert werden. Dennoch bieten die Erträge, die nunmehr annähernd auf dem Niveau einer Fachkraft liegen, eine positive Bilanz.

In seiner Zusammenfassung kommt Bernd Haasler zu dem Ergebnis: *„Die Berufsausbildung bei der FEINTECHNIK GmbH zeigt, dass kleine und mittlere Unternehmen im Hochtechnologiesektor nicht nur qualitativ hochwertig, sondern auch kostendeckend ausbilden können. Eine notwendige Voraussetzung dafür ist eine konsequente Unternehmensstrategie, die die berufliche Erstausbildung als wichtige Säule der Personalentwicklung ernst nimmt und aktiv fördert. Weiterhin kann das Konzept nur Erfolg haben, wenn sich das gesamte Unternehmen von der Geschäftsführung über die Arbeitsvorbereitung, die Fachkräfte, die Ausbilder bis hin zu den Auszubildenden sich als betriebliche Praxisgemeinschaft versteht, die zusammen Personalentwicklung durch die Integration von Berufsanfängern in die Praxisgemeinschaft betreibt. [...].Die vergleichsweise hohe Qualität der Berufsausbildung wird in diesem Unternehmen dadurch erreicht, dass die Zeitanteile in der betrieblichen Ausbildung konsequent mit anspruchsvollen wertschöpfenden Arbeitsaufträgen gefüllt werden. Die Auszubildenden der FEINTECHNIK GmbH dokumentieren mit ihren durchweg guten Prüfungsleistungen auch formal die Qualität der Berufsausbil-*

dung. Deutlicher wird das erreichte Kompetenzniveau im Verbleib der Auszubildenden nach der zweiten Schwelle dokumentiert: Sowohl die im Ausbildungsunternehmen als Fachkräfte verbliebenen Mitarbeiter, als auch die, die in anderen Unternehmen eine Anstellung gefunden haben, zeigen, dass auf Grundlage der Erstausbildung eine solide Integration in den Arbeitsmarkt erreicht wird" (Haasler 2008, 158 ff.).

Einfluss von Prüfungen auf die Qualität und Rentabilität der betrieblichen Ausbildung

Dirk Jander hat im Rahmen einer Fallstudie untersucht, ob die etablierte Prüfungspraxis die Rentabilität und Qualität der betrieblichen Ausbildung beeinflusst. „Seit Jahrzehnten ringen die für die berufliche Bildung verantwortlichen Institutionen – der Verordnungsgeber und die für die Durchführung verantwortlichen Prüfungsausschüsse, Kammern etc. – darum, wie die Abschlussprüfungen möglichst effektiv durchgeführt werden können. […]. Die QRM (Abb. 27) repräsentiert ein charakteristisches Beispiel der industriellen Mechatroniker-Ausbildung (Fallbeispiel A). Interessant ist dabei, dass sich die Beispiele aus unterschiedlichen Industrieunternehmen gleichen. Zugleich weichen sie von Fallbeispielen aus anderen Berufen deutlich ab.

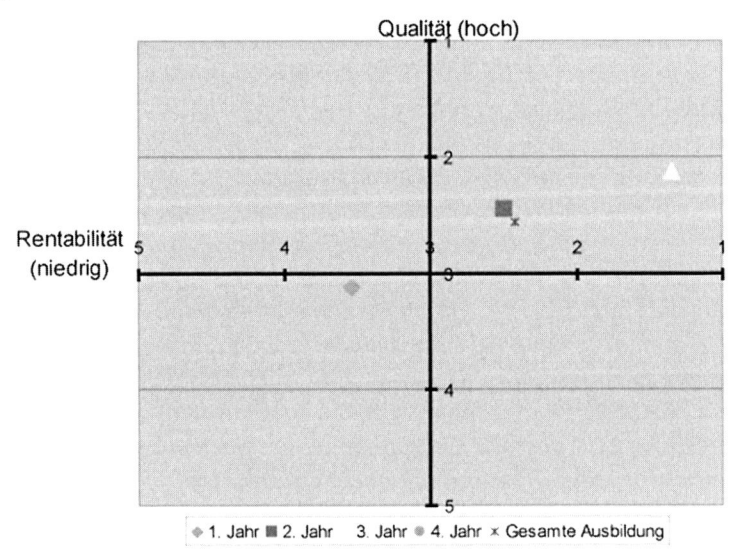

Abb. 27: Mechatroniker/in

Der QR-Wert für das erste Ausbildungsjahr liegt in diesem Beispiel im Feld Q 3-4 / R 4-5. Sowohl die Qualität als auch die Rentabilität sind zunächst unbefriedigend. Bei mittelständischen Unternehmen, die über keine Lehrwerkstätten verfügen und daher im Arbeitsprozess ausbilden, liegt dieser Wert durchschnittlich im Feld Q 3-4 / R 3-4. (s. Abb. 28, hier das Beispiel Mediengestalter/in) und steigt dann kontinuierlich in Form einer leicht gekrümmten S-Kurve an.

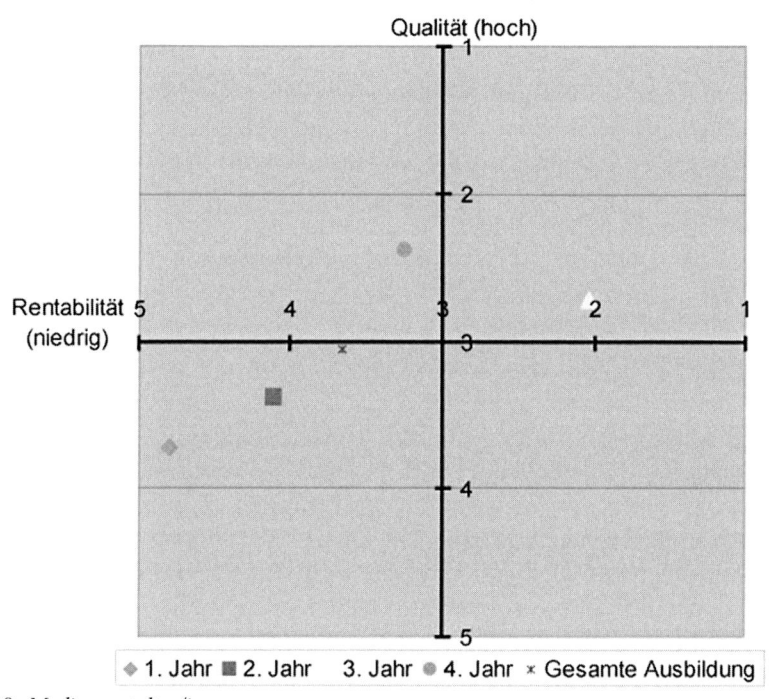

Abb. 28: Mediengestalter/in

D. h., dass bereits ab dem 2. Ausbildungsjahr die Ausbildungserträge die Ausbildungskosten leicht übersteigen. Offenbar gilt, dass eine höhere Ausbildungsqualität zugleich mit einer höheren Ausbildungsrentabilität einhergeht. Im 2. Ausbildungsjahr werden bereits Qualitätswerte von Q 2,5 und Rentabilitätswerte von R 2,5 erreicht.

Auffällig sind die durchgängig relativ positiven Q- und R-Werte im dritten Ausbildungsjahr. Eine hohe Ausbildungsqualität ist gepaart mit einer relativ hohen Ausbildungsrentabilität. Die empirischen Detaildaten zeigen, worauf dies zurückzuführen ist. Im dritten Ausbildungsjahr wird durchgängig in qualifizierenden Ausbildungsprozessen ausgebildet. Der Betrieb „kann seine Stärke voll ausspielen". In vielen Untersuchungen finden wir Kurvenverläufe dieser Art vor. Die Verläufe variieren zwar leicht nach oben oder unten, d. h. die Qualitätswerte können je nach Beruf und Betrieb um eine Idealkurve oszillieren, weisen jedoch keine signifikanten Brüche auf. Dies gilt ebenso für die Rentabilitätswerte, die mehr oder weniger nach rechts oder links verschoben sind, stets jedoch einen „harmonischen" Kurvenverlauf abbilden.

Überraschend ist im Fallbeispiel A (Mechatroniker Industrie), dass es im vierten Ausbildungsjahr sowie in einem weniger ausgeprägten Umfang auch im zweiten Ausbildungsjahr zu einem deutlichen Rückgang der Ausbildungsrentabilität kommt und der Anstieg der Ausbildungsqualität gering ausfällt oder völlig stagniert. In einigen Fällen nimmt die Ausbildungsqualität im vierten Ausbildungsjahr sogar wieder leicht ab. Anhand der empirischen Daten, die mit dem QEK-Tool ermittelt werden können, lassen sich die Ursachen für diese charakteristischen Q-R-Muster aufklären.

Im Fallbeispiel A beträgt die Vorbereitungszeit für die Abschlussprüfung 30 Tage. Die Auszubildenden im letzten Ausbildungsjahr erbringen einen produktiven Arbeitsertrag, der in der Nähe der von Fachkräften liegt. 30 Tage Prüfungsvorbereitungszeit bedeuten für das Unternehmen daher eine Ertragseinbuße von sechs Wochen Fachkräfteeinsatz. Zusätzlich schlagen die Ausbildungsvergütungen zu Buche. Da die zur Verfügung stehende Ausbildungszeit für das letzte Halbjahr etwa 65 – 70 Tage umfasst, wirkt sich eine längere Zeit der Prüfungsvorbereitung entsprechend stark auf die Minderung der Rentabilität aus. Zugleich stagniert die Entwicklung der. Würde man das berufliche Können anhand betrieblicher Aufträge überprüfen, wie das vor allem im Handwerk Tradition ist und wie dies seit einiger Zeit auch für die industrielle Berufsausbildung eingeführt wird, dann entfallen die Vorbereitungszeiten für die „praktische" Prüfung weitgehend. Ein „normaler" betrieblicher Auftrag, dessen Durchführung das Können einer beruflichen Fachkraft erfordert, wird zur Überprüfung des beruflichen Könnens herangezogen. Bindet man darüber hinaus die beruflichen Schulen verbindlich in die Lernortkooperation ein, dann bietet das novellierte Berufsbildungsgesetz (§ 28, 2) die Möglichkeit, mit der Überprüfung des beruflichen Wissens die Berufsschule zu beauftragen.

Ein zweites Fallbeispiel B aus einem anderen Berufsfeld mag die Argumentation stützen. Untersucht wurde der Beruf Fachmann/-frau für Systemgastronomie. Auch hier findet sich ein ähnlicher Kurvenverlauf wie im Fallbeispiel A (s. Abb. 29).

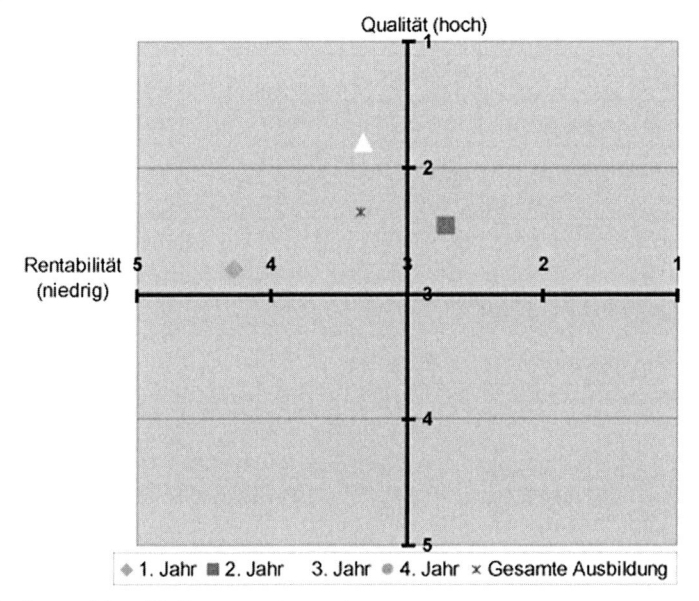

Abb. 29: Fachmann/-frau für Systemgastronomie

Qualität und Rentabilität starten im ersten Ausbildungsjahr überdurchschnittlich gut, im zweiten Ausbildungsjahr werden bereits Qualitätswerte von 2,5 und Rentabilitätswerte von 2,8 erreicht. Damit haben wir bis zum Ende des 2. Ausbildungsjahres einen fast durchschnittlichen Kurvenverlauf. Im 3. Ausbildungsjahr steigt zwar die Qualität noch bis auf den Wert 1,8 an, gleichzeitig aber sinkt die Rentabilität drastisch ab, da sehr viel Zeit für Prüfungen und Prüfungsvorbereitungen sowie externe und innerbetriebliche Lehrgänge zur Prüfungsvorbereitung benötigt wird. Das Gesamtergebnis der Ausbildung genügt dann zwar den Qualitätsforderungen an eine gute Ausbildung, die Rentabilität fällt jedoch unbefriedigend aus. Eine Auflistung über die einzelnen Ausbildungsjahre verdeutlicht, wie der Aufwand kontinuierlich ansteigt:

Maßnahme	Anzahl der Arbeitstage		
	1. Ausbildungsjahr	2. Ausbildungsjahr	3. Ausbildungsjahr
Externe Lehrgänge	15 Tage	18 Tage	30 Tage
Innerbetriebliche Lehrgänge	25 Tage	22 Tage	30 Tage
Prüfungen und Prüfungsvorbereitungen	5 Tage	10 Tage	15 Tage

Tab. 6: Anzahl der Arbeitstage, die auf Prüfungen und Lehrgänge entfallen

In dieser Tabelle wird deutlich, dass die Abwesenheit der Auszubildenden aus dem betrieblichen Ausbildungsprozess im 3. Ausbildungsjahr, d. h. dem Jahr in dem der Auszubildende bereits mit 80% – 90% der Produktivität einer Fachkraft gerechnet werden kann, die Rentabilität besonders negativ beeinflusst. Ein Prüfungsgeschehen, das in die Ausbildungsabläufe integriert ist, würde in diesem Beispiel dazu führen, dass die Ausbildung nicht mit ca. 11.000 € je Auszubildendem zu Buche schlagen würde, sondern die Ausbildung würde mit hoher Wahrscheinlichkeit keine Nettokosten verursachen. Zwar ist die Ausbildungsqualität mit einem Wert besser als Note 2 hervorragend, dieser Wert lässt sich jedoch auch erreichen, wenn man die Prüfungen anders gestaltet, wie viele Beispiele aus anderen Berufen deutlich zeigen. Eine Verschlankung der Prüfung würde es erlauben, die zur Verfügung stehende Zeit für das Lernen in qualifizierenden Arbeitsprozessen voll auszuschöpfen und damit sowohl die Qualität als auch die Rentabilität der Dualen Berufsausbildung zu erhöhen.

Diese Beispiele machen deutlich, dass eine Debatte über die Auswirkungen der neuen Prüfungsverfahren auf die Qualität und Rentabilität der Dualen Berufsausbildung überfällig ist. In dem Bestreben, Ausbildungshemmnisse abzubauen, dürfen Prüfungsverfahren nicht unbeachtet bleiben, die weder der Ausbildungsqualität, dem Auszubildenden noch dem Betrieb nutzen.

3.3 Die Ausbildungsqualität in ausgewählten Berufen

Es überrascht nicht, dass sich die Ausbildungsqualität in den verschiedenen Berufen zum Teil sehr unterscheidet. Berufe mit einer sehr niedrigen Ausbildungsqualität stehen anderen Ausbildungsberufen gegenüber, die sich durch eine hohe und sehr hohe Ausbildungsqualität auszeichnen (Tab. 5).

Ausbildungsberuf	Qualitätsindex (QA)	max. QA	min. QA
Industriekaufmann/-frau	2,24	1,55	3,79
Mediengestalter/-in	2,06	1,62	3,68
Kaufmann/-frau für Bürokommunikation	2,32	1,76	4,08
Elektroniker/-in	2,00	1,95	3,95
Bürokaufmann/-frau	1,58	1,97	3,55
Industriemechaniker/-in	1,89	2,19	4,08
Fachinformatiker/-in	1,71	2,04	3,75
Mechatroniker/-in	1,68	2,30	3,98
Anlagenmechaniker/-in	1,27	3,01	4,28

Tab. 7: Qualitätsindex (Durchschnitt, max., min) ausgewählter Berufe

So erreicht der beste Ausbildungsbetrieb für den Beruf des/r Anlagenmechanikers/-in gerade einmal einen Wert von QA=3,01 während der Vergleichswert für die beste Ausbildung zum/r Industriekaufmann/-frau bei QA=1,55 liegt.

Die Ausbildungsqualität zwischen den besten und den schwächsten Ausbildungsbetrieben variiert bei einer Skala von 1 bis 5 bei Werten zwischen 2,3 bis 1,27. Vergleicht man die Ausbildungsqualität nach Ausbildungsjahren, dann ergeben sich vor allem für das erste und zweite Ausbildungsjahr zum Teil extrem große Unterschiede.

Kaufmännische Berufe

Die drei ausgewählten kaufmännischen Berufe zeichnen sich durch eine hohe durchschnittliche Ausbildungsqualität aus. Sie ist vor allem darauf zurückzuführen, dass es vielen Betrieben gelingt, das Potenzial des Lernens im Arbeitsprozess in diesen Berufen von Beginn der Ausbildung an zu nutzen und die Kompetenzentwicklung der Auszubildenden durch das Übertragen von Verantwortung – eigenverantwortliches und selbstständiges ‚Arbeiten und Lernen' – zu fördern.

Industriekaufmann/-frau (IK)

Mit einem QA=2,5 erreicht die IK-Ausbildung einen hohen Qualitätswert. Das Qualitätsprofil ist relativ homogen. Am niedrigsten ausgeprägt ist das fachliche Ausbildungsniveau (3,2). Hier liegen mit einiger Wahrscheinlichkeit auch die Ursachen für das Erreichen der Berufsfähigkeit auf dem Niveau 2,0 und des beruflichen Engagements auf einem Niveau von 2,3.

Das Beispiel best practice[10] (Abb. 30) zeigt, dass es dem Unternehmen gelingt, bereits im ersten Ausbildungsjahr auf einem hohen Qualitätsniveau auszubilden. Die Ausbildung basiert vollständig und von Anfang an auf dem Lernen in selbständig auszuführenden Arbeitsaufträgen auf einem hohen Ausbildungsniveau, durch das die Auszubildenden herausgefordert werden. Darauf basiert das sehr hohe berufliche Engagement. Gestützt wird die hohe Ausbildungsqualität dadurch, dass von Anfang die Arbeits-/Lernaufgaben so gestellt werden, dass sie den Auszubildenden in ihrer Bedeutung und Einbettung in die betrieblichen Geschäftsprozesse verstanden werden.

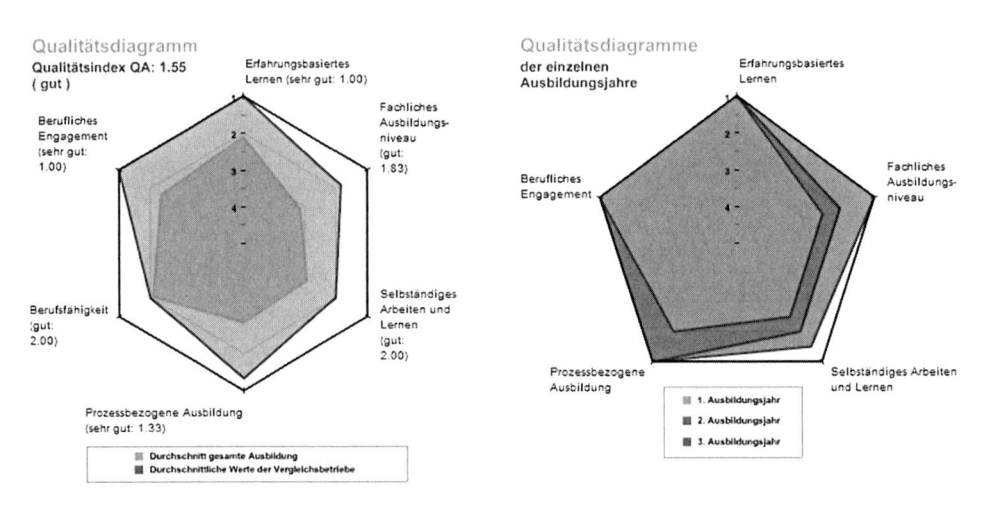

Abb. 30: „best practice"-Beispiel Industriekaufmann/-frau (IK)

---

[10] Ein Beispiel guter Praxis

Felix Rauner

Kaufmann/-frau für Bürokommunikation (BüKo)

Die Ausbildung zum BüKo erreicht mit QA=3,0 eine deutlich niedrigere Ausbildungsqualität als der IK-Ausbildung. Zurückzuführen ist dies vor allem auf ein niedrigeres Niveau des „erfahrungsbasierten Lernen", ein etwas niedrigeres Anforderungsniveau bei den Arbeitsaufträgen sowie auf ein Defizit an Einordnung der Ausbildungsaufträge in die betrieblichen Geschäftsprozesse.

In der Konsequenz lässt das berufliche Engagement daher nach (3,4). Die Berufsfähigkeit wird im Durchschnitt mit einem Wert von 3,8 bewertet. Dass bei vielen Ausbildungsbetrieben das für diesen Beruf gegebene Ausbildungspotenzial zu einem sehr viel höheren Grad ausgeschöpft werden kann, zeigt das Beispiel best practice mit einem QA=1,76 (Abb. 31. links). Betrachtet man die Entwicklung der Qualitätsprofile vom ersten bis dritten Ausbildungsjahr, dann erkennt man, dass vom Beginn der Ausbildung an ein sehr hohes und homogenes Qualitätsprofil erreicht wird (Abb. 31, rechts). Einzig die vergleichsweise niedrige Berufsfähigkeit stellt in diesem best-practice-Beispiel eine Ausnahme dar.

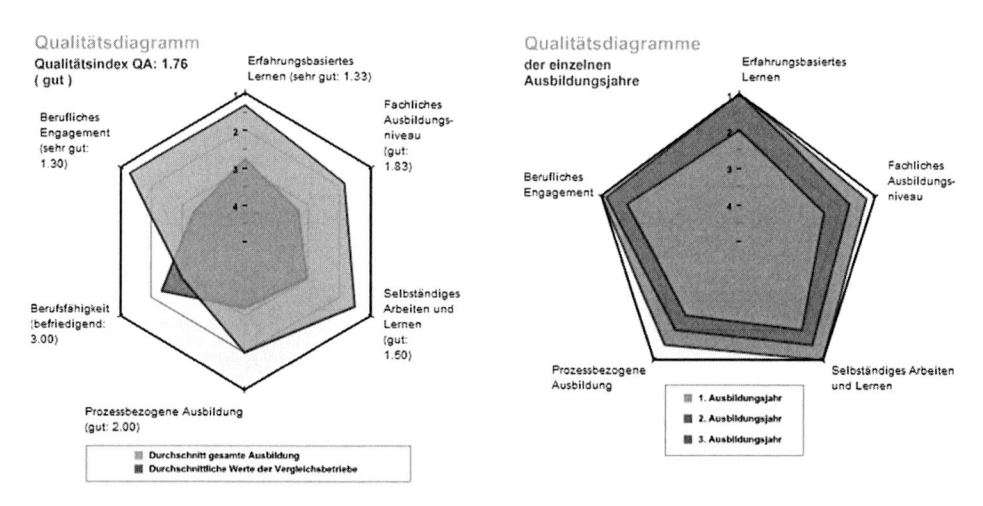

Abb. 31: „best practice", Beispiel Kaufmann/-frau für Bürokommunikation (BüKo)

Eine – eher geringfügige – Schwäche zeigt sich beim Kriterium der Geschäftsprozessorientierung. Vergleicht man dieses Beispiel best practice mit dem Beispiel der schwächsten Ausbildung (Abb. 32), dann erkennt man die geradezu

Berufsbezogene Analysen

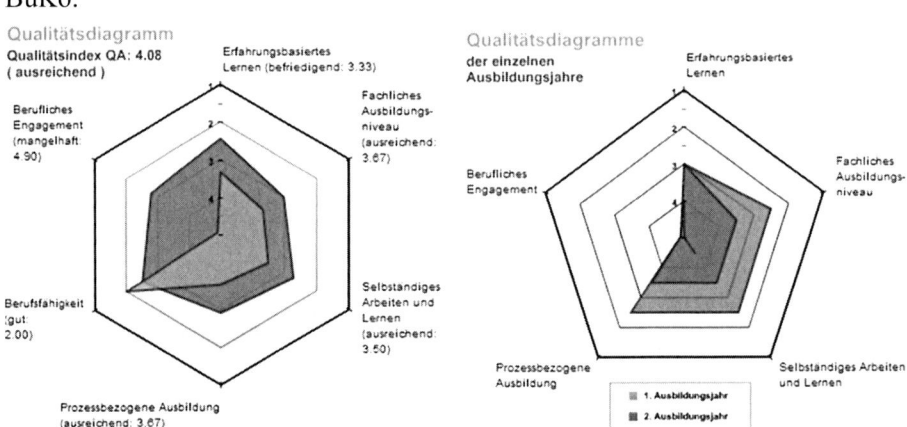

dramatischen Unterschiede in der Ausbildungsqualität von Betrieben im Beruf BüKo.

Abb. 32: schwächstes Beispiel Kaufmann/-frau für Bürokommunikation (KBK)

Bürokaufmann/-frau (BK)

Die mittlere Ausbildungsqualität für den BK liegt bei QA=2,9. Sie liegt damit etwa auf dem Niveau des IK. Das Qualitätsprofil ist nahezu mit dem des IK identisch. Auch beim BK ist das fachliche Ausbildungsniveau nach der Einschätzung der Ausbilder zu niedrig. Auch hier bestätigt sich, dass dies zu einer Minderung des beruflichen Engagements führt.

Eine Bestätigung findet dieser Zusammenhang auch bei den besten und schwächsten Ausbildungsbetrieben. Im Fall des besten BK-Ausbildungsbetriebs sind es erneut die Qualitätsmerkmale „fachliches Ausbildungsniveau" und „prozessbezogene Ausbildung", die die Ausbildungsqualität beeinträchtigen. Im Fall des best practice-Betriebs gelangt das fachliche Ausbildungsniveau im ersten Ausbildungsjahr kaum über den Wert 4,0 hinaus (Abb. 33).

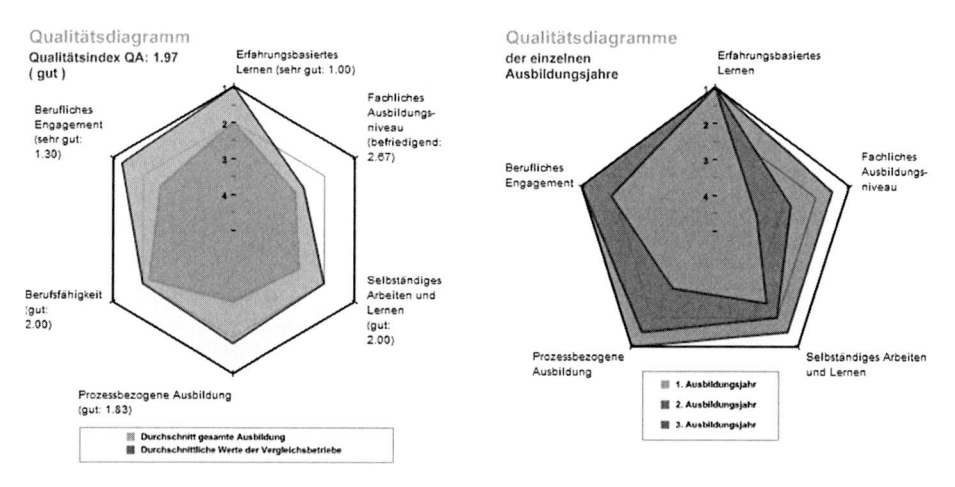

Abb. 33: „best practice"-Beispiel Bürokaufmann/-frau (BK)

Positiv hervorzuheben ist, dass im zweiten und dritten Ausbildungsjahr das Qualitätskriterium der Geschäftsprozessorientierung sehr gut umgesetzt wird. Dies schlägt sich in einem sehr hohen beruflichen Engagement nieder.

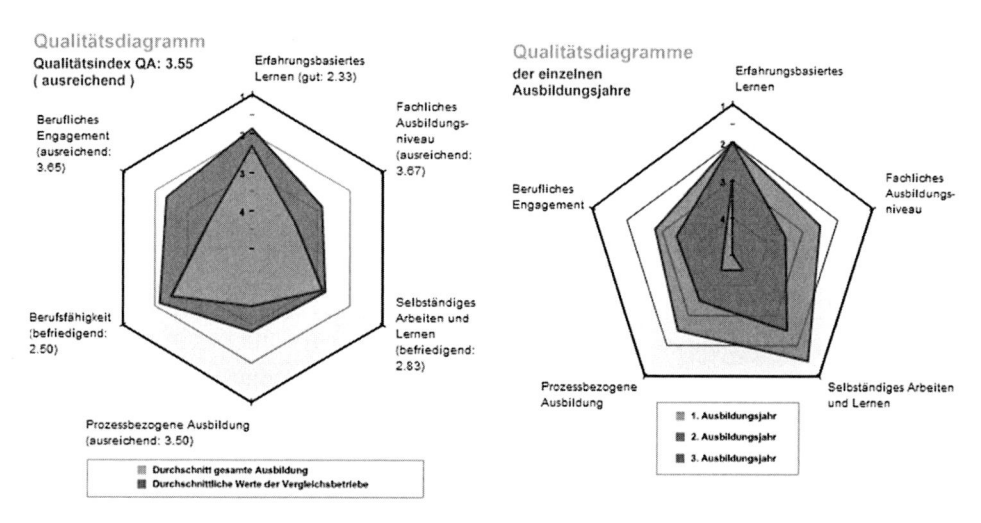

Abb. 34: schwächste Ausbildung, Bürokaufmann/-frau (BK)

Gewerblich-technische Berufe

Elektroniker/-in (EL)

Der/Die Elektroniker/-in erreicht mit QA=2,8 eine relativ hohe Ausbildungsqualität und zugleich ein weitgehend homogenes Qualitätsprofil. Lediglich das mittlere fachliche Ausbildungsniveau liegt mit 3,2 etwas unterhalb der Werte der anderen Qualitätskriterien. Auffällig ist, dass das Lernen im Arbeitsprozess zu einem deutlich geringeren Grad (2,9) als bei den kaufmännischen Berufen ausgeschöpft wird. Vergleicht man das Durchschnittsprofil mit dem Qualitätsprofil des Betriebes mit dem höchsten QA-Wert (1,95), dann zeigt sich auch hier die fachliche Unterforderung der Auszubildenden (2,50) (Abb. 35).

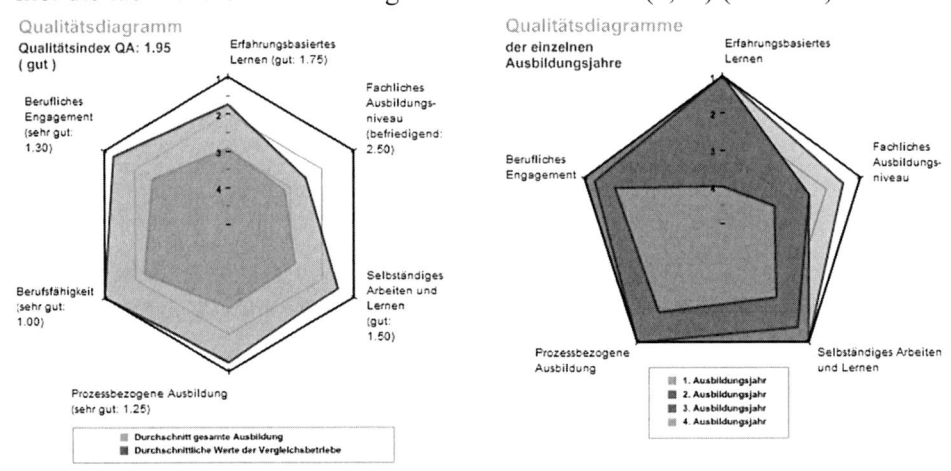

Abb. 35: „best practice"-Beispiel Elektroniker (EL)

In diesem Beruf wirkt immer noch die Tradition nach, am Beginn der Ausbildung in Lehrwerkstätten lehrgangsförmig auszubilden. Differenziert man bei diesem Berufen nach der Industrie- und Handwerksvariante, dann zeigt sich, dass Schüler/-innen mit schwächeren Schulleistungen in der Regel den Beruf des Elektronikers für Gebäude- und Energietechnik (Handwerk) erlernen.

Mit einem Wert von QA=3,95 liegt die Ausbildungsqualität weit unter der im Berufsbild definierten beruflichen Handlungskompetenz. Elektroniker, deren Ausbildung auf diesem Qualitätsniveau stattfindet, erreichen selten die volle Berufsfähigkeit (Abb. 36).

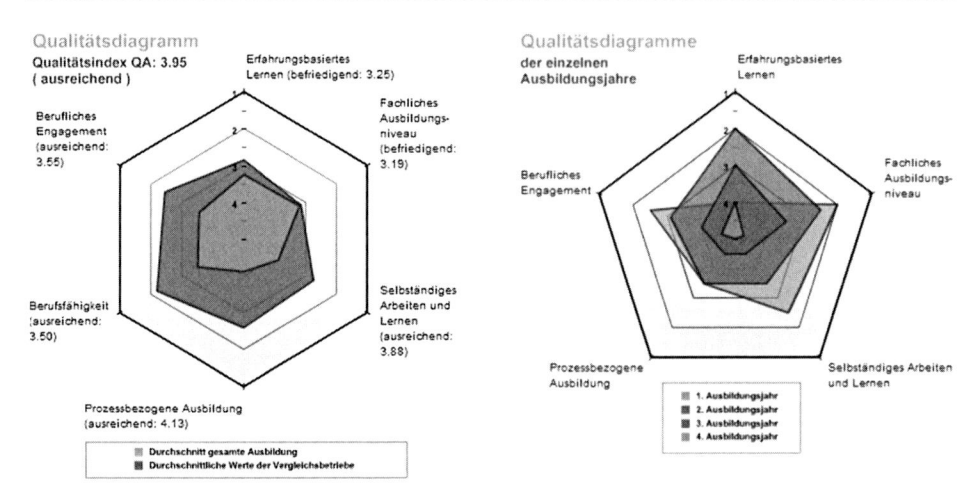

Abb. 36: schwächste Beispiel Elektroniker/-in (EL)

Anlagemechaniker/-in (AM)

Der/Die Anlagemechaniker/-in gleicht in seinem/ihrem Qualitätsprofil und in seiner/ihrer Ausbildungsqualität (QA=2,9) dem/der Elektroniker/-in. Das Lernen im Arbeitsprozess ist geringfügig höher ausgeprägt als beim EL. Auffällig ist bei diesem Beruf der Fall der schwächsten Ausbildung (Abb. 37) mit einem QA=4,28.

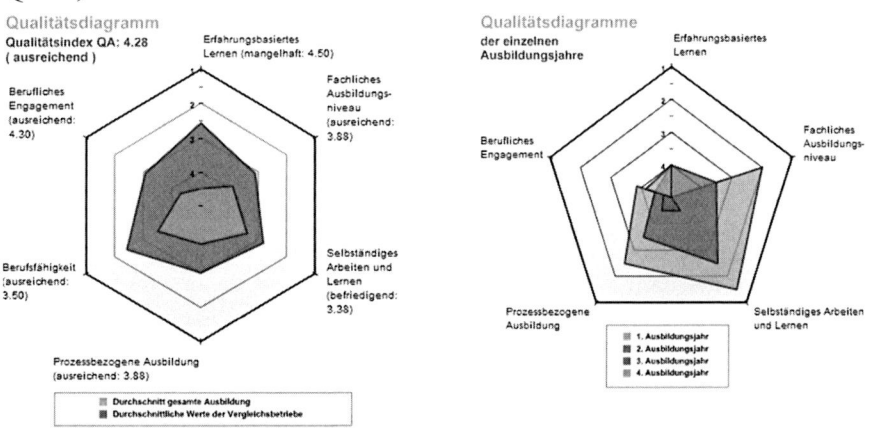

Abb. 37: schwächstes Beispiel, Anlagenmechaniker/-in (AM)

Die Ursache für diese extrem niedrige Ausbildungsqualität liegt darin begründet, dass das erfahrungsbasierte Lernen mit mangelhaft (4,50) eingestuft wird. Offenbar liegt der Fall einer außerbetrieblichen Ausbildung vor. Es überrascht daher nicht, dass sich unter diesen Ausbildungsbedingungen kaum eine berufliche Identität und ein berufliches Engagement entwickeln können.

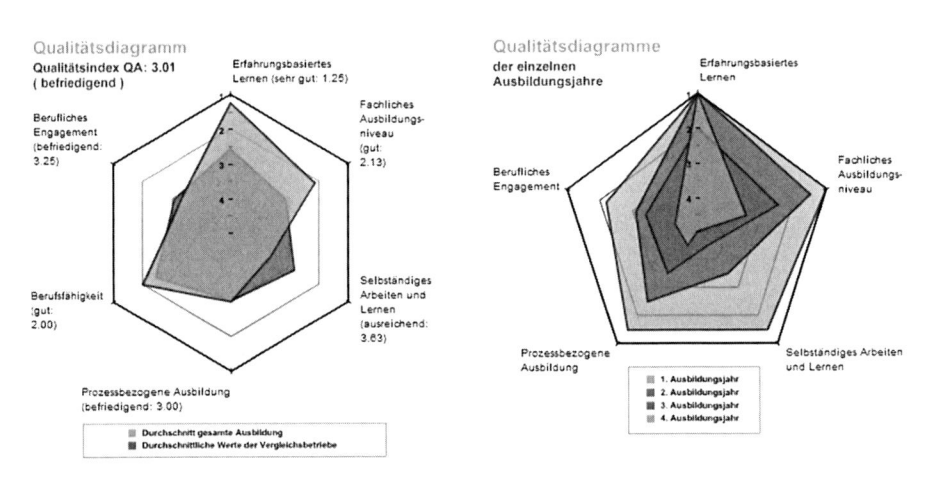

Abb. 38: „best practice"-Beispiel Anlagenmechaniker/-in (AM)

Industriemechaniker/-in (IM)

Das mittlere Qualitätsniveau der Ausbildung liegt beim IM bei 3,18. Dabei ist auffällig, dass die beiden Outputfaktoren ‚Berufsfähigkeit' (2,1) und ‚berufliches Engagement' (2,0) im Verhältnis zu den vier Input-Faktoren im Durchschnitt um ca. einen Punktwert höher liegen. Als ein typischer traditioneller Industrieberuf ist die Ausbildung immer noch geprägt durch eine Unterbewertung des Lernens im Arbeitsprozess (erfahrungsbasiertes Lernen). Das zeigt der Durchschnittswert von 3,13.

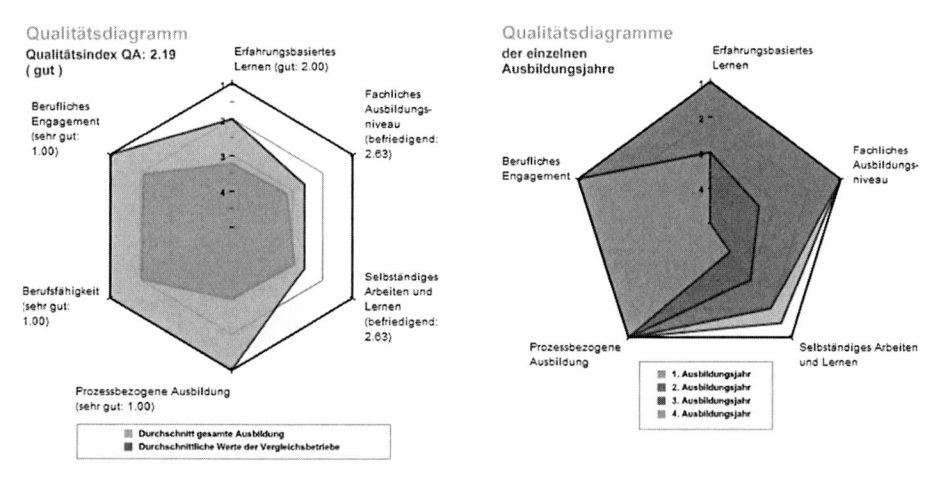

Abb. 39: „best practice"-Beispiel Industriemechaniker (IM)

Selbst die Ausbildung mit der höchsten Qualität (Abb. 39) QA=2,19 zeigt, dass in den ersten zwei Ausbildungsjahren das Lernen im Arbeitsprozess auf der Grundlage anspruchsvoller und der Kompetenzentwicklung fördernder Aufgaben und Aufträge deutlich unterentwickelt ist. Ganz offensichtlich prägt noch immer das Lernen in Lehrwerkstätten die Ausbildung. Die sehr hohen Output-Werte stehen für eine Ausbildungspraxis, der es – in diesem Fall – ganz offensichtlich gelingt, die Ausbildung interessant und berufsqualifizierend zu gestalten. Eine professionelle Berufsvorbereitung trägt zum Ausbildungsergebnis wesentlich bei.

Mechatroniker/-in (MT)

Die Qualitätsdaten der Ausbildung zum/r Mechatroniker/-in fallen unterdurchschnittlich – im Vergleich zu den anderen gewerblich-technischen Berufen – aus. Der Qualitätsindex liegt bei QA=3,39.

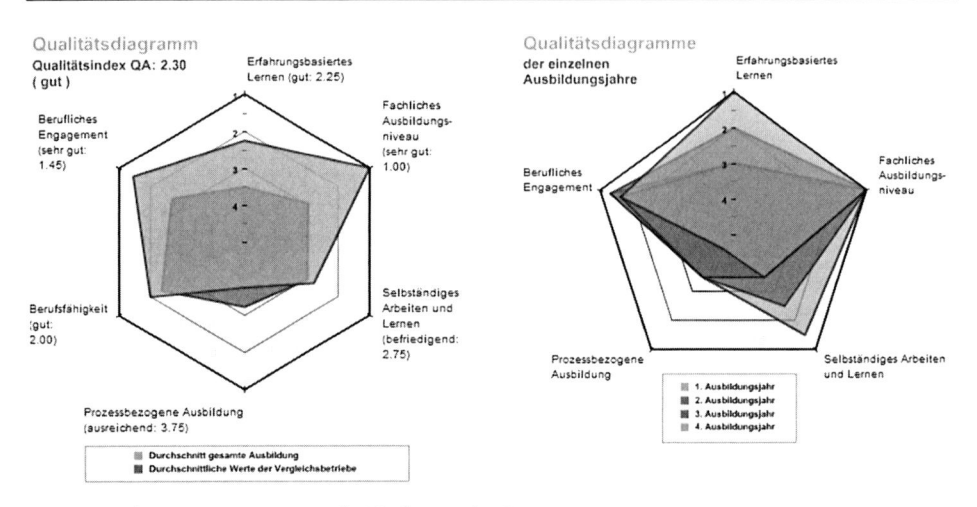

Abb. 40: „best practice"-Beispiel: Mechatroniker/-in

Das Qualitätsprofil weicht deutlich von den Profilen der anderen ausgewählten Berufe ab. Dies betrifft zunächst das sehr niedrige Niveau des erfahrungsbasierten Lernens (3,43). Für eine duale Berufsausbildung ist dieser Wert nicht nur untypisch, sondern er verweist auf eine Berufsbildungspraxis, die ihr zentrales Charakteristikum weitgehend verfehlt. Diese ausgeprägte Schwäche korrespondiert mit der (ebenfalls) auffällig geringen Ausprägung des Qualitätsmerkmals der Geschäftsprozessorientierung (3,24). Ganz offensichtlich gelingt es auf der Grundlage ‚verschulter Formen betrieblicher Ausbildung' bei einem fachlichen Ausbildungsniveau von 2,87 und einem mittleren Grad von Selbständigkeit, die Auszubildenden so auf ihre Prüfung vorzubereiten, dass sie diese bestehen (training to the test).

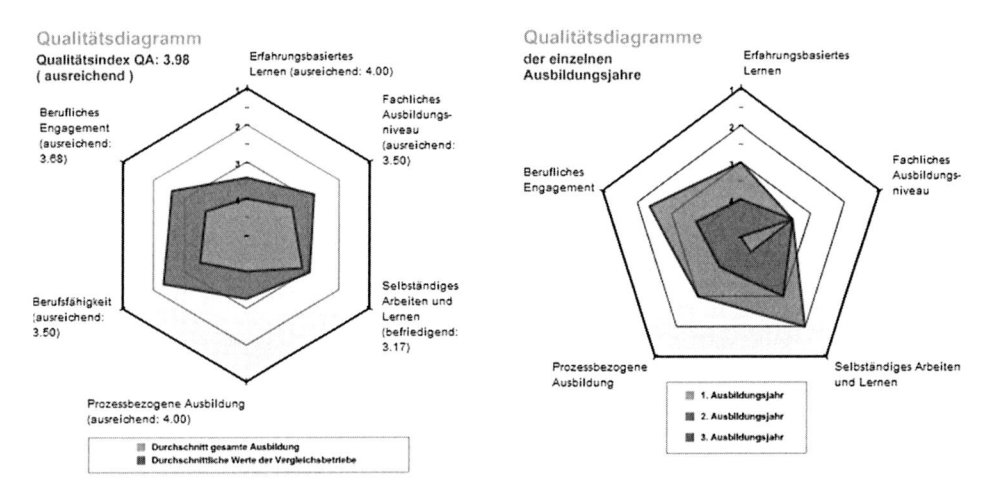

Abb. 41: schwächste Ausbildung, Mechatroniker/-in

Fachinformatiker/-in (FI)

Der/Die Fachinformatiker/-in zählt zu den Erfolgsgeschichten in den neu geordneten Berufen Ende der 1980er Jahre. Der QA=2,87 weist ihn als einen Beruf mit einer relativ hohen Ausbildungsqualität aus. Auffällig ist, dass das erfahrungsbasierte Lernen gut implementiert ist (1,93). Das Beispiel best practice zeigt (Abb. 42), dass dies bereits im ersten Ausbildungsjahr vollständig (1,0) gelingt. Damit einher geht ganz offensichtlich die Einbettung des Lernens in den Arbeitsprozess und in die betrieblichen Geschäftsprozesse (2,61. Dieser hohe Wert wird bei der hier ausgewählten Stichprobe von Berufen und Fällen nur noch vom best practice-Fall des/der Mediengestalters/-in erreicht.

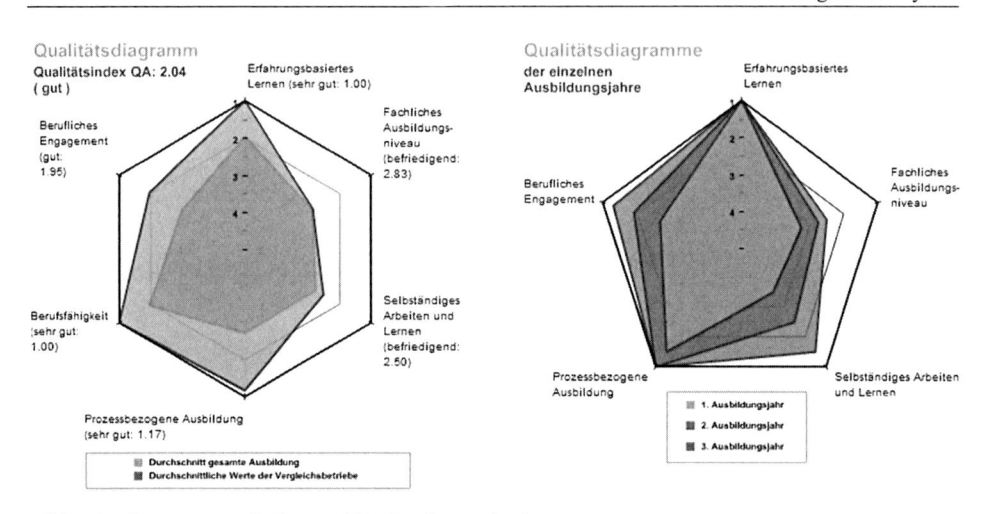

Abb. 42: „best practice", Beispiel Fachinformatiker/-in

Vergleicht man das Qualitätsprofil des FI mit dem Qualitätsprofil des AM, dann zeigen sich auffällige Ähnlichkeiten. Das fachliche Ausbildungsniveau ist zwar relativ niedriger. Dies mindert jedoch nicht die Ausbildungsmotivation. Seinen Niederschlag findet dies in einem entsprechend niedrigen Wert für das berufliche Engagement.

Mediengestalter/-in (MG)

Dieser moderne Softwareberuf ist kein gewerblich-technischer Beruf im engeren Sinne, sondern ein Beruf des Mediensektors. Er wird in der Regel Personen mit allgemeiner Hochschulreife ergriffen.

Der mittlere Qualitätsindex liegt bei dem hohen Wert von QA=2,2. Die Ausbildung zum MG verfügt insgesamt über ein homogenes Qualitätsprofil. Bemerkenswert ist, dass das fachliche Ausbildungsniveau für den MG – entgegen der verbreiteten Ausbildungspraxis in anderen Berufen – mit 2,5 auf dem Niveau der anderen Input-Kriterien liegt. Dies gilt auch für das Kriterium der Geschäftsprozessorientierung. Das Beispiel best practice beeindruckt durch die hohe Ausprägung aller Qualitätskriterien bereits im ersten Ausbildungsjahr (!). Mit dem hohen fachlichen Ausbildungsniveau und der ausgeprägten praxisbezogenen Ausbildung korrespondiert das hohe Ausbildungsengagement (Abb. 43).

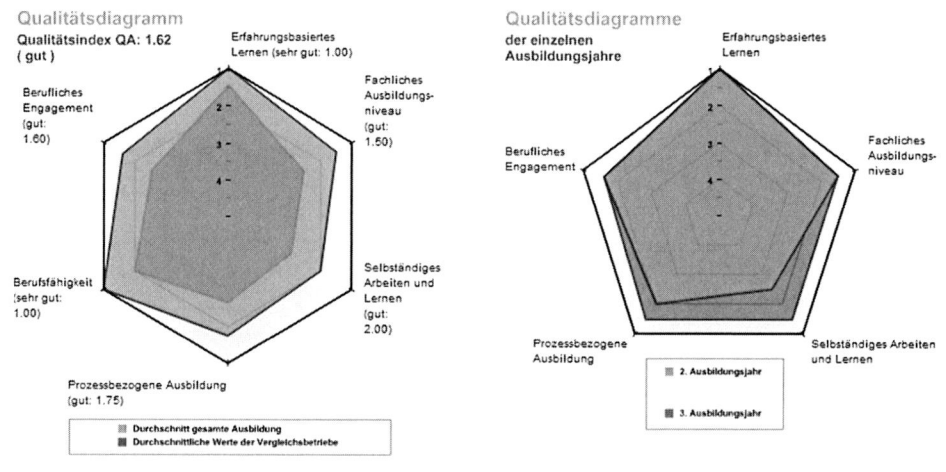

Abb. 43: „best practice", Beispiel: Mediengestalter/-in

Entwicklung der Ausbildungsqualität im Verlauf der Ausbildung

Vergleicht man die Qualität der Ausbildung für unterschiedliche Berufe, dann lässt sich aus den Qualitätsprogrammen ablesen, zu welchem Grad die Ausbildungspotenziale, über die die betriebliche Ausbildung verfügt, ausgeschöpft werden. Abb. 43 (MG) repräsentiert eine Ausbildungspraxis, der es gelingt, von Beginn der Ausbildung an die Potenziale, über die das berufliche Lernen im Prozess der Arbeit verfügt, zu einem sehr hohen Grad auszuschöpfen. Vergleicht man damit die durchschnittliche Ausbildungsqualität der Berufe, dann fällt auf, dass für alle Berufe ein Entwicklungsmuster für die Ausbildungsqualität gilt:

Die Ausbildungsqualität nimmt im Verlauf der Ausbildung kontinuierlich zu. Wie Abb. 44 zeigt, wird von einem Niveau von ca. QA=3,5 im ersten Lehrjahr (ausgehend), bis zum dritten Lehrjahr ein Niveau von QA≥2 erreicht.

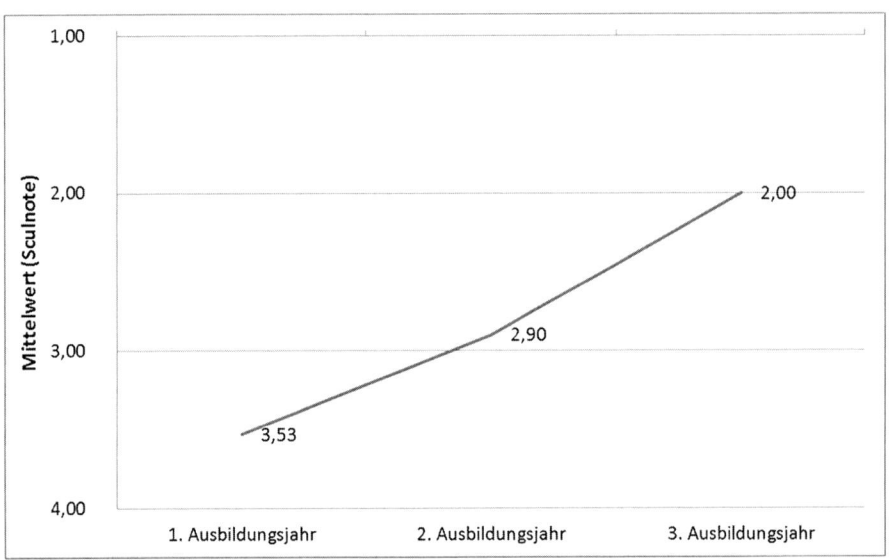

Abb. 44: Entwicklung der Ausbildungsqualität (auf der Basis von QEK-Daten)

Der Verlauf dieser Kurve repräsentiert mehrere hundert QEK-Fälle. Man könnte versucht sein, daraus eine Gesetzmäßigkeit abzuleiten, die besagt, dass die Ausbildungsqualität mit dem zeitlichen Fortgang der Ausbildung zunimmt und gegen Ende der Ausbildungszeit auf ein hohes Niveau einmündet.

Die Beispiele guter und bester Ausbildungspraxis sprechen jedoch gegen diese These. Sie sprechen eher für die in Kap. 1 (dieses Buches) begründete Annahme, dass eine hohe Ausbildungsqualität unabhängig vom Zeitpunkt der Ausbildung realisiert werden kann. Geht man von dieser Annahme aus, dann repräsentiert der empirische Befund der Qualitätsentwicklung eine Ausbildungspraxis, die die Potenziale der Kompetenzentwicklung nicht ausschöpft. Wenn Auszubildende am Beginn ihrer Ausbildung als Hilfskräfte wahrgenommen werden, die sich schrittweise – in der Tradition der ‚Beistelllehre' – berufliche Fähigkeiten aneignen und erst gegen Ende ihrer beiläufigen Qualifizierung mit anspruchsvolleren Fachaufgaben betraut werden, dann haben wir es mit einem Missverständnis beruflicher Kompetenzentwicklung zu tun. Dieses aufzuklären, erleichtert das QEK-Tool mit seinen Möglichkeiten, die Qualität der Ausbildung berufsspezifisch zu erfassen, zu quantifizieren und zu veranschaulichen. Dies wiederum ist die Grundlage für die gezielte Anhebung der Ausbildungsqualität.

4 Kosten, Nutzen und Qualität der betrieblichen Ausbildung selbst und jederzeit evaluieren: Das Online-Instrument „QEK"

4.1 QEK als Grundlage regionaler Studien: Das Beispiel der Bremer Landesinitiative „Innovative Berufsbildung 2010"

Lars Heinemann, Kai Wangnick

Der Auswertung für den QEK-Bericht 2008 im Mai 2008 (2.Auflage) lagen Daten von 153 Bremer und Bremerhavener Betrieben zugrunde, die bis zu diesem Zeitpunkt das Selbstevaluationstool QEK genutzt hatten. Diese Betriebe repräsentieren über 43000 Beschäftigte.

Es wurden insgesamt 170 Ausbildungen mit 1408 Ausbildungsverhältnissen erfasst. Bei einer Gesamtzahl von 15717 Ausbildungsverhältnissen im Land Bremen (Stand 31.12. 2007, Stat. Landesamt Bremen, Statistische Berichte, Ausgegeben im Oktober 2010, ISSN 1619 - 3938, B II 5, 7 - j / 09, Seite 7) entspricht dies rund 9 % aller Ausbildungsverhältnisse.

Der Erhebungszeitraum liegt bei diesen Daten in den Jahren 2007 und 2008. Dieser Umstand ist insofern interessant, als sich die Situation auf dem Ausbildungsmarkt seit 2008 verändert hat[11]. Bei einem Anteil von 9% aller Ausbildungsverhältnisse in Bremen lassen sich auf Basis der ausgewerteten Betriebe Aussagen zur Gesamtsituation in Bremen treffen. Zwar sind direkte Schlüsse auf sämtliche Bremer Ausbildungsbetriebe im Sinne der inferentiellen Statistik nicht möglich, da hinsichtlich des Kosten-/Nutzenverhältnisses eine sehr starke Spannweite der Ergebnisse für die einzelnen Betriebe vorliegt, allerdings sind die Werte zu Bruttokosten, Erträgen und Nettokosten der Ausbildung oder der

---

[11] Zum damaligen Zeitpunkt stand für die Betriebe insbesondere die Fragestellung nach der Rentabilität von Ausbildung im Vordergrund. Es gab von verschiedenen Seiten Anstrengungen die Anzahl der Ausbildungsplätze zu erhöhen.
Heute stehen den angebotenen Ausbildungsplätzen zunehmend weniger Bewerber gegenüber, so dass für die Betriebe, neben der Rentabilität, die Qualität der eigenen Ausbildungsangebote an Bedeutung für die Rekrutierung zukünftiger Fachkräfte gewinnt.

Qualitäts-Rentabilitätswerte robust. Die grundlegenden Tendenzen unterlagen bei steigender Zahl der beteiligten Betriebe nur noch marginalen Schwankungen.

Für Einzeluntersuchungen sind die Daten des Selbstevaluationsinstruments vor allem für Vergleiche nach Branchen und Betriebsgrößen aussagekräftig und fördern interessante Unterschiede bspw. zwischen Industrie, Handwerk und Handel/Dienstleistungen zutage. Aber auch der jeweilige Ausbildungsberuf übt einen deutlichen Einfluss auf Kosten, Nutzen und Qualität der Ausbildung aus.

Insgesamt reicht die Stichprobe an Ausbildungsverhältnissen aus, um die Ausbildungssituation in Bezug auf ihre Qualität und Rentabilität realistisch einzuschätzen. Dabei richtet sich die folgende Auswertung hauptsächlich auf die Beschreibung der in den Daten gefundenen Strukturen und Zusammenhänge. Viele der hier festgestellten Tendenzen werden auch durch überregionale Untersuchungen etwa des BIBB oder der Schweizerischen Koordinationsstelle für Bildungsforschung bestätigt (vgl. Schweri 2008). Die Auswertung zeigt anhand der Beispiele unserer Stichprobe wichtige Zusammenhänge und Möglichkeiten einer innovativen Umgestaltung der Ausbildungspraxis auf.

Da kleinere Schwankungen in den hier verwendeten Zahlen weiterhin zu erwarten sind, werden die Kennziffern in dieser Auswertung im Allgemeinen gerundet angegeben. Die genauen Zahlen sind den Tabellen in den Anhängen zu entnehmen.

Struktur der Daten

Die Untersuchungseinheit dieser Studie ist der einzelne Ausbildungsbetrieb, der wiederum Daten zu einem 'typischen' Auszubildenden in einem Ausbildungsberuf liefert, unabhängig davon, wie viele solche Auszubildende ein Betrieb aufweist. Die Ergebnisse beziehen sich mithin auf den einzelnen betrieblichen Ausbildungsberuf und werden nicht wie in anderen Untersuchungen zugunsten der wenigen Großbetriebe mit hohen Auszubildendenzahlen gewichtet[12].

Die Auswertung orientiert sich hier an den Nutzern des Selbstevaluationstools – den einzelnen Betrieben – , für die Daten zu Kosten, Nutzen und Qualität, ihrer Ausbildung Informationen darstellen, wie gegebenenfalls ihre Ausbildungspra-

---

[12] Wenn im Gegensatz zu den betrieblichen Ausbildungsberufen die einzelnen Auszubildenden als Bezugsgröße gewählt werden, verzerrt der Einfluss von Großbetrieben mit vielen Auszubildenden die durchschnittlichen Ergebnisse.

xis verändert werden könnte, um die Ergebnisse zu verbessern. Diese betriebsspezifische Herangehensweise bietet sich an, da es die Betriebe sind, die ihre Ausbildungspraxis mit dem Selbstevaluationsinstrument evaluieren. Da Kosten und Nutzen von Ausbildung allerdings unter anderem auch durch die Betriebsgröße beeinflusst werden13, sind die entsprechenden Werte in dieser Auswertung leicht positiver, als bei einer Umrechnung auf einzelne Ausbildungsverhältnisse als Analyseeinheit wie in den Gesamtuntersuchungen des BIBB oder der Schweizerischen Koordinierungsstelle für Bildungsforschung.

Bei der Betrachtung einzelner Ausbildungsjahre werden in den meisten Fällen die Werte für dreieinhalbjährige Ausbildungen auf dreijährige umgerechnet, da die dreijährige Ausbildung in Bremen wie Deutschland den „Normalfall" darstellt. Wird das vierte Ausbildungsjahr gesondert ausgewiesen, sind dessen Werte bei einem kosten-/nutzenspezifischen Vergleich mit anderen Ausbildungsjahren entsprechend zu verdoppeln.

Bei den 153 Bremer Betrieben, die bis zum Frühjahr 2008 eine Selbstevaluation mittels QEK durchgeführt haben, liegen hinsichtlich aller relevanten Kenngrößen bezüglich Kosten/Nutzen und Qualität der Ausbildung keine signifikanten Unterschiede zwischen den beiden Städten Bremen und Bremerhaven vor. Daher wird auf eine gesonderte städtespezifische Auswertung verzichtet. Im Folgenden bezieht sich 'Bremen' entsprechend auf das Bundesland.

---

[13] So ergeben sich bei Betrieben mit mehr als 200 Beschäftigten signifikant höhere Ausbildungskosten, was jedoch nicht direkt mit der Betriebsgröße sondern vielmehr mit der Branche bzw. dem Ausbildungsberuf korreliert.

In der Stichprobe sind 61 Ausbildungsberufe vertreten. Aufgegliedert nach Branchen gehören 26,5% der Betriebe zur Industrie, 37,6% zu Handel und Dienstleistungen, 28,8% entstammen dem Handwerk, 1,2% kommen aus freien Berufen, 4,7% gehören dem öffentlichen Dienst an und 1,2% sind anderen Branchen zu zuordnen (Abb. 45).

Damit wird die Struktur der Ausbildungsbetriebe des Landes Bremen relativ gut abgebildet. Von den 15717 Ausbildungsverhältnissen in Bremen 2007 gehörten 10391 zu Industrie und Handel/Dienstleistungen (66,1%), 3276 zum Handwerk (20,8%), 321 zum öffentlichen Dienst (2%) und 1335 zur Kategorie ‚freie Berufe' (8,2%). Sonstige 428 (2.7%).

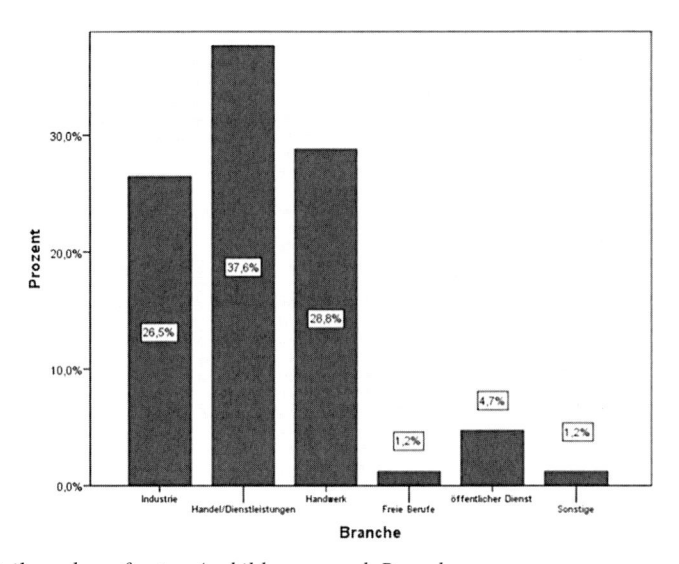

Abb. 45: Verteilung der erfassten Ausbildungen nach Branchen

Diese Verteilung lässt vor allem Aussagen über Unterschiede und Gemeinsamkeiten zwischen Industrie, Handel/Dienstleistungen und dem Handwerk zu. Alle anderen Branchen sind aufgrund der zu geringen Fallzahlen nicht als signifikant zu betrachten.

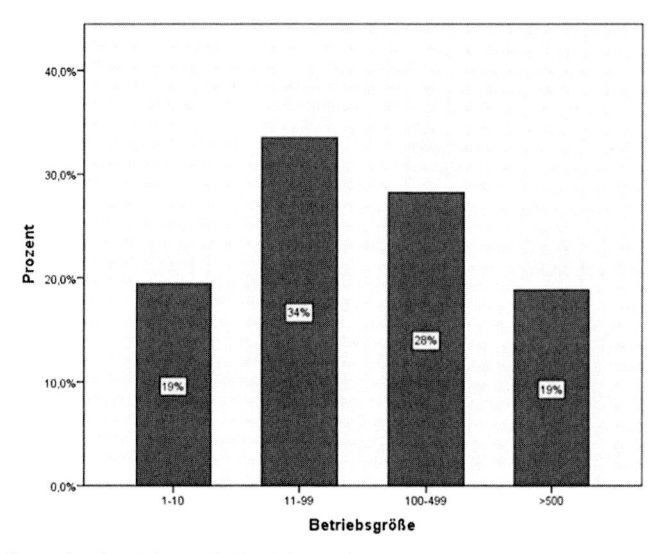

Abb. 46: Verteilung der Betriebe nach Betriebsgröße

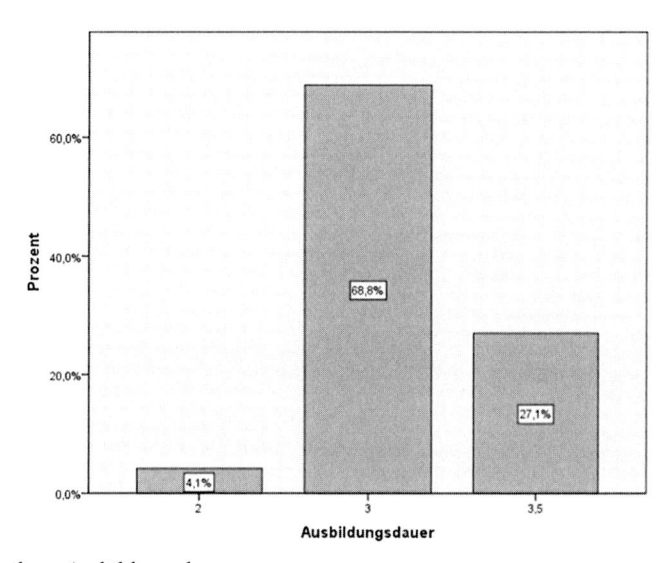

Abb. 47: Verteilung Ausbildungsdauer

Die Betriebsgrößen der an QEK beteiligten Unternehmen schwanken zwischen einem und 6000 Beschäftigten, dabei haben ca. 19% der Betriebe 1-10, 34% 11-99, 28% 100-499 und 19% 500 oder mehr Mitarbeiter.

In 68,8% der Betriebe des Samples findet eine dreijährige Ausbildung statt, 27,1% führen eine dreieinhalbjährige Ausbildung durch und 4,1% der Betriebe bilden grundsätzlich nur zwei Jahre aus, da sie entweder nur Auszubildende einstellen, bei denen damit zu rechnen ist, dass sie die Ausbildung verkürzen oder aber auf bereits bspw. durch das EQJ vorqualifizierte Auszubildende zurückgreifen.

Auswertungen

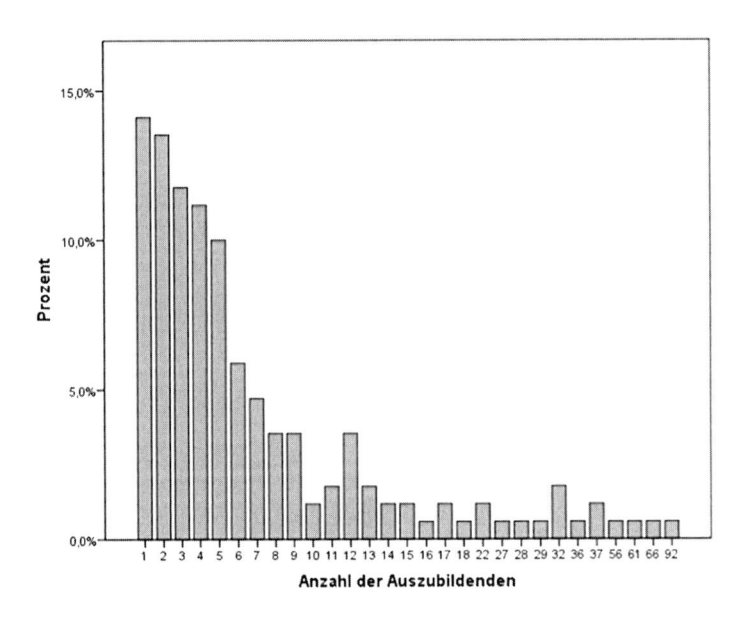

Abb. 48: Anzahl der Auszubildenden im Betrieb (prozentuale Verteilung)

Die Anzahl der Auszubildenden schwankt in den untersuchten Betrieben zwischen 1 und 92. Durchschnittlich werden etwa 7 Auszubildende ausgebildet. Allerdings beschäftigen 75% der Betriebe 9 oder weniger Auszubildende (Abb. 48).

Die Ausbildungsquote in den erfassten Betrieben liegt durchschnittlich bei 7,5%. Wobei jedoch eine große Spreizung der Ausbildungsquote vorliegt. So liegt bei mehr als 22% der Betriebe die Ausbildungsquote über 20%. Erwartungsgemäß wird in kleineren Betrieben eine hohe Ausbildungsquote erreicht.

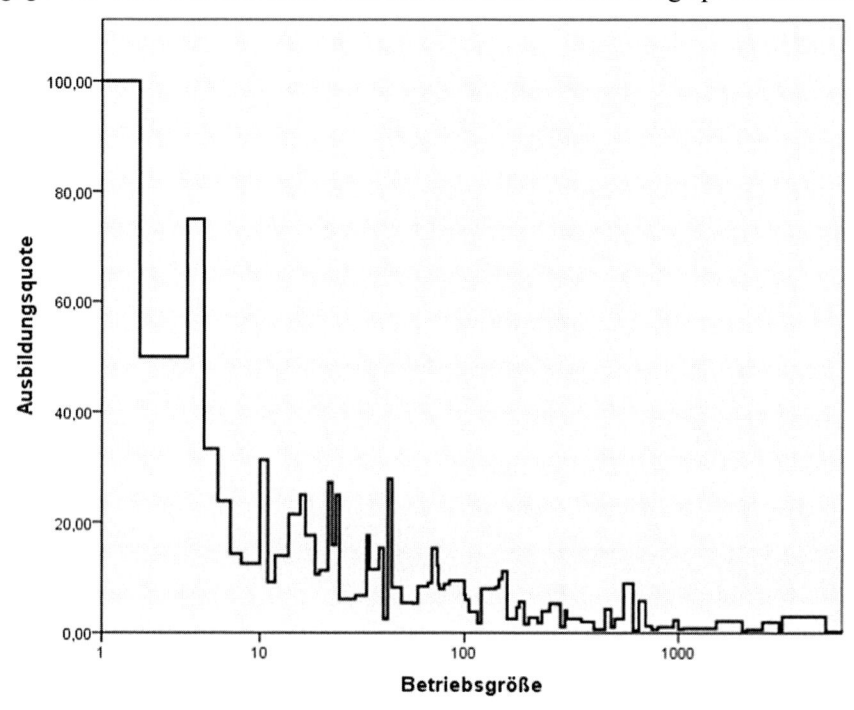

Abb. 49: Ausbildungsquote der Betriebe bezogen auf die Betriebsgröße

Kosten, produktive Leistung und Ertrag

Die durchschnittlichen Bruttokosten pro Auszubildendem und Jahr betragen 12.141€. Dem stehen produktive Leistungen der Auszubildenden von 13.746€ gegenüber. Im Durchschnitt erzielten die befragten Unternehmen entsprechend durch Ausbildung jährliche Nettoerträge von 1.605€.

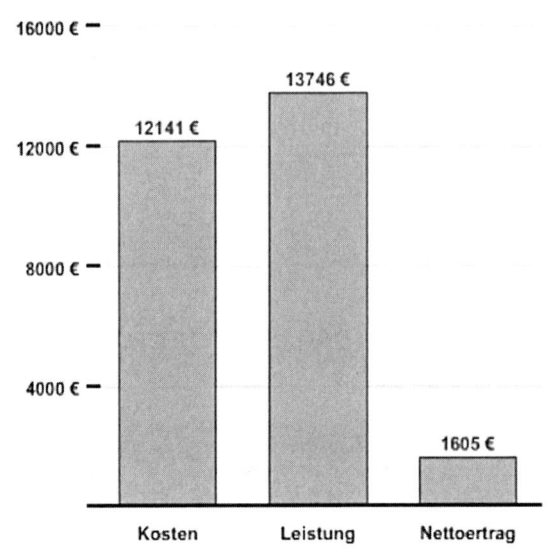

Abb. 50: Kosten, Leistung und Nettoertrag eines Auszubildenden pro Ausbildungsjahr

Im QEK-Tool werden auch erhaltene Subventionen und Zuschüsse erhoben. Diese betragen im Durchschnitt 2075€. Ohne diese Subventionen ergäben sich demnach durchschnittliche Nettokosten von 470€ pro Auszubildenden und Jahr.

Bezüglich der Subventionen ist der Mittelwert jedoch wenig aussagekräftig, weil sich die Situation in den Branchen stark unterscheidet. So erhöhen im Handwerk durchschnittlich 2660 Euro an Subventionen pro Auszubildenden und Ausbildungsjahr den Nettoertrag. In der Industrie sind es durchschnittlich sogar 4940 Euro, während in allen anderen Branchen keine Subventionen erfasst wurden. Betrachtet man diesen Umstand erzielt die Branche Handel/ Dienstleistungen die besten Ertragsergebnisse.

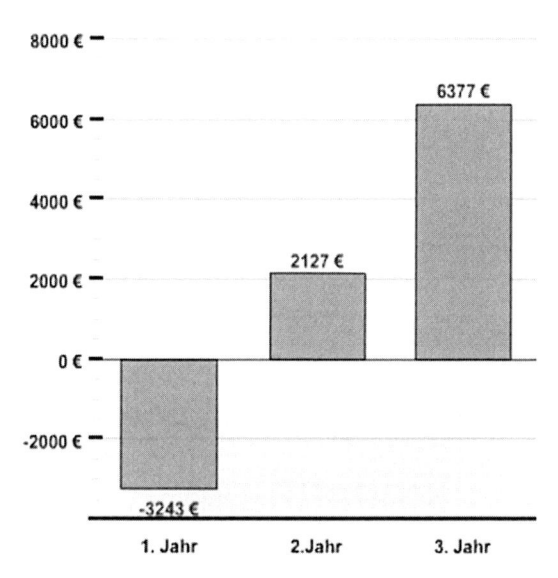

Abb. 51: Nettoertrag pro Auszubildenden und Jahr, Ausbildungsdauer 3 Jahre

Über die Ausbildungsjahre zeigt sich ein typischer, aus anderen Untersuchungen bekannter Verlauf. Interessant ist hier ein Vergleich bezüglich der Ausbildungsdauer. Verursacht die dreijährige Ausbildung bei einem durchschnittlichen Betrieb im ersten Jahr Nettokosten von durchschnittlich etwas über 3.200€, ergibt sich im zweiten Jahr schon ein Plus von 2100€ und bringt im dritten Jahr Erträge von über 6300€, die die anfänglichen Nettokosten mehr als ausgleichen.

Bei einer Ausbildungsdauer von 3,5 Jahren liegen die Kosten im ersten Ausbildungsjahr mit über 4000 Euro deutlich höher, während im vierten Ausbildungsjahr nur ein Ertrag von 800 Euro erreicht wird.

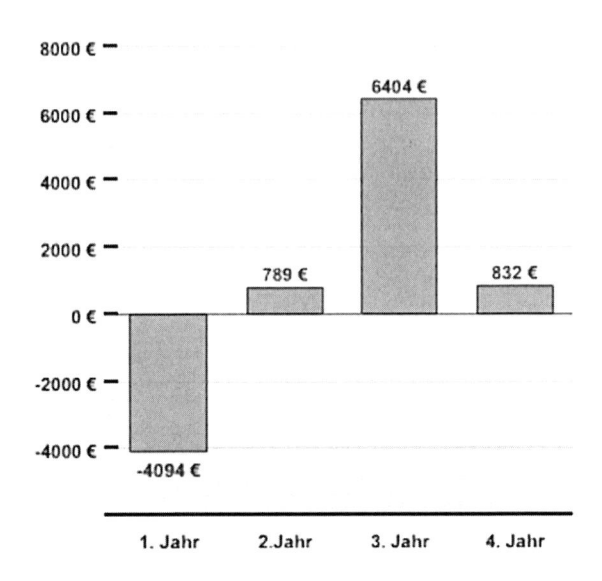

Abb. 52: Nettoertrag pro Auszubildenden und Jahr, Ausbildungsdauer 3,5 Jahre

Das zunächst erstaunliche Ergebnis für das vierte Jahr erklärt sich daraus, dass die Zeiten, die die Auszubildenden im Betrieb mit auch produktiven Lern- und Arbeitsaufgaben beschäftigt sind, mit der Kosten-/Nutzenrelation hochsignifikant korrelieren (r= 0,454, sig. 0,000). Je stärker ein Auszubildender mit betriebsfremden Aufgaben beschäftigt ist, umso geringer ist seine produktive Leistung. Für das letzte Ausbildungsjahr spielen in dieser Hinsicht zwei Faktoren eine Rolle: Einmal werden hier im Hinblick auf die Vorbereitung zur Abschlussprüfung vermehrt inner- oder außerbetriebliche Kurse durchgeführt, zum anderen ist – in Einzelfällen – auch die Dauer der Prüfung selbst von einigem Einfluss. Bei der dreieinhalbjährigen Ausbildung fällt dies stärker ins Gewicht, da das letzte Ausbildungsjahr oft nur ein halbes Jahr für die Ausbildung genutzt wird (vgl. Jander 2008).

Bei der Betrachtung von Kosten und Nutzen der Ausbildung ist es hilfreich, über die reinen Durchschnittswerte hinauszugehen. Kosten und Nutzen stellen sich für die untersuchten Betriebe stark unterschiedlich dar.

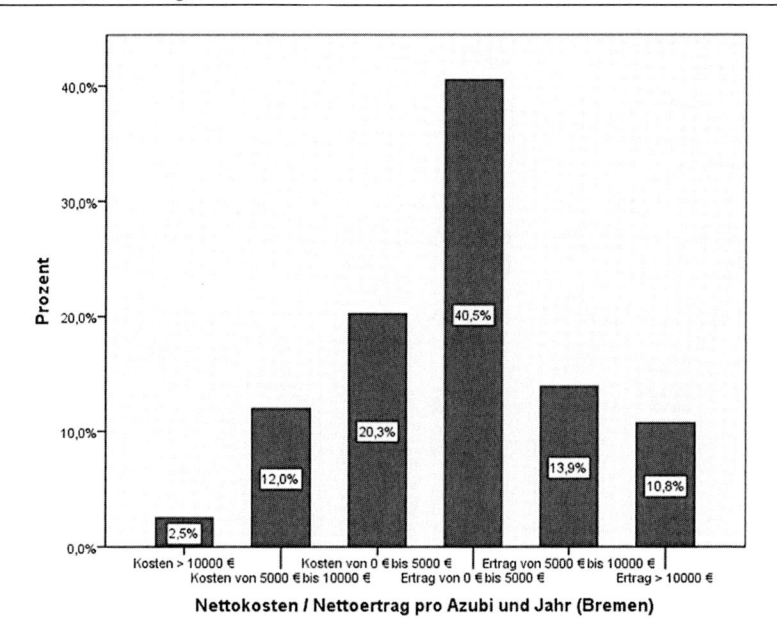

Abb. 53: : Verteilung der Nettokosten bzw. -erträge

Für 36% der Betriebe ergeben sich durch die Ausbildungstätigkeit Nettokosten, wogegen sich für 64% der Betriebe Nettoerträge ergeben. In seltenen Fällen ergeben sich Nettoerträge von bis zu 21.000€ pro Auszubildendem und Jahr oder auch sehr hohe Nettokosten von mehr als 13.000€[14].

Diese Spreizung der Werte führt auf die Frage nach Faktoren, die das Kosten-/ Nutzenverhältnis beeinflussen. Von besonderem Interesse für die Betriebe ist dabei die Unterscheidung zwischen Größen, die sich nur schwer beeinflussen lassen, wie Betriebsgröße, Branche und Ausbildungsberuf und davon unabhängig solchen, die durch eine veränderte betriebliche Ausbildungsorganisation oder auch politische Maßnahmen verändert werden können, wie produktive Ausbildungszeiten, Prüfungszeiten etc..

---

[14] Eine ähnlich starke Spreizung der Werte ergaben auch die Untersuchung des BIBB (Beicht/Walden/Herget 2004: 95) sowie die Schweizer Untersuchung von Schwieri et al. 2003 sowie eine neuere Studie von Mühlemann/ Wolter 2005.

Kosten und Qualität

Neben den Kosten bzw. Erträgen wird die Qualität der Ausbildung mit dem QEK-Tools erfasst. Als einzelne Faktoren werden das *erfahrungsbasierte Lernen*, das *fachliche Ausbildungsniveau*, das *selbständige Arbeiten und Lernen*, die *Prozessorientierung der Ausbildung* sowie die *Berufsfähigkeit* und das *berufliche Engagement* im Verlauf der Ausbildung berücksichtigt (siehe Kapitel 1.1).

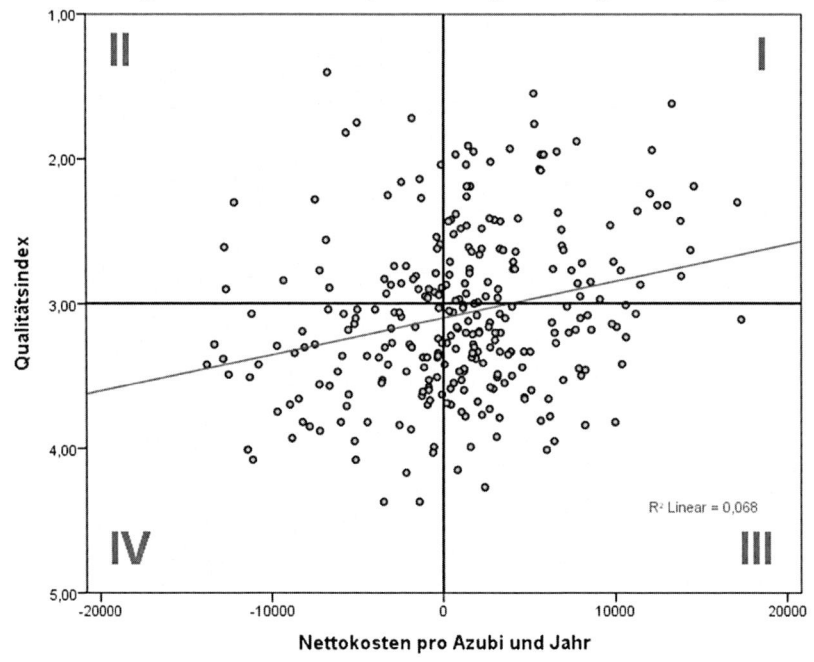

Den Zusammenhang von Kosten und Qualität zeigt das folgende Diagramm.

    I Innovative Berufsbildung (arbeits- und geschäfts-prozessorientiert)
    II Investive Berufsbildung
    III Beschäftigungsorientierte Berufsbildung
    IV Reaktive, arbeitsprozessferne Berufsbildung

Abb. 54: Qualitäts-Rentabilitäts-Matrix gesamtes Sample QEK Deutschland

Bei einer breiten Streuung zeigt sich eine leicht positive Korrelation von Rentabilität und Qualität. Es kann daher nicht davon ausgegangen werden, dass eine gute Ausbildung teuer sein muss als eine wenige gute, in der Tendenz gilt eher umgekehrt, dass eine höhere Ausbildungsqualität sich auch als rentabler erweist. Für die „beschäftigungsorientierten Ausbildungsverhältnisse" (Abb. 54, III) gilt dieser Zusammenhang nicht, da hier die Beschäftigung Vorrang vor der Ausbildung hat. Es kann daher nicht davon ausgegangen werden, dass eine sehr rentable Ausbildung immer eine hohe Ausbildungsqualität hat. Eine gute Ausbildungsqualität ist bei Nettoerträgen (I) ebenso möglich wie bei Nettokosten (II).

Im Folgenden werden Kosten und Nutzen der Ausbildung näher aufgeschlüsselt.

Struktur der Kosten

Aus der Zusammensetzung der Bruttokosten der Ausbildung lässt sich entnehmen, welche Kostenbestandteile in einem Ausbildungsbetrieb über- oder unterrepräsentiert sind. Außerdem lassen sich Kostenblöcke identifizieren, die sich durch eine Erhöhung der Ausbildungsqualität reduzieren lassen.

Bei dreijährigen Ausbildungen steigen die Bruttokosten von 11.800€ im ersten Ausbildungsjahr über 12.000€ im zweiten Jahr auf 12.700€ im dritten Jahr (Abb. 55). Der Grund für diese Steigerung liegt vor allem in steigenden Ausbildungsvergütungen. Dem stehen sinkende Ausgaben für haupt- und nebenamtliche Ausbilder gegenüber, da mit zunehmender Ausbildungsdauer der Betreuungsaufwand für die Auszubildenden abnimmt. In der Summe führen die beiden Tendenzen zu der hier dargestellten moderaten Steigerung. Abb. 55 zeigt, dass die produktive Leistung der Auszubildenden von 8400€ im ersten Jahr bis auf 19300€ im dritten Ausbildungsjahr zunimmt, so dass bereits ab dem zweiten Ausbildungsjahr ein Nettoertrag entsteht. (1.Jahr: -3300€; 2.Jahr: +2700€; 3.Jahr: +6600€)

□ Kosten   ■ produktive Leistung   ■ Nettoertrag

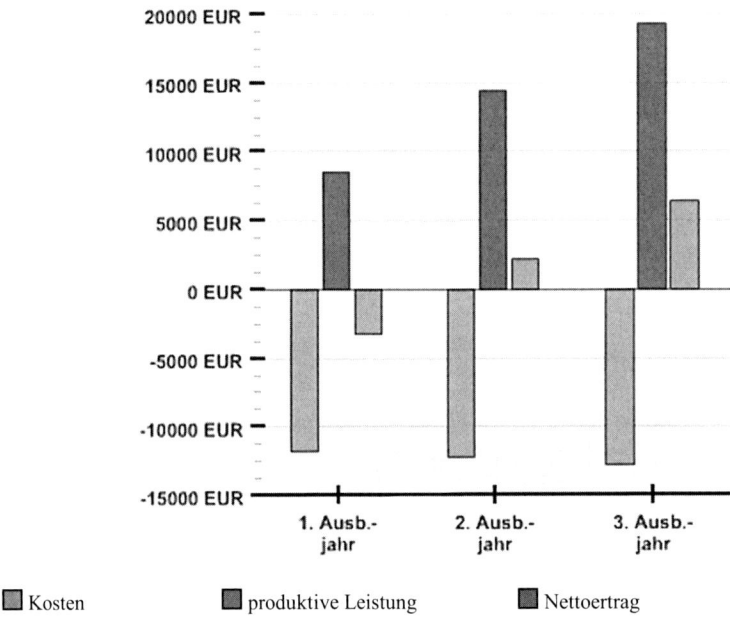

Abb. 55: Kosten, produktive Leistung und Nettoertrag dreijährige Ausbildung

Bei den dreieinhalbjährigen Ausbildungen ist im vierten Ausbildungsjahr eine ausgeprägte Kostensteigerung zu erkennen. Bezogen auf ein ganzes betragen die Bruttokosten 15.000€. Zurückzuführen ist dies auf die im 4. Ausbildungsjahr höheren Ausbildungsvergütungen und die Prüfungsvorbereitungen, die zum Teil erhebliche Kosten verursachen können. Neben dem geringeren Ertrag im vierten Ausbildungsjahr fällt auf, dass die produktive Leistung im ersten und zweiten Ausbildungsjahr bei den dreijährigen Ausbildungen höher ausfällt als bei den dreieinhalbjährigen Ausbildungen. Zurückzuführen ist dies auf eine spezifische Ausbildungsorganisation und –Kultur in Industrie und Großbetrieben.

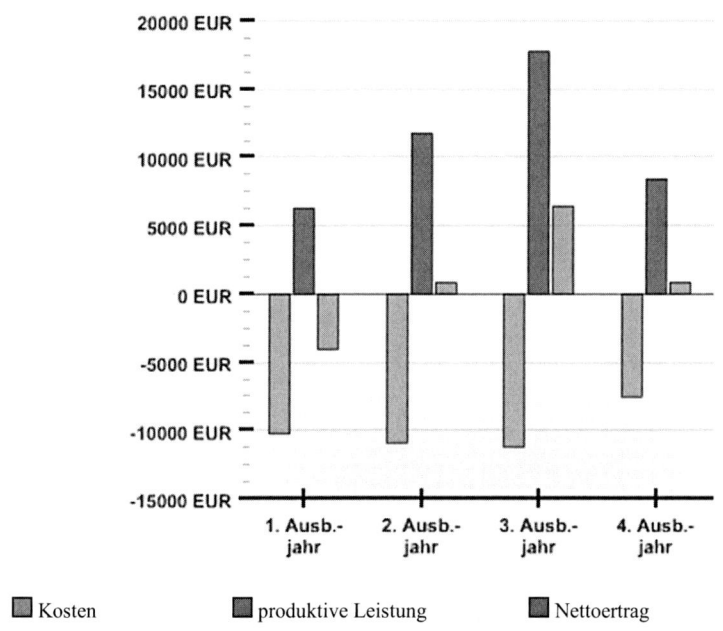

Abb. 56: Kosten, produktive Leistung und Nettoertrag dreieinhalbjährige Ausbildung

Tab. 8 und 9 zeigen, wie sich die Kosten im Einzelnen zusammensetzen. Die Ausbildungsvergütung schließt dabei Sozialleistungen und sonstige zusätzliche Aufwendungen ein. Abschreibungen beziehen sich auf Abschreibungen für Maschinen, Anlagen und andere Investitionsgüter sowie für Miete und Instandhaltung, soweit diese jeweils ausbildungsbezogen anfallen. Die Ausbildungsverwaltung verursacht vor allem Personalkosten. Die Personalkosten für haupt- und nebenamtliche Ausbilder gehen soweit in diese Berechnung ein, wie Ausbilder durch die Ausbildung nicht produktiv tätig werden können. Vor allem im Rahmen innovativer Ausbildungsformen, in denen hauptamtliche Ausbilder im Arbeitsprozess ausbilden – und dabei zugleich betriebliche Leitungsaufgaben z.B. als Industriemeister wahrnehmen – entstehen nur geringe Ausbilderkosten. Fallbeispiele zeigen, dass dabei eine sehr hohe Ausbildungsqualität erreicht werden kann. Umgekehrt sind hohe Ausbilderkosten häufig ein Indiz dafür, dass Ausbilder praxisfern ausbilden.

Kostenstruktur bei einer Ausbildungsdauer von 3 Jahren	Summe	Anteil an den gesamten Kosten der Ausbildung
Kosten der Ausbildung eines Auszubildenden (Bruttokosten)	36793 €	100.00 %
Produktive Leistung eines Auszubildenden (Erträge)	42053 €	114.3 %
Nettoertrag der Ausbildung eines Auszubildenden	5260 €	14.3 %
Zusammensetzung der Bruttokosten		
Erhaltene Subventionen und Förderungen	- 6151 €	(16.72 %)
Personalkosten (Ausbildungsvergütungen incl. Sozialabgaben)	27245 €	74.05 %
Personalkosten Ausbilder	7299 €	19.84 %
Davon: Personalkosten hauptamtliche Ausbilder (15.5 Min/Wo * 3 Aj)	2399 €	6.52 %
Personalkosten nebenamtliche Ausbilder (30.5 Min/Wo * 3 Aj)	4900 €	13.32 %
Anlage und Sachkosten (Abschreibungen)	0 €	0 %
Sonstige Kosten	2694 €	7.32 %
Davon: Lehr- und Lernmaterialien, Software	194 €	0.53 %
Verbrauchsmaterial	153 €	0.42 %
Gebühren	272 €	0.74 %
Berufskleidung	107 €	0.29 %
Externe Lehrgänge, Dozenten	790 €	2.15 %
Ausbildungsverwaltung	582 €	1.58 %
Sonstiges	596 €	1.62 %

Tab. 8: Kostenstruktur dreijährige Ausbildungsgänge; Angaben pro Auszubildenden über die gesamte Ausbildungsdauer (Summe)

Kostenstruktur bei einer Ausbildungsdauer von 3,5 Jahren	Summe	Anteil an den gesamten Kosten der Ausbildung
Kosten der Ausbildung eines Auszubildenden (Bruttokosten)	40115 €	100.00 %
Produktive Leistung eines Auszubildenden (Erträge)	44047 €	109.8 %
Nettoertrag der Ausbildung eines Auszubildenden	3931 €	9.8 %
Zusammensetzung der Bruttokosten		
Erhaltene Subventionen und Förderungen	- 1370 €	(3.41 %)
Personalkosten (Ausbildungsvergütungen incl. Sozialabgaben)	27405 €	68.32 %
Personalkosten Ausbilder	8746 €	21.8 %
Davon: Personalkosten hauptamtliche Ausbilder (10.6 Min/Wo * 3.5 Aj)	1916 €	4.78 %
Personalkosten nebenamtliche Ausbilder (33.5 Min/Wo * 3.5 Aj)	6830 €	17.03 %
Anlage und Sachkosten (Abschreibungen)	0 €	0 %
Sonstige Kosten	3923 €	9.78 %
Davon: Lehr- und Lernmaterialien, Software	500 €	1.25 %
Verbrauchsmaterial	789 €	1.97 %
Gebühren	396 €	0.99 %
Berufskleidung	370 €	0.92 %
Externe Lehrgänge, Dozenten	1061 €	2.64 %
Ausbildungsverwaltung	751 €	1.87 %
Sonstiges	56 €	0.14 %

Tab. 9: Kostenstruktur dreieinhalbjährige Ausbildungsgänge; Angaben pro Auszubildenden über die gesamte Ausbildungsdauer (Summe)

Der mit Abstand größte Kostenblock besteht in den Ausbildungsvergütungen der Auszubildenden. Den zweitgrößten Block stellen die Kosten für Ausbilder dar. Diese entwickeln sich im Ausbildungszeitraum gegenläufig zu denen der Ausbildungsvergütung. Die Personalkosten für hauptamtliche Ausbilder liegen in dieser Übersicht niedriger als die für nebenamtliche Ausbilder, da nur 20% der Betriebe über hauptamtliche Ausbilder verfügen.

Die im Laufe der Ausbildung sinkenden Kosten für Ausbilder ergeben sich aus den abnehmenden Zeiten, die die Ausbilder für Ausbildungsaufgaben außerhalb des Arbeitsprozesses aufbringen. Da diese Zeiten in den Branchen variieren wird hier nach Branchen differenziert (Abb. 57 und Abb. 58). Je selbständiger die Auszubildenden arbeiten, desto geringer ist der Betreuungsaufwand. Dieser Zusammenhang gilt auch schon für die ersten Ausbildungsjahre. Die Ausbilderkosten gehen dann zurück, wenn es gelingt, die Auszubildenden möglichst selbstständig in betrieblichen Arbeitsprozessen mitwirken zu lassen. Hauptamtliche Ausbilder verbringen weniger als die Hälfte ihrer Arbeitszeit mit reinen (nicht-produktiven) Ausbildertätigkeiten. Hier deutet sich möglicherweise ein Rollenwechsel vom unterweisenden Ausbilder in der Lehrwerkstatt zu einem die Ausbildung im Arbeitsprozess begleitenden Ausbilder an.

Fazit

Die Senkung der Ausbilderkosten bei gleichzeitiger Anhebung der Ausbildungsqualität gelingt den Betrieben in sehr unterschiedlichem Maße. Eine Fixierung auf die Senkung der Ausbildungskosten durch niedrigere Ausbildungsvergütungen und durch die Subventionierung der Ausbildung trägt nur auf dem ersten Blick zu einer Erhöhung der Ausbildungsrentabilität bei. Die QEK-Daten das eine sich selbst finanzierenden Ausbildung durch die Ausbildungserträge bei einer Ausbildungsqualität möglich ist. Auf eine hohe Ausbildungsqualität kommt es daher an. Zu niedrige Ausbildungsvergütungen mindern die Attraktivität der Ausbildung sowie das berufliche Engagement.

Lars Heinemann, Kai Wangnick

Kosten und Nutzen von Ausbildung nach Branche und Betriebsgröße

Kosten und Nutzen der Ausbildung differieren nach Betriebsgröße, Branche und Ausbildungsberufen.
In Industrieberufen fallen durchschnittlich Nettokosten von 150€ pro Auszubildendem und Jahr an. Im Sektor Handel und Dienstleistungen ergeben sich Erträge von 1.800€ und im Handwerk kommt es zu Nettoerträgen von 3.450€ pro Auszubildendem und Jahr.

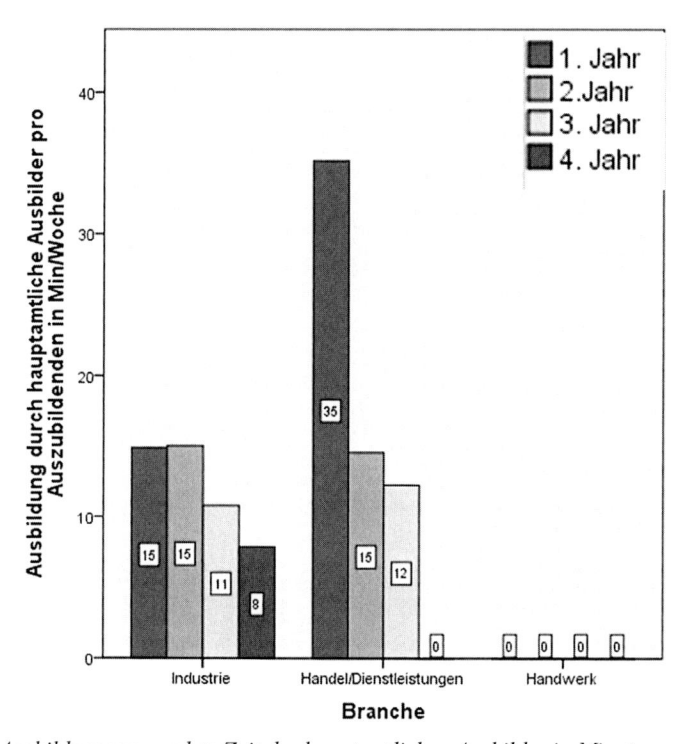

Abb. 57: Für Ausbildung verwendete Zeit der hauptamtlichen Ausbilder in Minuten pro Woche.

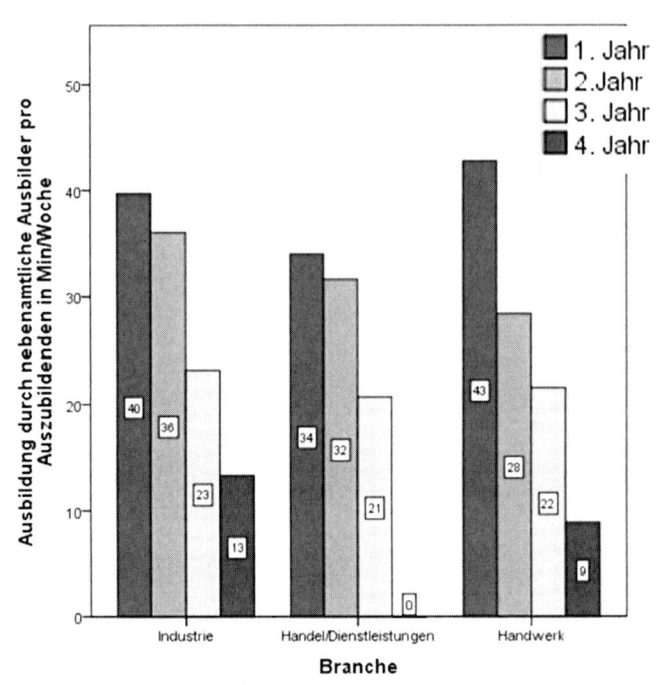

Abb. 58: Für Ausbildung verwendete Zeit der nebenamtlichen Ausbilder in Minuten pro Woche.

Dabei liegen die produktiven Erträge der Auszubildenden im Handwerk wegen der teilweise niedrigeren Facharbeiterlöhne unter denen der Industrie und von Handel und Dienstleistungen. Zugleich sind auch die Kosten mit 9800€ deutlich niedriger als bei Handel und Dienstleistungen (12900€) und in der Industrie (15200€). Zurückzuführen ist dies vor allem an deutlich niedrigeren Ausbilderkosten. Im Handwerk dominieren nebenamtliche Ausbilder ausgebildet, die im Arbeitsprozess ausbilden und dabei weitgehend wertschöpfend tätig sind (Abb. 59).

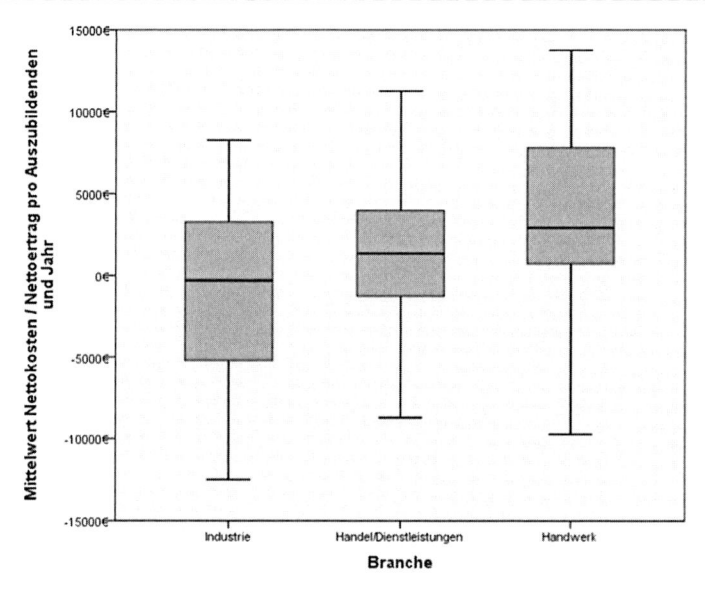

Abb. 59: Kosten und Nutzen von Ausbildung nach Branchen

Kostenstruktur	Handwerk		Handel Dienstleistungen		Industrie	
	Summe	Anteil an den gesamten Kosten der Ausbildung	Summe	Anteil an den gesamten Kosten der Ausbildung	Summe	Anteil an den gesamten Kosten der Ausbildung
Kosten der Ausbildung eines Auszubildenden (Bruttokosten)	30105 €	100.00 %	36423 €	100.00 %	45438 €	100.00 %
Produktive Leistung eines Auszubildenden (Erträge)	41495 €	137.83 %	42466 €	116.59 %	43056 €	94.76 %
Nettoertrag der Ausbildung eines Auszubildenden	11390 €	37.83 %	6043 €	16.59 %	-2382 €	-5.24 %

	Zusammensetzung der Bruttokosten					
Erhaltene Subventionen und Förderungen	- 7260 €	(24.12 %)	0 €	(0 %)	- 13706 €	(30.16 %)
Personalkosten (Vergütungen incl. Sozialabgaben)	22037 €	73.20 %	26318 €	72.26 %	33015 €	72.66 %
Personalkosten Ausbilder	5948 €	19.76 %	7417 €	20.36 %	8983 €	19.77 %
Davon: Personalkosten hauptamtliche Ausbilder	0 €	0 %	3075 € (20.67 Min/Wo * 2.95 Aj)	8.44 %	2551 € 14.38 Min/Wo * 3.14 Aj	5.61 %
Personalkosten nebenamtliche Ausbilder	5948 € (31.46 Min/Wo * 3.26 Aj)	19.76 %	4342 € (29.7 Min/Wo * 2.95 Aj)	11.92 %	6433 € (34.96 Min/Wo * 3.14 Aj)	14.16 %
Anlage und Sachkosten (Abschreibungen)	0 €	0 %	0 €	0 %	0 €	0 %
Sonstige Kosten	2981 €	9.9 %	2577 €	7.07 %	4317 €	9.5 %
Davon: Lehr- und Lernmaterialien, Software	236 €	0.79 %	187 €	0.51 %	432 €	0.95 %
Verbrauchsmaterial	513 €	1.7 %	113 €	0.31 %	483 €	1.06 %
Gebühren	388 €	1.29 %	225 €	0.62 %	350 €	0.77 %
Berufskleidung	331 €	1.10 %	64 €	0.18 %	242 €	0.53 %
Externe Lehrgänge, Dozenten	505 €	1.68 %	696 €	1.91 %	2024 €	4.46 %
Ausbildungsverwaltung	899 €	2.99 %	295 €	0.81 %	695 €	1.53 %
Sonstiges	109 €	0.36 %	998 €	2.74 %	91 €	0.2 %

Tab. 10: Kostenstruktur der Ausbildungen nach Branche

Produktive Leistungen und Erträge

Die von den Auszubildenden erbrachten produktiven Erträge wiegen insgesamt die Bruttokosten auf. Sie steigen dabei von 7.382€ im ersten Lehrjahr über 12.618€ im zweiten bis auf 19.585 im dritten Jahr der Ausbildung an (Abb. 56). Im vierten Jahr werden (unter Berücksichtigung der nur halb so langen Dauer) Erträge von 8.494€ erwirtschaftet.

Diese Erträge setzen sich aus dem Leistungsgrad eines Auszubildenden verglichen mit der einer Fachkraft einerseits und dem Zeitanteil, den Auszubildende produktiv eingesetzt werden, andererseits zusammen. Das QEK-Instrument bemisst den Leistungsgrad eines Auszubildenden pro Halbjahr nach dessen prozentuales Verhältnis zur Leistungsfähigkeit einer Fachkraft. Je leistungsfähiger ein Auszubildender ist, desto günstiger ist das Verhältnis von Kosten und Erträgen für den Betrieb. Abb. 60 stellt den durchschnittlichen Verlauf des Entwicklungsgrades der Auszubildenden dar, gemessen an der eines durchschnittlichen Facharbeiters.

Wie die Abbildung zeigt, entwickelt sich der Verlauf des Leistungsgrades eines Auszubildenden durchaus so, wie dies berufspädagogisch zu erwarten ist. Unterschiede zwischen den einzelnen Betrieben und Berufen zeigen sich daher vor allem bei den Anfangswerten (1.HJ), sowie des Zeitraumes indem sich der stärkste Zuwachs der Leistungsfähigkeit vollzieht. In einigen Betrieben setzt diese Phase deutlich früher ein – mit entsprechenden positiven Konsequenzen hinsichtlich Qualitätskriterien wie Selbstständigkeit und fachlichem Ausbildungsniveau, aber auch von Kosten und Nutzen der Ausbildung.

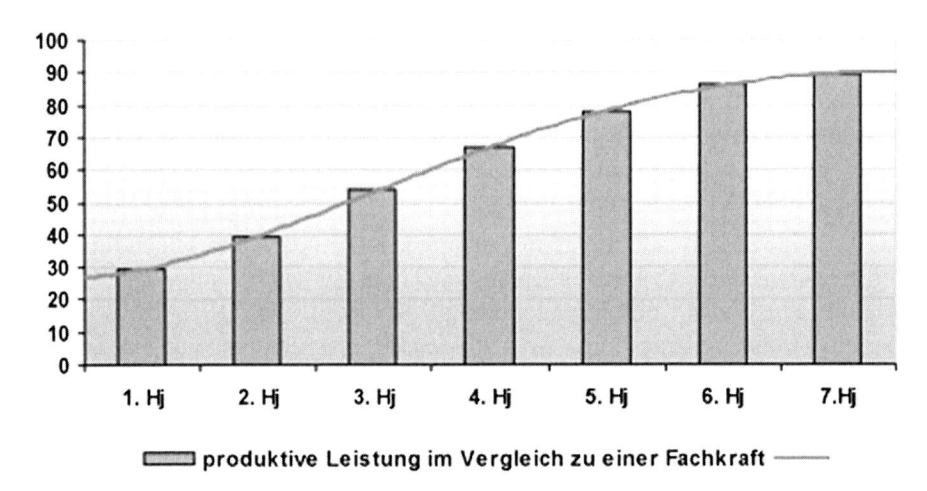

Abb. 60: Entwicklung des Leistungsgrades von Auszubildenden nach Halbjahren

Ausbildungszeiten und fachliches Ausbildungsniveau

Da sich die Ausbildungserträge aus dem Leistungsgrad der Auszubildenden sowie den Zeiten ergeben, ist die Frage nach dem an den verschiedenen Lernorten verbrachten Zeiten äußerst wichtig. Im Folgenden wird exemplarisch die Verteilung der Ausbildungszeiten über 3 Ausbildungsjahre dargestellt.

Verteilung
der Ausbildungszeiten 1. Ausbildungsjahr

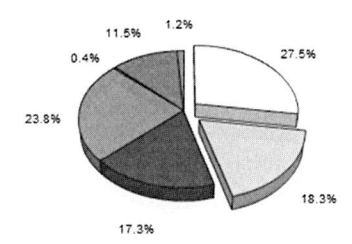

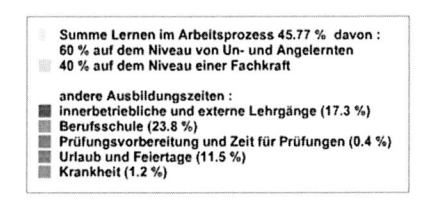

- 27.5%
- 1.2%
- 11.5%
- 0.4%
- 23.8%
- 17.3%
- 18.3%

Lernen im Arbeitsprozess
Niveau der Fachaufgaben
im 1. Ausbildungsjahr

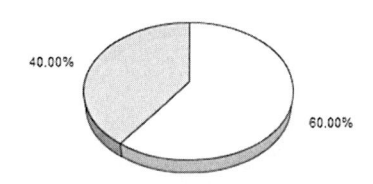

- 40.00%
- 60.00%

Summe Lernen im Arbeitsprozess 45.77 % davon :
60 % auf dem Niveau von Un- und Angelernten
40 % auf dem Niveau einer Fachkraft

andere Ausbildungszeiten :
- innerbetriebliche und externe Lehrgänge (17.3 %)
- Berufsschule (23.8 %)
- Prüfungsvorbereitung und Zeit für Prüfungen (0.4 %)
- Urlaub und Feiertage (11.5 %)
- Krankheit (1.2 %)

Niveau der Fachaufgaben:
60 % auf dem Niveau von Un- und Angelernten
40 % auf dem Niveau einer Fachkraft

Verteilung
der Ausbildungszeiten 2. Ausbildungsjahr

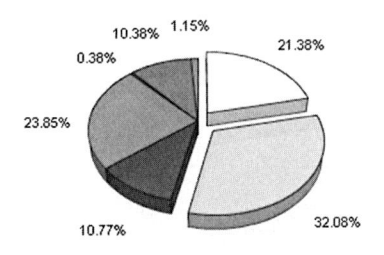

- 21.38%
- 1.15%
- 10.38%
- 0.38%
- 23.85%
- 10.77%
- 32.08%

Lernen im Arbeitsprozess
Niveau der Fachaufgaben
im 2. Ausbildungsjahr

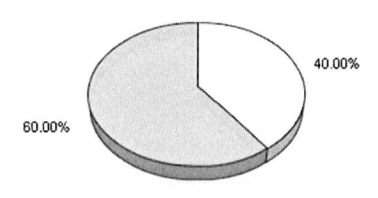

- 40.00%
- 60.00%

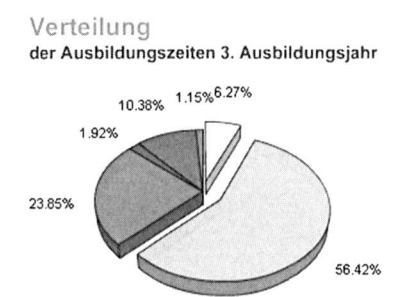

Abb. 61: Verteilung der Ausbildungszeiten über die Ausbildungsjahre

Von den nach Abzug der Feiertage im zur Verfügung stehenden 253,5 Arbeitstagen entfallen durchschnittlich während des ersten Ausbildungsjahres 135 Tage auf die Zeiten, die Auszubildende produktiv in die betrieblichen Arbeitsabläufe eingebunden sind. Dieser Wert schwankt über die gesamte Ausbildungszeit im Mittel zwischen 135 und 145 Tagen.

Dabei differieren vor allem die produktiven Zeiten zwischen den Betrieben sehr stark. Wesentliche Einflussgrößen hierfür sind die stark schwankenden Zeiten für externe und interne Lehrgänge sowie die Zeiten für Prüfungsvorbereitungen. Es gelingt den Firmen unterschiedlich gut, produktive Arbeit und Ausbildung miteinander zu verbinden. Dies gilt sowohl für den Beginn als auch für den Verlauf der Ausbildung.

Auch hier bestehen signifikante Unterschiede zwischen Branchen und Betrieben der unterschiedlichen Größenklassen. In kleineren Betrieben sind die Auszubildenden deutlich länger produktiv tätig als in größeren (Abb. 62) – ohne das dies auf die Ausbildungsqualität auswirkt. Bei Betrieben mit 1-10 Beschäftigten sind die Auszubildenden im Durchschnitt 147 Tage pro Jahr produktiv tätig, bei 11-99 Beschäftigten 143,5 Tage, bei 100-499 Beschäftigten 140 Tage und bei Betrieben mit mehr als 500 Beschäftigten nur noch 118,5 Tage. Diese Unterschiede begründen sich hauptsächlich aus den längeren Zeiten, die größere Betriebe für externe Schulungen und innerbetrieblichen Unterricht aufwenden. Die Zeiten für Prüfungsvorbereitungen führen insbesondere bei den dreieinhalbjährigen Ausbildungen zu einer deutlichen Verringerung der produktiven Ausbildungszeiten im vierten Ausbildungsjahr.

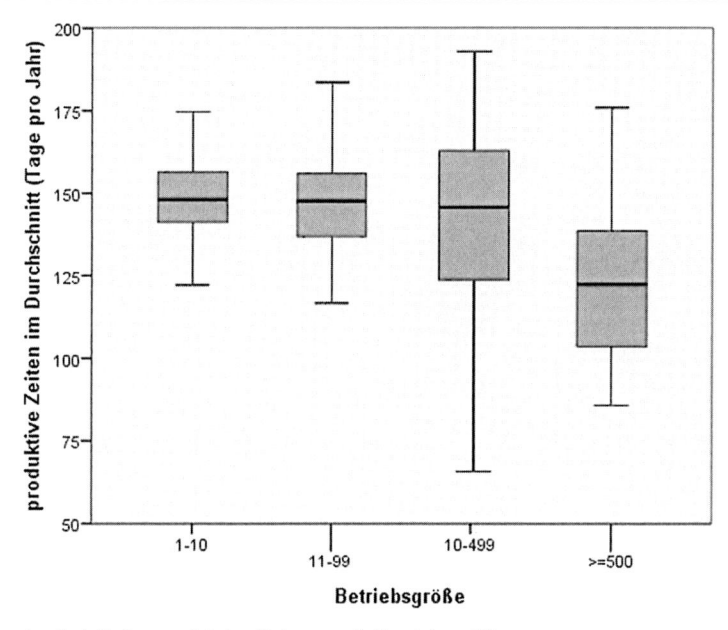

Abb. 62: Durchschnittliche produktive Zeiten nach Betriebsgrößen

Nach Wirtschaftsbranchen zeigen sich ebenfalls deutliche Unterschiede in den produktiven Ausbildungszeiten (Abb. 63). Während im Sektor Industrie die Auszubildenden lediglich 127 Tage pro Jahr produktiv tätig sind, sind es in Handel und Dienstleistungen 158 Tage. Im Handwerk sind die Auszubildenden 144 Tage im Jahr produktiv tätig.

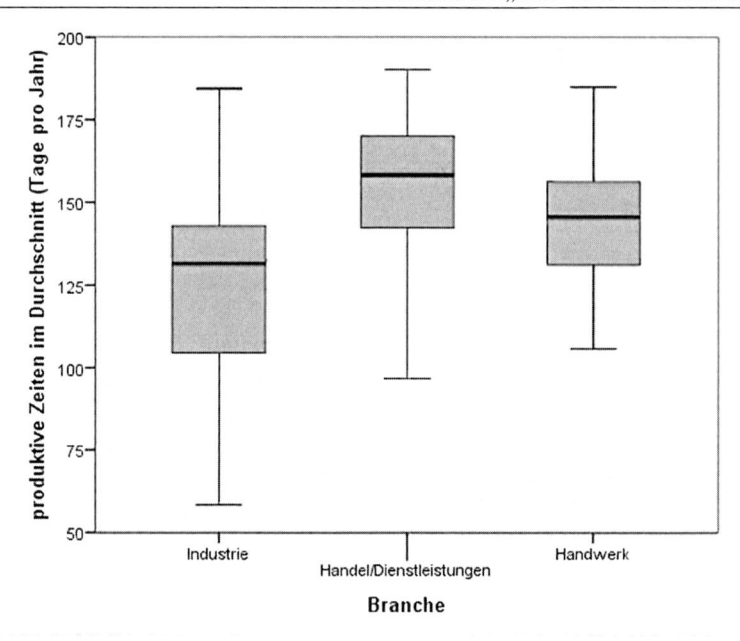

Abb. 63: Durchschnittliche produktive Zeiten nach Branchen

Die Ausbildungszeiten im Arbeitsprozess, sind weder ein hinreichendes Kriterium für die Rentabilität noch für eine hohe Qualität der Ausbildung. Es kommt auch darauf an, in welchem Maße die Auszubildenden in den verschiedenen Ausbildungsjahren mit gehaltvollen *beruflichen Fachaufgaben* konfrontiert werden (Abb. 61). Im ersten Ausbildungsjahr bestehen durchschnittlich 37% der Arbeitsaufgaben der Auszubildenden aus solchen beruflichen Fachaufgaben. Im zweiten Jahr sind es 63% und im dritten Lehrjahr 85% der Arbeitsaufgaben[15].

Dabei bestehen signifikante Zusammenhänge zwischen dem Ausbildungsniveau und der Ausbildungsqualität sowie dem Berufstätigkeit, der am Ende der Ausbildung erreicht wird. Positiv korrelieren auch das fachliche Ausbildungsniveau und die Rentabilität der Ausbildung. Je häufiger Auszubildende für Hilfsarbei-

---

[15] auf Basis von Ausbildungen mit dreijähriger Dauer

ten eingesetzt werden, umso geringer ist die Ausbildungsqualität. Darüber hinaus mindert dies auch die Rentabilität der Ausbildung.

Kein Zusammenhang besteht zwischen der Größe der Betriebe, der Branchen und dem fachlichen Ausbildungsniveau. Weder Klein- noch Mittel- oder Großbetriebe weisen in einem der drei Ausbildungsjahre ein Ausbildungsniveau auf, das deutlich über bzw. unter dem der anderen Betriebsgrößen liegt. Dies gilt auch für die drei Branchen.

Auf der Ebene eines Betriebsvergleichs variiert der Anteil der Ausbildung auf der Grundlage beruflicher Fachaufgaben erheblich. So bilden z.B. Handwerksbetriebe ihre Auszubildenden zu 90% der Ausbildungszeit anhand beruflicher Fachaufgaben aus. Andererseits liegt dieser Wert bei einzelnen der Betriebe in den Sektoren Industrie, Handel und Dienstleistung, lediglich bei 35%. Zehn Betrieben gelingt es, die Auszubildenden bereits im ersten Ausbildungsjahr in 75 % oder mehr ihrer produktiven Tätigkeit anhand von Fachaufgaben auszubilden; Bei anderen Betrieben beträgt dieser Wert gerade einmal 5 % oder weniger.

Diese Unterschiede bleiben häufig während der gesamten Ausbildungszeit bestehen. In Betrieben, deren Auszubildende schon im ersten Jahr überdurchschnittlich an Fachaufgaben ausgebildet werden, behalten das hohe Ausbildungsniveau auch in den Folgejahren bei. Diese Ausbildungspraxis findet ihren Niederschlag in signifikant überdurchschnittlichen Werten für die Qualität und Rentabilität der Ausbildung.

Ausbildungsqualität

Die Ausbildungsqualität wird durch den *Qualitätsindex* QA und in der Form von Netzdiagrammen wiedergegeben. Der Qualitätsindex fasst die unterschiedlichen Qualitätskriterien in Form einer Schulnote von 1 bis 5 zusammen[16]. *Der durchschnittliche Qualitätsindex für die Ausbildung in Bremen beträgt 3,09.*
Von den über 200 Nutzern wird die Qualität der Ausbildung mit Selbstevaluationsinstrument QEK mit 'noch-befriedigend' bewertet. 23 % der Betriebe errei-

---

[16] Die Gleichsetzung der Note „4" mit „ausreichend" gilt üblicherweise für eine Notenskala von 1 bis 6. Bei einer Notenskala von 1 bis 5 bedeutet der Wert „3" daher „noch-befriedigend" und der Wert „4" „noch-ausreichend".

chen die Note 'gut' oder 'sehr gut' und 50 % schneiden 'noch-befriedigend' ab. Weitere 27 % erreichen nur ein 'noch-ausreichend' (Abb. 64).

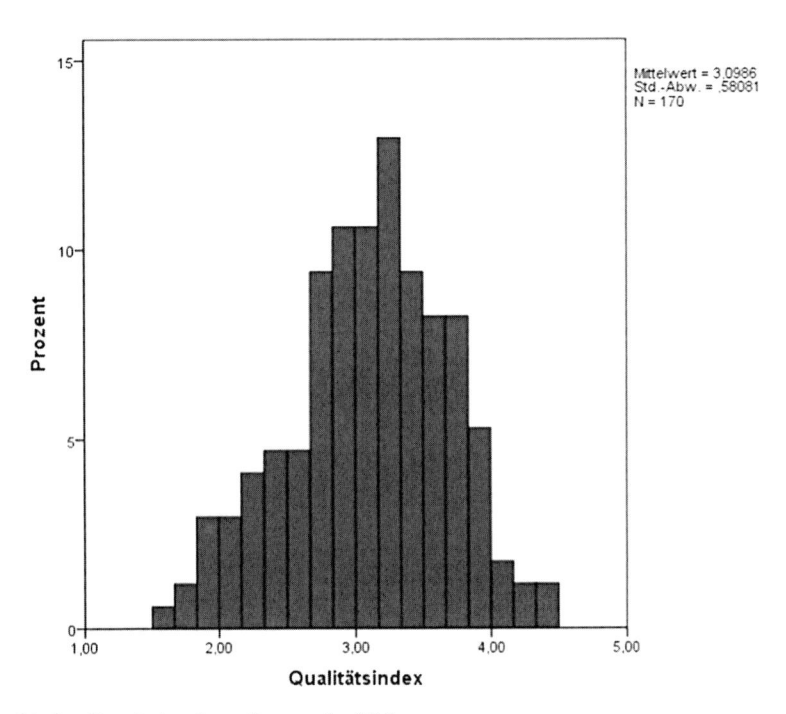

Abb. 64: Qualitätsindex der erfassten Ausbildungen

In Bezug auf die Betriebsgrößen ergeben sich keine signifikanten Unterschiede der Qualitätsindices.

Deutlichere Unterschiede ergeben sich bei einer Aufschlüsselung der Ausbildungsqualität nach Branchen (Abb. 65). Industriebetriebe erreichen ebenso wie das Handwerk mit 3,2 und 3,3 unterdurchschnittlichen Werten. Handel und Dienstleistungen liegen deutlich besser als das Handwerk mit einem befriedigenden bis ausreichenden Qualitätsindex (2,8)

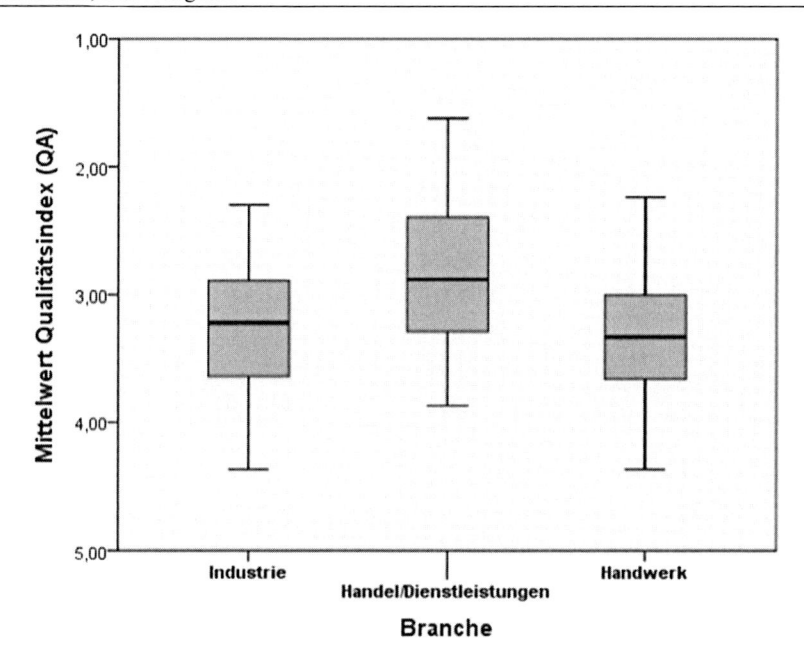

Abb. 65: Ausbildungsqualität nach Branche

Jedoch sind auch hier sind die Unterschiede innerhalb der einzelnen Branchen beträchtlich. Aufgeschlüsselt nach den verschiedenen Ausbildungsjahren beträgt der Qualitätsindex für das erste Ausbildungsjahr durchschnittlich 3,55; für das zweite Ausbildungsjahr ist die Note 2,76 und für das dritte Jahr 1,98[17].

Durchschnittlich wird im dritten Ausbildungsjahr ein zufrieden stellender Grad an Berufsfähigkeit erreicht. Bei einer näheren Betrachtung der einzelnen Qualitätskriterien zeigt sich, dass vor allem das fachliche Ausbildungsniveau, die prozessbezogene Ausbildung sowie das selbständige Arbeiten und Lernen im ersten Jahr unterentwickelt sind (Abb. 66). Die Streuung der Werte ist dabei für das erste Ausbildungsjahr am größten. Es gelingt den Betrieben, überwiegend nicht Auszubildende in der ersten Phase ihrer Ausbildung an qualifizierenden

---

[17] Diese Angaben beziehen sich auf alle dreijährigen Ausbildungen.
Der Anstieg vom ersten bis zum dritten oder vierten Ausbildungsjahr ist zu erwarten, da mit zunehmender Kompetenz der Auszubildenden einige Kategorien des Qualitätstools (bspw. Selbständigkeit) besser erfüllt werden können. Der Aufbau und theoretische Hintergrund der Kriterien wird in Kapitel 2 dargestellt. Siehe darüber hinaus auch Rauner 2007.

Arbeitsaufgaben zu beteiligen, die sie als eingebettet in betriebliche Arbeits- und Geschäftsprozesse erleben und ihre Selbstständigkeit fördern. Auszubildende werden überwiegend im ersten Ausbildungsjahr unterfordert.

Auch in Bezug auf die einzelnen Ausbildungsjahre bestehen teilweise deutliche Unterschiede zwischen den einzelnen Betrieben. Die Tatsache, dass die Spreizung der Werte im ersten Ausbildungsjahr am größten ist und mit der Dauer der Ausbildung abnimmt, ist darauf zurückzuführen, dass die Indikatoren zur Ausbildungsqualität auch eine Entwicklung beruflicher Kompetenzen abbilden.

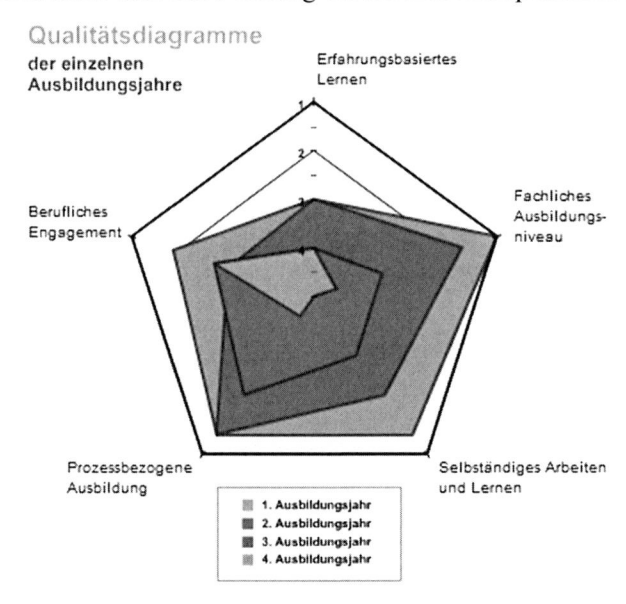

Abb. 66: Entwicklung der Ausbildungsqualität

Auch das anfänglich relativ schwach ausgeprägte fachliche Ausbildungsniveau weist eine beachtliche Spreizung auf. Viele Betriebe haben deutliche Schwierigkeiten ihre Auszubildenden schon zu Beginn der Ausbildung mit lernhaltigen und fachbezogenen Arbeitsaufgaben zu fördern. Eine entsprechende Reduzierung der Auszubildenden auf Hilfsarbeiter zu Anfang der Ausbildung wirkt sich ungünstig auf die gesamte Ausbildung aus. Gerade diejenigen Betriebe, die dieses Problem zufrieden stellend lösen, sind solche, die anschließend von der hohen Leistungsfähigkeit ihrer Auszubildenden profitieren. Der Vergleich von

Abb. 67 und Abb. 68 zeigt, welch große Unterschiede auch innerhalb eines Ausbildungsberufes vorliegen können.

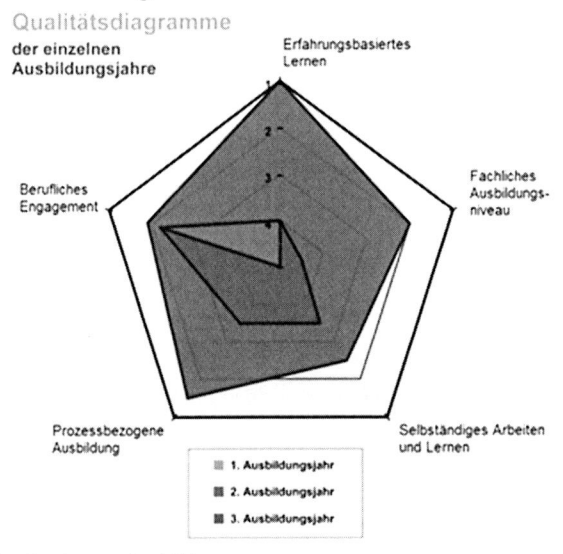

Abb. 67: Beispielverlauf einer Ausbildung

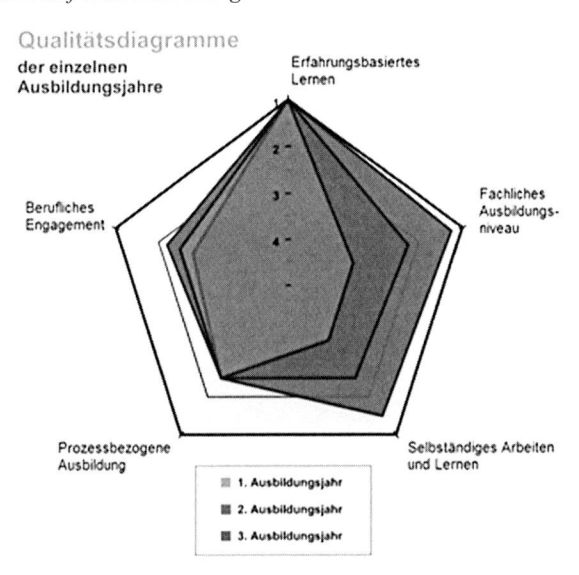

Abb. 68: Qualitätsentwicklungen im Vergleich (Fachinformatiker)

Qualität und Rentabilität nach Branchen

Das Gesamtbild der betrieblichen Ausbildung, da es mit ihrer Selbstevaluation der Ausbildungsqualität sowie der Kosten-Nutzen-Abschätzung die Ausbilder gezeichnet haben, weißt charakteristische Merkmale auf.

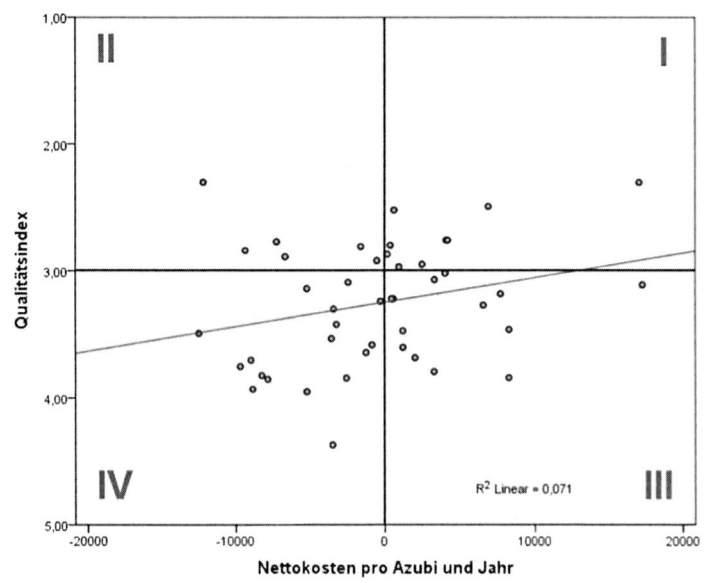

Abb. 69:Qualitäts-Rentabilitätsmatrix Industrie

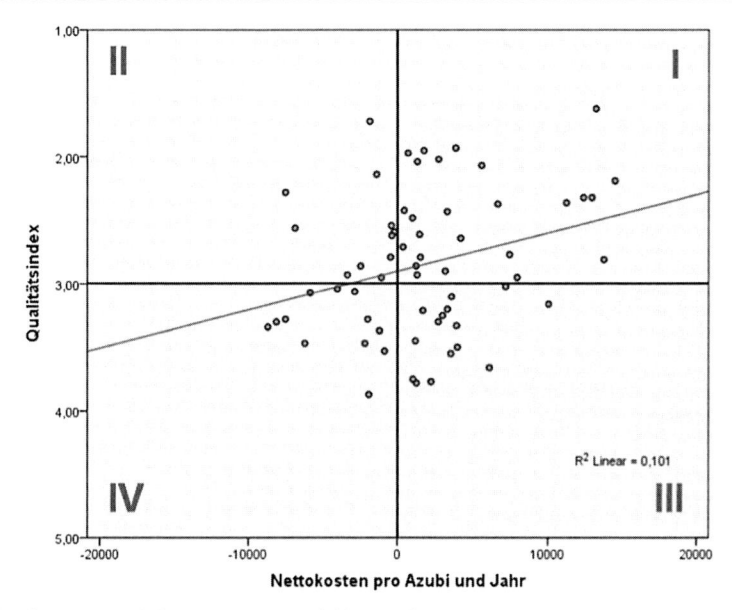

Abb. 70: Qualitäts-Rentabilitätsmatrix Handel/Dienstleistungen

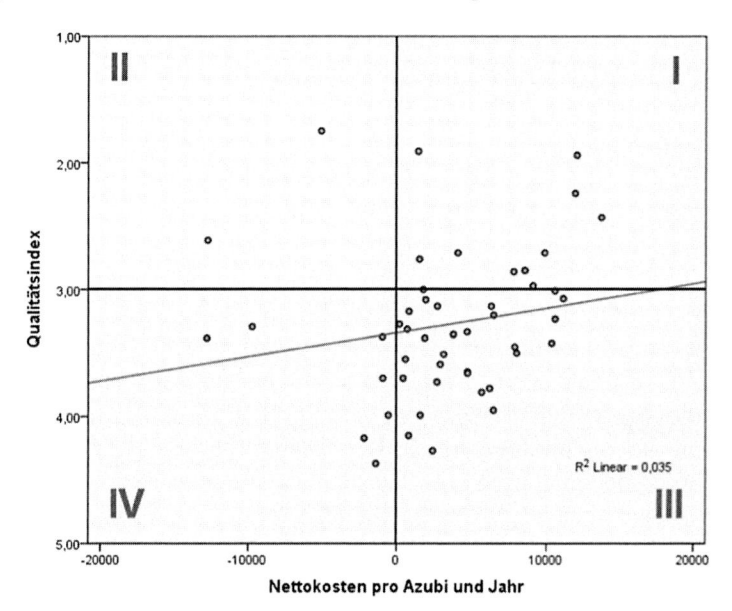

Abb. 71: Qualitäts-Rentabilitätsmatrix Handwerk

Ausbildung im Sektor Handel und Dienstleistungen

Der Ausbildungssektor Handel und Dienstleistungen erreicht überdurchschnittlich hohe Qualitäts- und Rentabilitätswerte. Am stärksten besetzt ist das Feld „innovative Ausbildung" (I). Sektor weist eine große Heterogenität in den Ausbildungsstrukturen (Berufen und Branchen) auf. Traditionsreiche Ausbildungsberufe stehen sehr jungen und noch wenig ausgereiften Ausbildungsformen in modernen Dienstleistungsbereichen gegenüber. Daraus resultieren die Schwächen der Ausbildung in den Felder III und IV.

Industrielle Berufsausbildung

Der industrielle Ausbildungssektor weist deutliche Ausbildungsschwächen sowohl in Bezug auf die Qualität als auch die Rentabilität. Nur wenige – große – Ausbildungsbetriebe bilden auf einem rel. hohen Qualitätsniveau rentabel aus. Die Ausbildungsbetriebe mit mehr oder weniger hohen Nettokosten erreichen auch nur eine relative niedrige Ausbildungsqualität. Die vergleichsweise hohen Ausbildungskosten resultieren aus einer unzureichenden Umsetzung des Konzeptes „Lernen in qualifizierenden Ausbildungsprozessen". Die im Bereich der industriellen Berufsausbildung realisierten guten Abschlussprüfungen sind vor allem auf die Auswahl leistungsstarker Schulabgänger zurückzuführen.

Ausbildung im Handwerk

Das Handwerk verfügt über zahlreiche Beispiele guter und rentabler Ausbildung. Dass es jedoch insgesamt nicht gelingt, das Ausbildungsniveau anzuheben – die Mehrzahl der Betriebe liegt im Feld III – ist darauf zurückzuführen, dass die Beteiligung an der Auftragsbearbeitung (auftragsorientiertes Lernen) auf Tätigkeiten eingeschränkt ist, die nur über ein sehr begrenztes Entwicklungspotential (Kompetenzentwicklung) verfügen. Routine- und Hilfstätigkeiten in der Tradition der Beistelllehre prägen nach der Einschätzung der Ausbilder überwiegend die Ausbildungspraxis. Die Rentabilität der Ausbildung ist in der Regel gegeben, eine angemessene Qualität dagegen noch nicht.

1. Den meisten Betrieben gelingt es die Ausbildung kostendeckend bzw. sogar mit einem Nettoertrag zu gestalten. Die Annahme, dass die betriebliche Berufsausbildung als ein sich selbst finanzierendes System gestaltet werden kann, und zwar im Verlaufe einer drei- bis vierjährigen Ausbildung, gilt auch für die deutsche Variante der dualen Berufsausbildung (vgl. Schweri 2008). Die seit Jahrzehnten geführte Diskussion zur sogenannten Umlagefinanzierung basiert auf der falschen Annahme, dass der Mangel an Ausbildungsplätzen ein betriebswirtschaftliches Problem sein, das durch die Subvention der betrieblichen Ausbildung gelöst werden könne.

2. Die Qualitäts-Rentabilitäts-Matrix zeigt auch mit seinem Feld I (innovative Berufsbildung), dass es einem großen Teil der Ausbildungsbetriebe gelingt, zugleich eine hohe Ausbildungsqualität und Nettoerträge zu realisieren. In der Tendenz gilt sogar, dass eine höhere Ausbildungsqualität zu einer höheren Rentabilität der Ausbildung beiträgt.

3. Die insgesamt relativ niedrige Ausbildungsqualität lässt sich auf Ausbildungsschwächen im ersten und teilweise auch des zweiten Ausbildungsjahres zurückführen. Die Arbeitsaufträge für Auszubildende (Lernen im Arbeitsprozess) orientieren sich überwiegend an einem Leitbild, das Auszubildende des ersten und zweiten Ausbildungsjahres als Hilfskräfte missversteht. Danach erscheint es konsequent, sie mit Hilfstätigkeiten zu betrauen bzw. ihnen abstrakte Grundfertigkeiten zu vermitteln.

4. Das Feld der beschäftigungsnahen Ausbildung (III) repräsentiert einen problematischen Ausbildungssektor, nach der angelsächsischen Tradition des 'learning-by-doing'. Das Missverständnis, das Beschäftigung quasi automatisch – mit der Zeit – zur Berufsfähigkeit im Sinne der geltenden Berufsbilder führt, prägt weite Bereiche der betrieblichen Berufsausbildung – vor allem des Handwerks.

5. Der relativ große Anteil der Betriebe (ca. 40%), der unrentabel ausbildet, unterliegt im günstigsten Fall der Fehleinschätzung, dass sich hohe Ausbildungskosten in einer hohen Ausbildungsqualität niederschlagen müssten. Wir haben es hier mit einem bildungsökonomischen Paradoxon zu tun. Hohe betriebliche Ausbildungskosten sind in der Regel ein Indiz für Quali-

tätsprobleme in der betrieblichen Ausbildung. Gelingt es, das Herzstück der dualen Berufsausbildung: das Lernen im qualifizierenden Arbeitsprozessen umzusetzen, dann nimmt mit der Qualität der Ausbildung auch ihre Rentabilität zu.

Qualität und Rentabilität

Die erreichten Mittelwerte für die Qualität sind alle drei Berufsfelder "befriedigend", wobei von der Branche Handel und Dienstleistungen mit 2,98 die beste Qualität erreicht wird (Abb. 72).

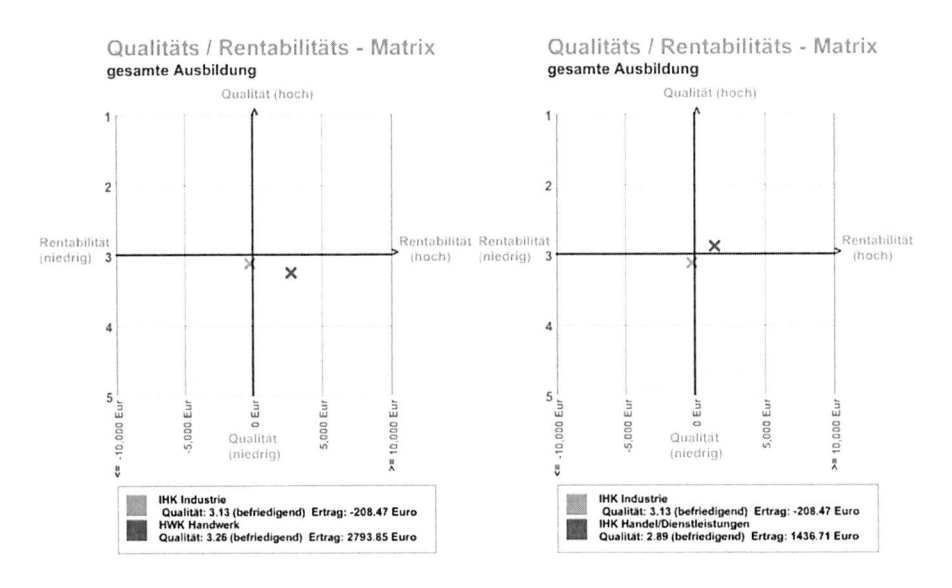

Abb. 72: Qualitäts-/Rentabilitäts Matrix: Branchen Handwerk und Handel/Dienstleistungen im Vergleich zur Referenz-Branche Industrie

Betrachtet man die erreichte Qualität im letzten Ausbildungsjahr liegen alle Branchen bei Werten der Schulnote "gut" (Abb. 73).

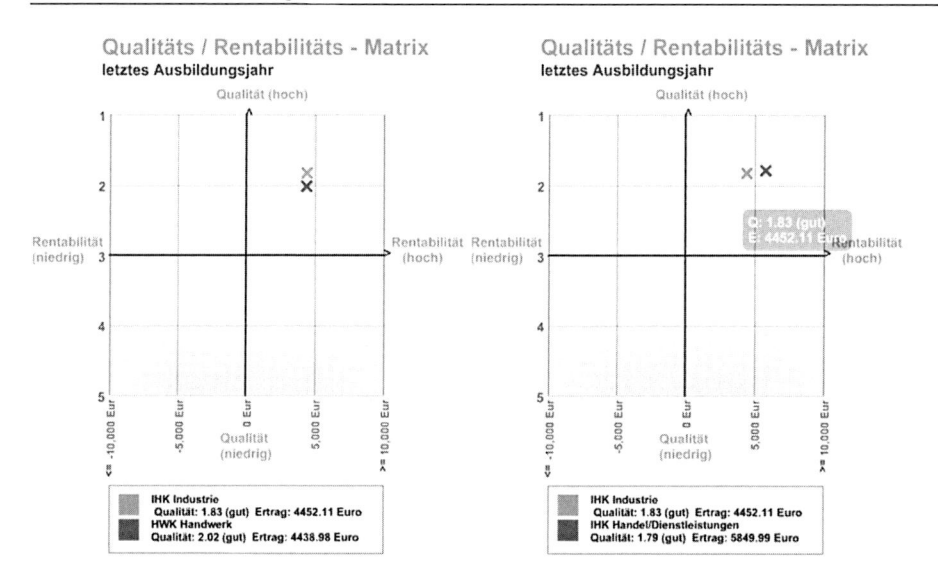

Abb. 73: Qualitäts-/Rentabilitäts Matrix: Branchen Handwerk und Handel/Dienstleistungen im Vergleich zur Referenz-Branche Industrie – nur das letzte Ausbildungsjahr

Kosten und Ertrag

Den größten Ertrag erreicht die Berufsgruppe Handel Banken und Versicherungen mit durchschnittlich 1908 € pro Ausbildungsjahr.

Im Bereich Kfz-Technik und Metalltechnik liegt dieser Wert bei 1399 €, während im Berufsfeld Elektrotechnik nur 360 € pro Auszubildenden und Ausbildungsjahr erzielt werden (vgl. Abb. 74 und Tab. 11).

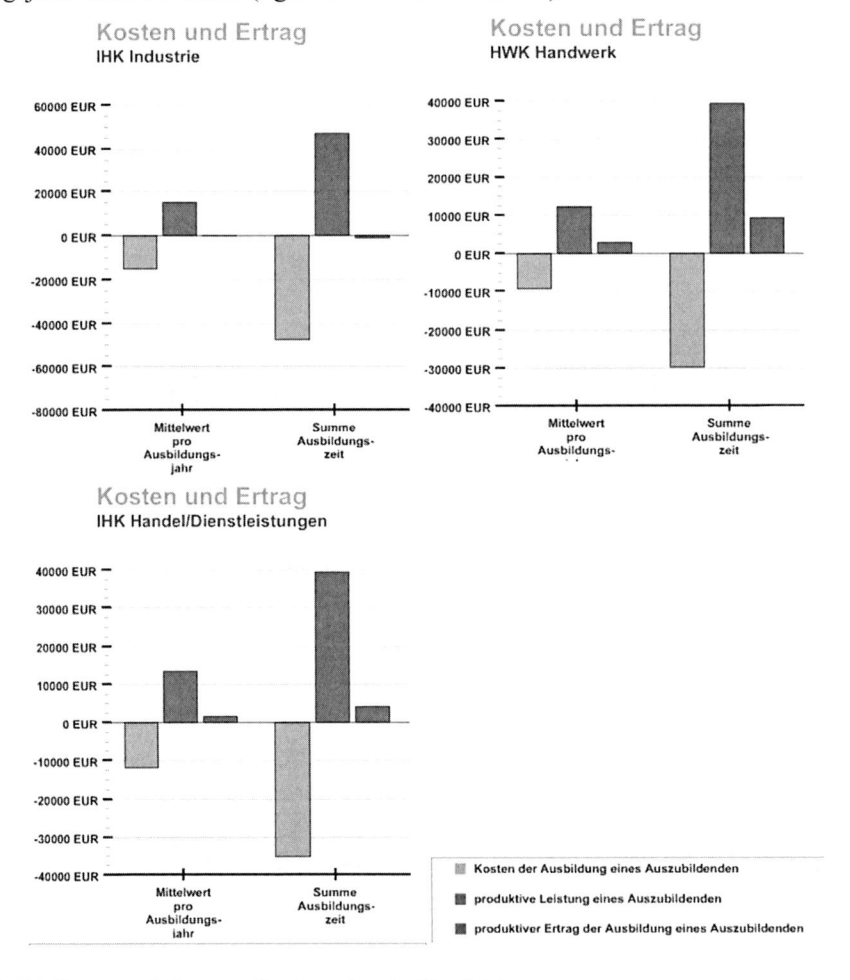

Abb. 74: Kosten und Erträge aller Branchen im Vergleich

	Kosten der Ausbildung eines Auszubildenden	Kosten ohne enthaltene Subventionen und Zuschüsse	produktive Leistung eines Auszubildenden	produktiver Ertrag der Ausbildung eines Auszubildenden
Industrie				
Mittelwert pro Ausbildungsjahr	15151 €	19176 €	14943 €	-208 €
Summe Ausbildungszeit	47774 €	59082 €	46676 €	-1098 €
Handwerk				
Mittelwert pro Ausbildungsjahr	9371 €	13951 €	12165 €	2794 €
Summe Ausbildungszeit	29892 €	42708 €	39155 €	9263 €
Handel/Dienstleistungen				
Mittelwert pro Ausbildungsjahr	11847 €	12036 €	13284 €	1437 €
Summe Ausbildungszeit	35201 €	35767 €	39315 €	4114 €

Tab. 11: Kosten und Ertrag verschiedener Branchen

Bei genauerer Betrachtung der Kostenstruktur ergeben sich für das Berufsfeld Elektrotechnik mit knapp 45000 € für die gesamte Ausbildung deutlich höhere Kosten als in den anderen Berufsfeldern.

Diese begründen sich, neben einer hohen Anzahl von 3,5 jährigen Ausbildungen, in höheren Kosten für die Ausbilder und insgesamt geringeren Subventionen und Zuschüssen (vgl. Tab. 12 bis Tab. 14).

Kostenstruktur : Industrie	Summe	Anteil an den gesamten Kosten der Ausbildung
Kosten der Ausbildung eines Auszubildenden (Bruttokosten)	47774 €	100.00 %
Produktive Leistung eines Auszubildenden (Erträge)	46676 €	97.7 %
Nettoertrag der Ausbildung eines Auszubildenden	-1098 €	-2.3 %
Zusammensetzung der Bruttokosten		
Erhaltene Subventionen und Förderungen	- 11308 €	(23.67 %)
Personalkosten (Ausbildungsvergütungen incl. Sozialabgaben)	33720 €	70.58 %
Personalkosten Ausbilder	10059 €	21.06 %
Davon:		
Personalkosten hauptamtliche Ausbilder		
(44.07 Min/Wo * 3.16 Aj)	2895 €	6.06 %
Personalkosten nebenamtliche Ausbilder		
(44.43 Min/Wo * 3.16 Aj)	7164 €	15 %
Anlage und Sachkosten (Abschreibungen)	0 €	0 %
Sonstige Kosten	4146 €	8.68 %
Davon:		
Lehr- und Lernmaterialien, Software	355 €	0.74 %
Verbrauchsmaterial	425 €	0.89 %
Gebühren	356 €	0.74 %

Tab. 12: Kostenstruktur in der Branche Industrie

Kostenstruktur: Handwerk	Summe	Anteil an den gesamten Kosten der Ausbildung
Kosten der Ausbildung eines Auszubildenden (Bruttokosten)	29892 €	100.00 %
Produktive Leistung eines Auszubildenden (Erträge)	39155 €	130.99 %
Nettoertrag der Ausbildung eines Auszubildenden	9263 €	30.99 %
Zusammensetzung der Bruttokosten		
Erhaltene Subventionen und Förderungen	- 12816 €	(42.88 %)
Personalkosten (Ausbildungsvergütungen incl. Sozialabgaben)	22204 €	74.28 %
Personalkosten Ausbilder	6011 €	20.11 %
Davon:		
Personalkosten hauptamtliche Ausbilder		
(97.5 Min/Wo * 3.19 Aj)	103 €	0.34 %
Personalkosten nebenamtliche Ausbilder		
(42.37 Min/Wo * 3.19 Aj)	5909 €	19.77 %
Anlage und Sachkosten (Abschreibungen)	0 €	0 %
Sonstige Kosten	2753 €	9.21 %
Davon:		
Lehr- und Lernmaterialien, Software	224 €	0.75 %
Verbrauchsmaterial	413 €	1.38 %
Gebühren	362 €	1.21 %

Tab. 13: Kostenstruktur in der Branche Handwerk

Kostenstruktur: Handel/Dienstleistungen	Summe	Anteil an den gesamten Kosten der Ausbildung
Kosten der Ausbildung eines Auszubildenden (Bruttokosten)	35201 €	100.00 %
Produktive Leistung eines Auszubildenden (Erträge)	39315 €	111.69 %
Nettoertrag der Ausbildung eines Auszubildenden	4114 €	11.69 %
Zusammensetzung der Bruttokosten		
Erhaltene Subventionen und Förderungen	- 566 €	(1.61 %)
Personalkosten (Ausbildungsvergütungen incl. Sozialabgaben)	25511 €	72.47 %
Personalkosten Ausbilder	6864 €	19.5 %
Davon:		
Personalkosten hauptamtliche Ausbilder		
(77.4 Min/Wo * 2.97 Aj)	2591 €	7.36 %
Personalkosten nebenamtliche Ausbilder		
(35.39 Min/Wo * 2.97 Aj)	4273 €	12.14 %
Anlage und Sachkosten (Abschreibungen)	0 €	0 %
Sonstige Kosten	2686 €	7.63 %
Davon:		
Lehr- und Lernmaterialien, Software	243 €	0.69 %
Verbrauchsmaterial	159 €	0.45 %
Gebühren	257 €	0.73 %

Tab. 14: Kostenstruktur in der Branche: Handel/Dienstleistungen

Bezüglich der Nettoerträge ergibt sich ein Unterschied zwischen den Branchen, was bei näherer Betrachtung im Wesentlichen auf den Anteil innerbetrieblicher und externer Lehrgänge und, hier im Verlauf der Qualitätsindizes sehr deutlich zu sehen, die Einbindung der Auszubildenden in die betrieblichen Prozesse zurückzuführen ist.

Während in den Berufen der Branche Handel/Dienstleistungen bereits im ersten Ausbildungsjahr Qualitätsindizes für das erfahrungsbasierte Lernen und die prozessbezogene Ausbildung Werte von bis zu 2,5 erreicht werden, liegen diese für die Branchen Industrie und Handwerk deutlich darunter. Auch im zweiten Ausbildungsjahr sind die Werte noch deutlich geringer als im Sektor Handel/Dienstleistungen. Somit ziehen sich die geringeren Werte durch den gesamten Verlauf der Ausbildung und führen so am Ende zu geringeren Nettoerträgen, die selbst durch das zusätzliche vierte Ausbildungsjahr nicht ausgeglichen werden (Abb. 75 bis Abb. 79).

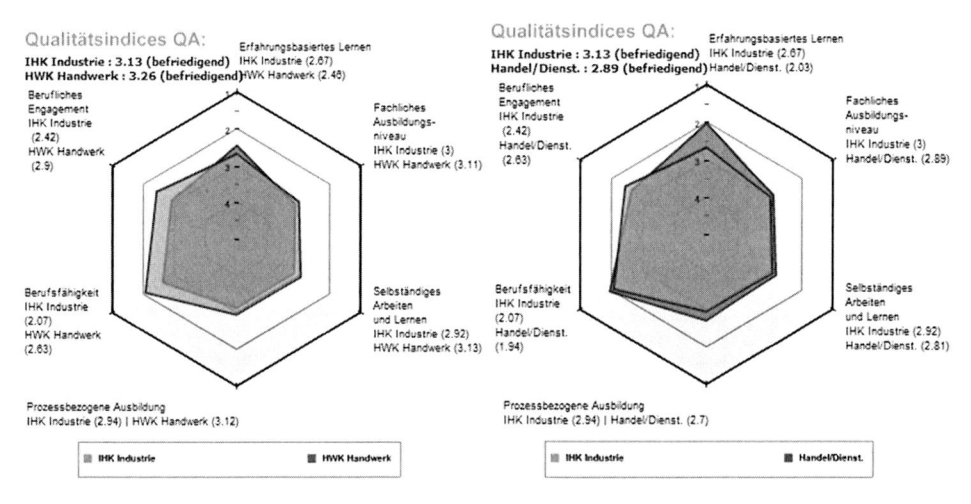

Abb. 75: Qualitätsindices – gesamte Ausbildung: Branchen Handwerk und Handel / Dienstleistungen im Vergleich zur Referenz-Branche Industrie

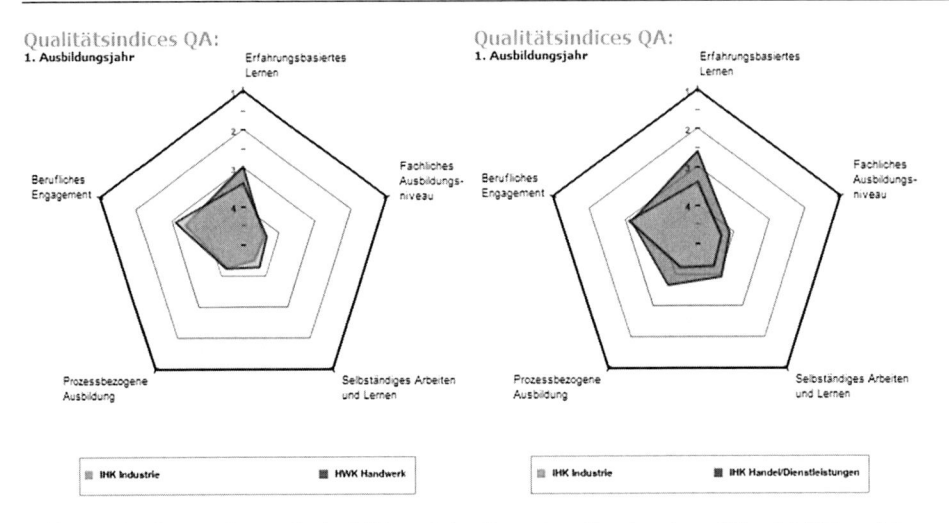

Abb. 76: Qualitätsindices – 1. Ausbildungsjahr: Branchen Handwerk und Handel / Dienstleistungen im Vergleich zur Referenz-Branche Industrie

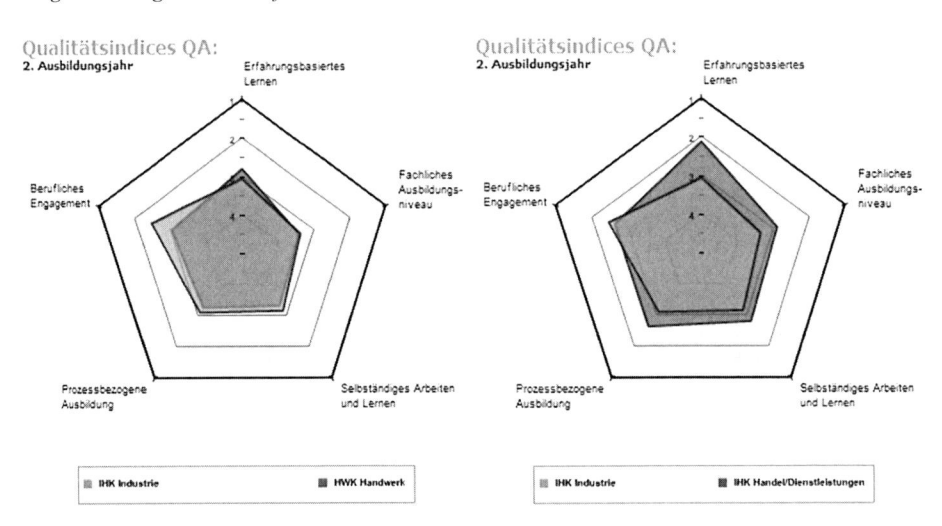

Abb. 77: Qualitätsindices – 2. Ausbildungsjahr: Branchen Handwerk und Handel / Dienstleistungen im Vergleich zur Referenz-Branche Industrie

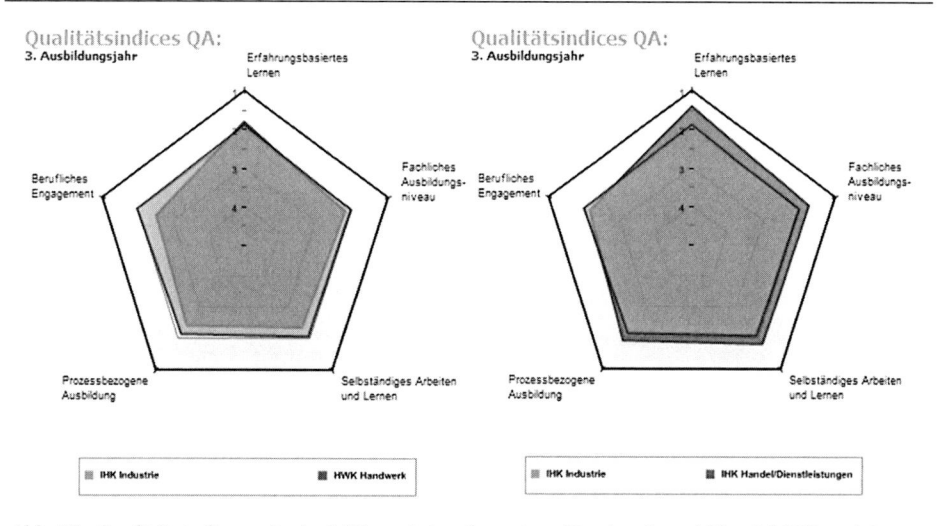

Abb. 78: Qualitätsindices – 3. Ausbildungsjahr: Branchen Handwerk und Handel / Dienstleistungen im Vergleich zur Referenz-Branche Industrie

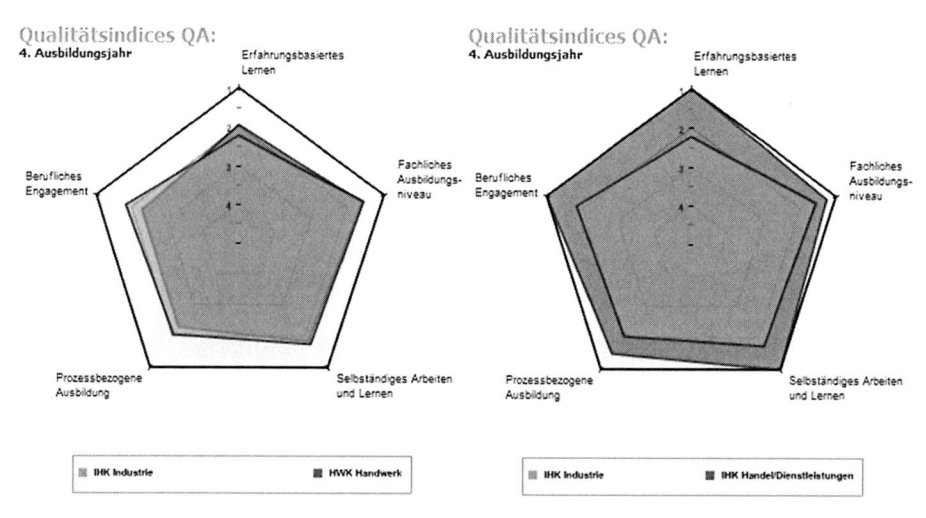

Abb. 79: Qualitätsindices – 4. Ausbildungsjahr: Branchen Handwerk und Handel / Dienstleistungen im Vergleich zur Referenz-Branche Industrie

IHK Industrie
Verteilung
der Ausbildungszeiten

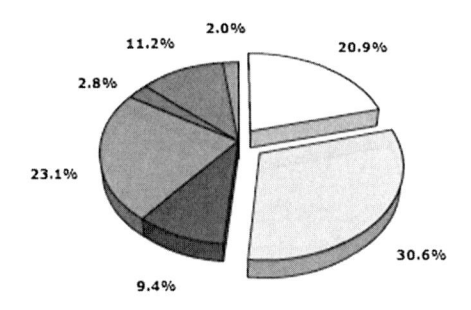

2.0%
11.2%
20.9%
2.8%
23.1%
30.6%
9.4%

HWK Handwerk
Verteilung
der Ausbildungszeiten

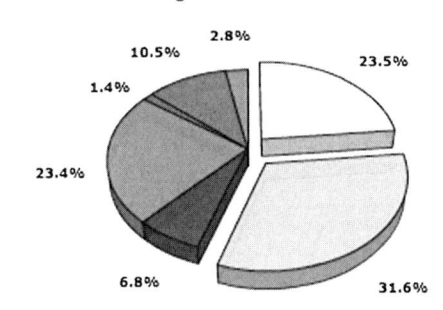

2.8%
10.5%
23.5%
1.4%
23.4%
31.6%
6.8%

Lernen im Arbeitsprozeß (51.52 %) davon :
40.83 % auf dem Niveau von Un- und Angelernten
59.17 % auf dem Niveau einer Fachkraft

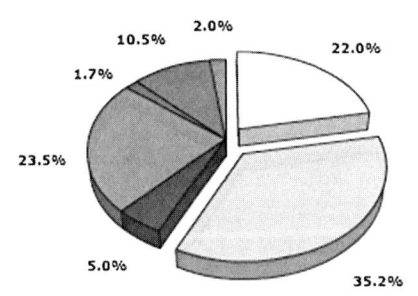

Lernen im Arbeitsprozeß (55.03 %) davon :
43 % auf dem Niveau von Un- und Angelernten
57.11 % auf dem Niveau einer Fachkraft

IHK Handel/Dienstleistungen
Verteilung
der Ausbildungszeiten

2.0%
10.5%
22.0%
1.7%
23.5%
35.2%
5.0%

Lernen im Arbeitsprozeß (57.19 %) davon :
38.32 % auf dem Niveau von Un- und Angelernten
61.72 % auf dem Niveau einer Fachkraft

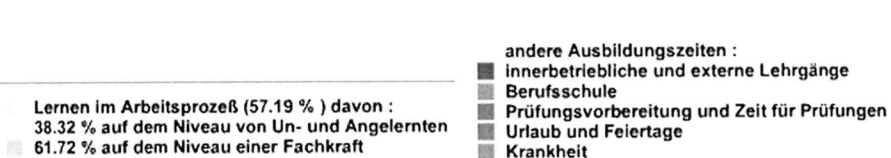

andere Ausbildungszeiten :
■ innerbetriebliche und externe Lehrgänge
■ Berufsschule
■ Prüfungsvorbereitung und Zeit für Prüfungen
■ Urlaub und Feiertage
■ Krankheit

Abb. 80: Verteilung der Ausbildungszeiten in den Branchen Industrie, Handwerk und Handel/Dienstleistungen

Zusammenfassung: Kosten, Nutzen, produktive Leistung, Ausbildungszeiten und Qualität

Im Allgemeinen trägt sich die Ausbildung für die durch das QEK-Instrument evaluierten Betriebe selbst. Die Nettokosten des ersten Ausbildungsjahres werden durch die Nettoerträge des dritten Jahres im Durchschnitt mehr als wettgemacht. Eine kostendeckende Ausbildung erreichen kleine Betriebe eher als größere. Aufgeschlüsselt nach Branchen sind es vor allem Handwerksbetriebe, die eine kostengünstige Ausbildung realisieren, wogegen vor allem Industriebetriebe Nettokosten aufweisen.

Die Kostenvorteile des Handwerks entstammen weder vergleichsweise längeren produktiven Ausbildungszeiten noch höheren Anteil an Arbeitsaufgaben auf Fachniveau, sondern vielmehr geringeren Ausbildungskosten. Dabei ist es vor allem die im Handwerk typische Art der Ausbildung durch Meister oder Gesellen in produktiven Arbeitsprozessen.

Abgesehen von Branchen und Betriebsgrößen ist das Verhältnis von Kosten und Nutzen auch von den verschiedenen Ausbildungsberufen abhängig. Aber auch innerhalb ein und desselben Ausbildungsberufs bestehen teilweise deutliche Unterschiede zwischen den einzelnen Betrieben. Es scheint entsprechend auch in hohem Maße von der konkreten betrieblichen Organisation der Ausbildung abzuhängen, wie sich das Verhältnis von Kosten und Nutzen der Ausbildung für die Betriebe gestaltet.

4.2 QEK als Werkzeug der Ausbildungsberatung der Kammern: Das Beispiel Sachsen

Matthias Feiler, Dorothea Piening

4.2.1 . Ansatz der Landesinitiative Sachsen

Im Kontext des Wettbewerbs auf dem nationalen Ausbildungsmarkt als auch in der internationalen Debatte erfährt die Diskussion um den Stellenwert der Qualitätssicherung und Qualitätsentwicklung der dualen Berufsausbildung für Betriebe als auch für Jugendliche eine neue Dimension. Sowohl die gestiegene Bedeutung für die individuelle Entwicklung und die wirtschaftliche Wettbewerbsfähigkeit als auch der Modernisierungsdruck fordern heraus, dass die kontinuierliche Sicherung von Ausbildungsqualität die zentrale Aufgabe der Berufsausbildung darstellt. Aus dem Zusammenhang von Qualität und der resultierenden Rentabilität betrieblicher Ausbildung erwächst das Potenzial für die Attraktivität der dualen Berufsausbildung für alle beteiligten Partner.

Der Stellenwert der dualen Berufsausbildung wird entscheidend geprägt durch ihre Qualität, ihre Transparenz und die enge Zusammenarbeit der Dualpartner. Der bislang nach wie vor hohe Stellenwert auf nationaler Ebene ist kein Selbstläufer und muss immer wieder neu erworben und manifestiert werden. In diesem Kontext sind Defizitsignale aus dem dualen System ernst zu nehmen. Trotz der weit verbreiteten Würdigung als Erfolgsmodell sind geringe Ausbildungsbeteiligung von Betrieben, vorzeitige Ausbildungsabbrüche oder das Nichtbestehen der Abschlussprüfung Indikatoren für potenzielle Schwächen im System. Diese beispielhaft benannten Signale weisen auf Potenziale im Rahmen der Qualitätsentwicklung und - sicherung in der dualen Ausbildung hin – z.B. der Aufbau von allgemeingültigen Qualitätsstandards.

Gemäß der Reform des Berufsbildungsgesetzes (BBiG) 2005 sollten Verfahren zur externen Evaluation der Qualitätssicherungspraxis in der beruflichen Bildung erarbeitet werden, die alle an der dualen Berufsausbildung Beteiligten unterstützen, die Praxis der Qualitätssicherung weiter zu entwickeln und praktikable Instrumente für ein durchgreifendes Qualitätsmanagement zur Verfügung zu stellen. Ein solches Instrument liegt für die betriebliche Ausbildung mit dem Analyseinstrument QEK vor.

4.2.2 Landesinitiative QEK - ein Überblick

Im Jahr 2009 wurde die Landesinitiative zur »Steigerung der Attraktivität, Qualität und Rentabilität der dualen Berufsausbildung in Sachsen« - kurz QEK - ins Leben gerufen. Die Landesinitiative QEK wird von den zuständigen Stellen für die Berufsausbildung getragen: den Industrie- und Handelskammern und den Handwerkskammern im Freistaat Sachsen sowie dem Landesamt für Umwelt, Landwirtschaft und Geologie für die grünen Berufe (Abb. 81).

Abb. 81: : Partner der Landesinitiative QEK Sachsen

Die Landesinitiative QEK handelt in enger Zusammenarbeit mit der Forschungsgruppe I:BB der Universität Bremen. Bis Mitte 2014 werden die Aktivitäten der Leitung der Landesinitiative QEK durch den Freistaat Sachsen sowie mit Mitteln des Europäischen Sozialfonds gefördert.

Ziel des Gesamtvorhabens ist es, nachhaltig auf die Erhöhung der Attraktivität, Qualität und Rentabilität der dualen Berufsausbildung in Sachsen hinzuwirken. Dazu bedarf es verschiedener Aktivitäten, die sich wechselseitig ergänzen und stützen. Zentrales Element bildet dabei die dauerhafte Implementierung von „QEK", einem Instrument zur Erfassung der Rentabilität und Qualität der betrieblichen Berufsausbildung in die Beratungs- und Steuerungsarbeit der Kammern und die unternehmerische Ausbildungspraxis.

Die Arbeit der Landesinitiative steht im direkten Kontext gravierender, insbesondere demografischer Veränderungen. Auf den Freistaat Sachsen kommen durch die massive Reduzierung der Schulabgängerzahlen erhebliche Herausforderungen bei der Nachwuchssicherung der Fachkräfte zu. Die Konkurrenz zwischen berufsqualifizierenden Bildungsgängen wird an Schärfe deutlich gewinnen. Die duale Ausbildung muss auch unter diesen Bedingungen und im Hinblick auf die Durchlässigkeit der Bildungsgänge ein erstrebenswerter Weg der beruflichen Qualifizierung – gerade auch für leistungsstärkere Jugendliche – werden und bleiben.

Dieser Ansatz spiegelt sich in bisherigen Erfahrungen der Landesinitiative wider. Bei der Analyse des betrieblichen Ausbildungsgeschehens wird seitens der Unternehmen nunmehr wesentlich mehr Wert auf Aussagen zur Qualität der Ausbildung und die Ableitung entsprechender Handlungsoptionen als Aussagen zu den Kosten gelegt. Das Motto der Landesinitiative *'Duale Ausbildung durch Ausbildungsqualität stärken'* unterstreicht den potenziellen Schlüssel für eine hohe Attraktivität der dualen Ausbildung.

4.2.3 Arbeitsinhalte der Landesinitiative QEK – im Zentrum: das QEK-Tool

Die Arbeit der Landesinitiative gliedert sich in vier Arbeitspakete. Das QEK-Tool ist dabei ein zentrales Element. Die Akteure und Partner der Landesinitiative nutzen verschiedene Instrumente, Aktionen und Kommunikationsformen zur Umsetzung der Zielstellungen. In der Abb. 82 wird beispielhaft veranschaulicht, auf welchen Ebenen und in welchen Formen die Landesinitiative QEK insgesamt wirkt.

Ebene \ Form	Aktion	Kommunikation	Motivation
Betrieb	Beratung durch ABB/PL zur Nutzung des QEK-Tools	Direkte Ansprache	Empfehlung für betriebliche Ausbildungsgestaltung
Wirtschaftsbereich	Veranstaltungen für Unternehmen	Medien der zuständigen Stellen (Print, online)	Schulung Ausbildungsberater und Qualitätsdiskussion
Land	Befragung und Datenauswertung	Qualitätsbarometer c/o bms	Empfehlungen zur Gestaltung der Bildungspolitik an Gremien

Abb. 82: : Wirkungsebenen der Landesinitiative - Beispiele

Arbeitspaket 1:

In diesem Kernbereich wird ein Erfassungssystem zur Ermittlung der betrieblichen Ausbildungsqualität mit dem QEK-Tool aufgebaut. Den Betrieben in Sachsen bietet QEK die Möglichkeit, sich einen Überblick darüber zu verschaffen, welche Kosten die Ausbildung eines Auszubildenden im Betrieb verursacht, welche Qualität sie hat und wie die Qualität im Branchenvergleich ist. Die Verwendung des QEK-Tools ist für die Betriebe kostenfrei.

Zur Beratung der Betriebe wurden die Mitarbeiter der Ausbildungsberatung der zuständigen Stellen im Freistaat Sachsen geschult. In der Ausbildungsberatung führt QEK zu einer neuen Beratungsqualität: Der Gewinn des Ausbildungsdialogs auf der Grundlage der QEK-Ergebnisse liegt darin, dass die internen Kenntnisse der Ausbilder und Ausbilderinnen mit den Querschnittserfahrungen der Ausbildungsberater zusammentreffen.

Neben dem individuellen Nutzen des Instruments für die Betriebe lassen sich auf der Grundlage der aggregierten Daten Aussagen darüber treffen, wie es in speziellen Berufen, in einer Branche oder im Freistaat Sachsen um die betriebliche Ausbildung bestellt ist. Diese Aussagen bieten den regionalen Kammern oder weiteren Vertretern der Sächsischen Berufsbildungspolitik die Möglichkeit, Hinweise für die Qualitätsentwicklung der dualen Berufsausbildung abzuleiten.

Arbeitspaket 2 :

Der Schwerpunkt dieses Komplexes liegt in der Schaffung von Transparenz hinsichtlich der Qualität der Berufsausbildung und Förderung des Dialogs bezüglich eines gemeinsamen Qualitätsverständnisses mit Berufsbildungsakteuren auf verschiedenen Ebenen

Auf der Grundlage der Analysen des QEK-Tools können sächsische Unternehmen mit auffallend guten Ergebnissen im Bereich Qualität und Ausbildungsrentabilität identifiziert werden. Über den Internetauftritt „Qualitätsbarometer" auf www.bildungsmarkt-sachsen.de/qek werden Arbeitsstand der Landesinitiative, Arbeitsmittel und Ergebnisse der Öffentlichkeit zugänglich gemacht.

Arbeitspaket 3 :

Das berufliche Engagement von Auszubildenden spielt für den Ausbildungsbetrieb eine außerordentliche Rolle. Schließlich hängt davon in einem erheblichen Maße die produktive Leistung im Unternehmen ab. Zudem sind engagierte Auszubildende besser in der Lage, selbständig komplexere Aufgaben auszuführen, verfügen über ein höheres Qualitätsbewusstsein und eine höhere Verantwortlichkeit.

Das QEK-Tool ermittelt die Einschätzungen des Ausbildungspersonals zur Qualität der betrieblichen Ausbildung. In diesem dritten Arbeitspaket wird die Sichtweise der Auszubildenden einbezogen. In einer ersten Befragung wurden Schüler und Schülerinnen aus zehn regionalen Berufsschulen online nach ihrer beruflichen und betrieblichen Motivation, der beruflichen Entwicklung, dem allgemeinen Klima im Unternehmen, dem Prestige des Lehrberufs und anderen Faktoren, die mit Ausbildung, Beruf und Betrieb zu tun haben, befragt. Die Ergebnisse dieser Pilotstudie und darauf aufbauende Handlungsempfehlungen stehen inzwischen zur Verfügung und wurden in verschiedenen Gremien erläutert.[18]

---

[18] Eine zweite, repräsentative landesweite Erhebung findet im Frühjahr 2014 statt

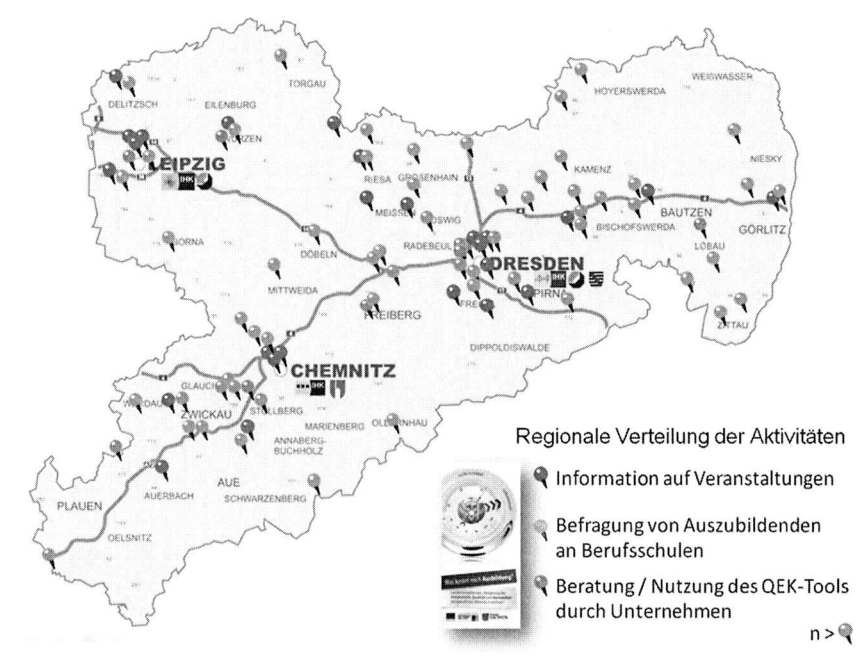

Abb. 83: Aktivitäten der Landesinitiative QEK [2013]

Arbeitspaket 4:

Es werden Handreichungen für das Ausbildungs- und Beratungspersonal entwickelt, die die tägliche Arbeit der Berufsbildungsakteure unterstützen sollen. Ein weiterer Schwerpunkt ist, den Transfer der Instrumente der Landesinitiative in die Ausbilderqualifizierung umzusetzen.

4.2.4 Erfahrungen mit dem Instrument aus Sicht der Ausbildungsberatung der IHK in Dresden

Interview: QEK in der Ausbildungsberatung (14.11.2011)

IBB: Wo sehen Sie die Chance für QEK?

AB: QEK ist ein ganz schönes Instrument. Das Tool eignet sich sehr gut um Kosten-Nutzen-Analysen genau durchführen zu können. Man kann mit ihm unterschiedliche Szenarien gestalten, um dann zu entscheiden „Wie will ich denn eigentlich meine Ausbildung organisieren?" Das ist ein ganz großes Plus des Tools. Ich kann damit entscheiden wo mein Lehrling mehr in den Prozess eingebunden werden muss oder ob ich mich von einem Modell verabschieden muss. Für uns, für die Ausbildungsberatung, ist es ein Mittel um auch fundiert beraten zu können. Z.B. wenn eine Firma, deren Lehrlinge zum Großteil in die Verbundausbildung gehen, beurteilen muss, ob die Jugendlichen ausreichend Qualifikationen mitbringen, oder ob sie ein anderes Modell organisieren muss, ob z.B. die Firma selbst mehr bei der Ausbildung leisten kann. Wird die Ausbildungsordnung wirklich als Grundlage gebraucht? Können bestimmte Inhalte wieder in die Firma zurückgeholt werden?

QEK geht über die reine Kosten-Analyse hinaus. Es liefert den Firmen Erkenntnisse auch für die Zeit *nach* der Förderperiode. Das ist etwas, das die Firmen anerkennen. Weil das unterstützend wirkt und nicht gegen die Ausbildung arbeitet. Die graphische Visualisierung z.B. hilft ungemein dabei, die Sachverhalte, die zuvor ‚bloß' der Kammermitarbeiter geschildert hätte, klar (‚schwarz auf weiß') darzulegen.

IBB: Sie sagen also, dass QEK die Transparenz in der Zusammenarbeit zwischen Kammer und Betrieb stärkt?

AB: Für die Ausbildungsberatung - ja. Der Ausbildungsberater ist ja Ansprechpartner für den Ausbilder und der kann dann über Alternativen aufklären. Das geht anhand von Zahlen und Graphiken viel eindrucksvoller als ‚nur' mit Worten. Diese ‚Bodenständigkeit' ist das worum es geht – dass sich die Betriebe wohl fühlen und Vertrauen haben – in uns *und* die duale Berufsausbildung.

IBB: Sie haben schon mal mit QEK ein Betrieb beraten. Können Sie mal erzählen wie das war? Die Reaktionen.

AB: „So habe ich mir das vorgestellt." „So schlagen sich die Zahlen nieder? Dann war ich ja gar nicht so schlecht." Das waren die Reaktionen. Eine Unterstützung der eigenen Vermutungen und Gedanken. Eine unabhängige Stelle (die Kammer) ist zu dieser Auswertung dazu gekommen. Das bestätigt oder eben nicht. In dem Fall wirkte es unterstützend.

IBB: Wie könnte man QEK noch optimieren?

AB: Das ist eine schwere Frage. Weil wir es immer mit Menschen zu tun haben und Menschen muss man durch Vorteile überzeugen. Hier liegt die große Herausforderung. Die Firmen müssen sich Zeit nehmen und Zeit ist Geld. Das ist ein Punkt der dort eingesehen werden muss. Außerdem spielt hier eine Angst mit. Dass hier jemand versucht, dem Betrieb in die Karten zu gucken.

Man muss hier mit Fingerspitzengefühl herangehen. Hier ist der Ausbildungsberater gefordert. Die Firma muss ihm vertrauen. Sie muss sich gut umsorgt fühlen. Der Ausbildungsberater muss auch in der Lage sein, knifflige Fragen zu beantworten. Das ist ja ein langwieriger Prozess und daher muss der Betrieb die Sicherheit haben, über diese Zeit hinweg im Ausbildungsberater einen verlässlichen Partner zu haben. Das würde QEK über seinen *Projekt*-Status hinaus etablieren.

IBB: Das Projekt läuft bis zum 31.05.2013. Was für Ergebnisse müsste QEK erzielen, damit Sie sagen „Das war ein voller Erfolg"?

AB: Vorbildwirkung. Einzelne Firmen müssen vorbildwirkend sein. Die – von sich aus – über ihre Erfahrung sprechen. Und die müssen dann sagen: „Jawohl. Ich habe aufgrund der Auswertungen an meinem Konzept gearbeitet. Der Output war derselbe, aber die Kosten waren geringer, die Praxiseinsätze waren größer, mehr Jugendliche haben ihre Ausbildung erfolgreich abschließen können." So etwas. Der *Erfolg* muss sichtbar sein. Der *Nutzen* auch. *Der reine Befragungsstatus muss überwunden werden.*

IBB: Das war jetzt die betriebliche Seite. Was wünschen Sie sich für die Arbeit im Rahmen der Ausbildungsberatung?

AB: Den Status der Befragung zu verlassen. Dass das ein ‚normales' Arbeitsinstrument für den Ausbildungsberater wird.

IBB: Die müssten noch geschult werden.

AB: Ja. Es muss den Projektstatus überwinden. In Anbetracht des Zeitraums ist das eine enorme Herausforderung für die Ausbilder. Denn angefangen hat das Ganze als Befragungsinstrument und wenn es nicht weiterentwickelt wird, versickert die Initiative.

IBB: Das ist eine Herausforderung für alle Beteiligten. Die Beratung muss das annehmen. Grade wenn Sie sagen „Als reines Befragungsinstrument reicht mir das nicht.", also als eine Checkliste – es muss einen offenen Berufsbildung-Dialog stützen. Das ist etwas, das in der Beratung passieren muss. Da muss ein ‚Funke' in der Beratung überspringen.

AB: Wir müssen uns einfach zusammensetzen und uns über die Erfahrungen des Einsatzes in der Ausbildungsberatung austauschen. Dabei sollten wir das Label „Projekt" abstreifen und die Nachhaltigkeit des Tools würdigen. Wenn dieser Projekt-Begriff wegfällt, wird sich auch eine Selbstverständlichkeit einstellen können.

IBB: Ist QEK mehr als ein Evaluationsinstrument...?

AB: Das ist schwierig. Da ist sicherlich diese Richtung *Qualitätssicherungsmodulelement*. Das will ja jeder. Jede Firma möchte gut dastehen. Und hier wäre die Möglichkeit, ohne viel Aufwand, zu messen. Gerade in der *Fachkräftesicherung*. Masse haben wir nicht mehr. Jetzt kommt es darauf an, dass die Mitarbeiter so effektiv geschult sind, dass sie mit den Anforderungen selbstständig zurechtkommen. Und hier ist es wichtig Qualität zu messen.

4.2.5   Ergebnisse aus dem Einsatz des QEK-Tools in Sachsen

Im Zeitraum von Januar 2010 bis Ende April 2013 wurde das Instrument den Betrieben und Beraterinnen und Beratern der Kammern IHK und HWK Dresden, IHK und HWK zu Leipzig, IHK und HWK Chemnitz sowie dem Landesamt für Umwelt, Landwirtschaft und Geologie kostenfrei zur Verfügung gestellt. Seitdem wurden 167 Nutzerinnen und Nutzer erfasst – darunter 137 Sächsische Betriebe. 53 Datensätze wurden vollständig abgeschlossen und nach einer Validitätsprüfung durch die Forschungsgruppe I:BB zum Vergleich zugelassen. Weitere 64 sind noch im Bearbeitungsprozess, 20 Betriebe haben sich zwar bereits registriert, aber noch nicht mit der Bearbeitung begonnen.

Die folgenden Datenanalysen basieren somit auf 53 validen Datensätzen – 19 aus dem Bereich der Industrie, 16 aus dem Handels- und Dienstleistungsbereich, 9 aus dem Handwerk sowie 9 aus den grünen Berufen. Aufgrund dieser zunächst noch geringen Anzahl sind sicherlich keine allgemeingültigen Aussagen möglich. Es lassen sich aber Tendenzen ablesen, die den Ergebnissen der QEK-Studie im Land Bremen sowie der anderen QEK-Projekten gegenübergestellt werden können.

Rentabilität und Qualität der betrieblichen Ausbildung im Überblick

Die eingetragenen Daten der insgesamt 290 bundesweit an QEK beteiligten Betriebe zeigen: ca. einem Drittel der ausbildende Betriebe gelingt es, ihre Ausbildung qualitativ hochwertig und rentabel auszubilden (Abb. 84). Die vorläufigen Analysen der Daten der Betriebe in Sachsen legen dar, dass es auch hier immerhin einem Viertel gelingt, sowohl qualitativ hochwertig und kostendeckend auszubilden. Diese Betriebe sind in dem Quadranten I („innovative Berufsbildung") der Abb. 85 dargestellt.

Ein weiteres Drittel (häufig im Handwerk und im Gastgewerbe vorzufinden) bildet zwar rentabel aus, aber die Ausbildungsqualität bietet Optimierungspotenziale (Quadrant III: „Beschäftigungsorientierte Berufsbildung"). Betriebe, die im Quadranten II abgebildet werden, bieten eine Ausbildung von hoher Qualität. Allerdings verzeichnet die Ausbildung zum Teil erhebliche Nettokosten („Investive Berufsbildung"). Bei all den Betrieben, die im Quadranten IV („reaktive, arbeitsprozessferne Ausbildung") aufgeführt sind, besteht erheblicher Handlungsbedarf. So ist die Ausbildung hier nicht nur von niedriger Qualität, es entstehen zudem zum Teil beträchtliche Kosten. Dieses trifft in Sachsen auf ca. einem Viertel der Ausbildungsbetrieb zu, die das QEK-Tool angewendet haben.

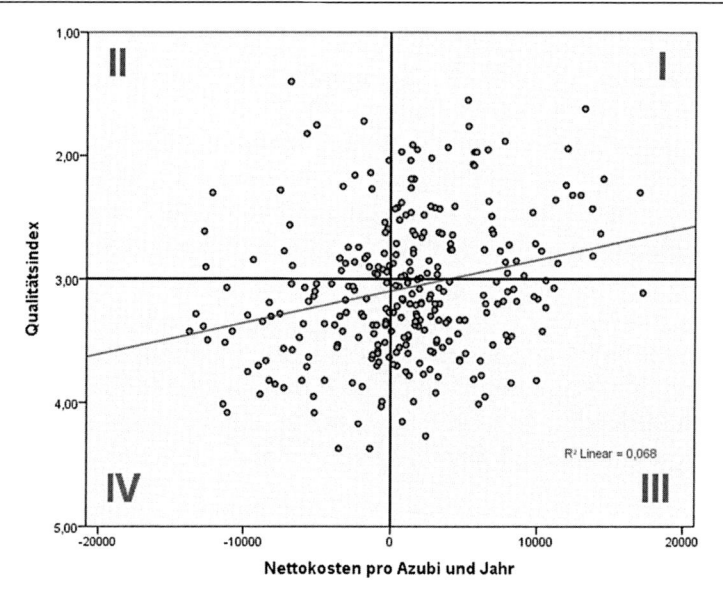

Abb. 84: Rentabilität und Qualität der Ausbildung der beteiligten Betriebe in allen QEK-Projekten

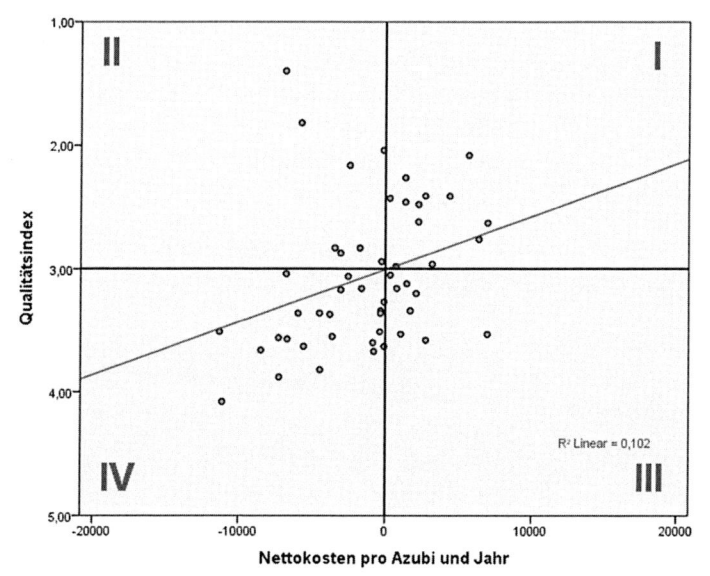

Abb. 85: Qualität und Rentabilität in Sachsen

In der Tendenz zeigt das Gesamtergebnis, dass eine hohe Ausbildungsqualität kostendeckend bzw. rentabel erreicht werden kann. Zahlreiche Fälle bestätigen, dass eine Erhöhung der Ausbildungsqualität auch zu einer Erhöhung der Ausbildungsrentabilität führt. Eine hohe Rentabilität der Ausbildung auf niedrigem Qualitätsniveau (III) ist auch möglich. Damit wird allerdings das Innovationspotenzial, über das die betriebliche Berufsausbildung für den Erhalt und die Erhöhung der Wettbewerbsfähigkeit der Unternehmen verfügt, verspielt.

Für Betriebe, deren Ausbildung den Quadranten III und IV zugeordnet ist, besteht ein erheblicher Handlungsbedarf. Sie schöpfen das Potenzial, über das die duale Berufsausbildung verfügt – das Lernen in qualifizierenden und wertschöpfenden Arbeitsprozessen – nicht aus. Betriebe des II. Quadranten betrachten Berufsausbildung als eine Investition in die Zukunft. Sie unterschätzen dabei das Potenzial des Lernens im Arbeitsprozess.[19]

Rentabilität und Qualität im direkten Vergleich

Das Gesamtergebnis der bisher vorliegenden Sächsischen Daten weicht gegenüber den anderen Projekten etwas ab. So entspricht eine befriedigende Ausbildungsqualität (3,06) dem bisher ermittelten Durchschnitt (3,07). Im letzten Ausbildungsjahr liegen die Ergebnisse sogar um eine halbe Schulnote höher als im Bundesvergleich. Jedoch kommt es in den Sächsischen Betrieben zu Nettokosten von rund 1.300 €. Betriebe aus anderen QEK-Projekten, erwirtschafteten hingegen einen durchschnittlichen Ertrag von mehr als 1.500 € (Abb. 86). Mögliche Gründe dafür werden im Verlauf dieses Kapitels aufgezeigt.

---

[19] Mit der vom I:BB herausgegebenen Handreichung „Lernen im Betrieb" (Christiani-Verlag) liegt eine Anleitung vor, mit der diese Ausbildungsform eingeführt bzw. verbessert werden kann.

Matthias Feiler, Dorothea Piening

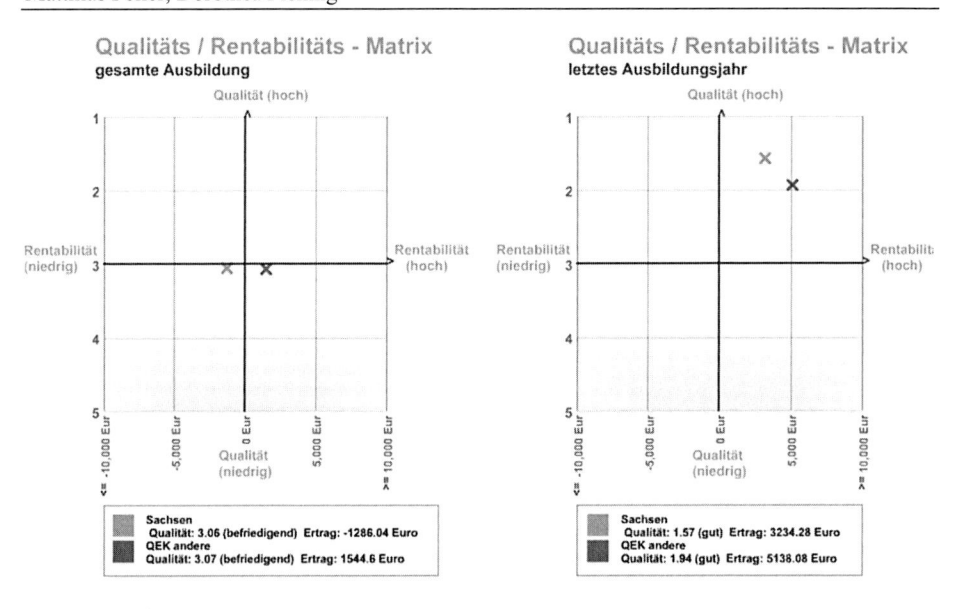

Abb. 86: QEK Sachsen im Vergleich mit den anderen QEK-Projekten

Kosten und Nutzen der Ausbildung

Stellt man Bruttokosten der Ausbildung in den Branchen den produktiven Erträgen durch die Auszubildenden gegenüber, so ergeben sich Nettokosten von 1.286 € gegenüber einem Ertrag von 1.544 €, der im Rahmen der Betriebe anderer Kammerbezirke erwirtschaftet wird (Abb. 87).

QEK als Werkzeug der Ausbildungsberatung der Kammern: Das Beispiel Sachsen

Kosten und Ertrag QEK andere | **Kosten und Ertrag Sachsen**

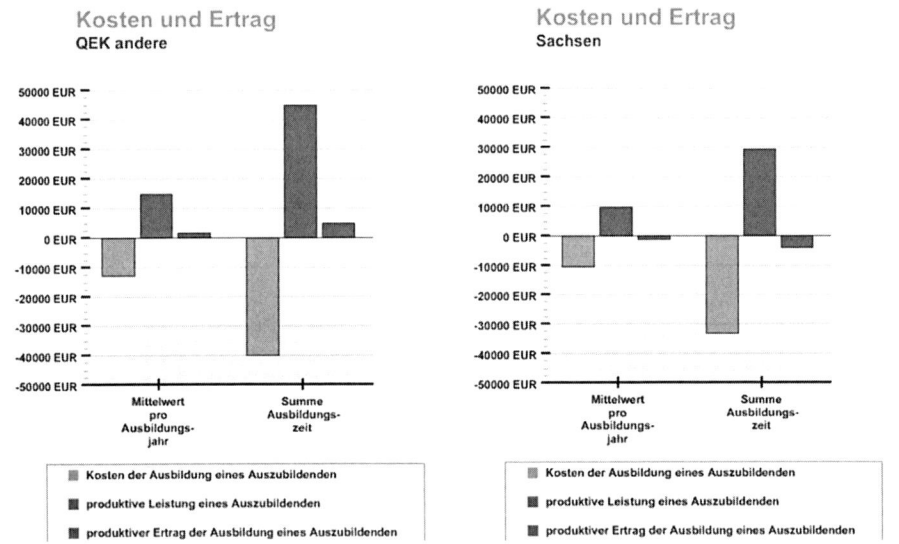

Abb. 87: *Kosten und Nutzen der Ausbildung der Sächsischen Betriebe im Vergleich zu den anderen QEK-Projekten*

Tab. 15 stellt zudem noch einmal die wichtigsten Kennwerte im Vergleich zu anderen Bezirken dar. Hier zeigt sich, dass die Nettokosten für die betriebliche Ausbildung in Sachsen (incl. Subventionen von durchschnittlich 1.455 €) zwar um 1.300 € niedriger, die produktive Leistung pro Auszubildenden aber im Durchschnitt um ca. 5.000 € geringer ausfällt als in den Vergleichsprojekten.

Kosten und Ertrag : Sachsen	Kosten der Ausbildung eines Auszubildenden	Kosten ohne enthaltene Subventionen und Zuschüsse	produktive Leistung eines Auszubildenden	produktiver Ertrag der Ausbildung eines Auszubildenden
Mittelwert pro Ausbildungsjahr	10678 €	12133 €	9392 €	-1286 €
Summe Ausbildungszeit	33296 €	37995 €	28974 €	-4323 €

Kosten und Ertrag : QEK andere	Kosten der Ausbildung eines Auszubildenden	Kosten ohne enthaltene Subventionen und Zuschüsse	produktive Leistung eines Auszubildenden	produktiver Ertrag der Ausbildung eines Auszubildenden
Mittelwert pro Ausbildungsjahr	12939 €	15857 €	14484 €	1545 €
Summe Ausbildungszeit	39954 €	48020 €	44669 €	4715 €

Tab. 15: *Kosten und Erträge der Ausbildung in Sachsen im Vergleich zu den anderen QEK-Projekten*

Tab. 16 zeigt zudem eine differenzierte Gegenüberstellung der Bruttokosten der gesamten Ausbildung in Sachsen und anderen QEK-Projekten.

QEK Sachsen	Summe	Anteil an den gesamten Kosten der Ausbildung	QEK Andere	Summe	Anteil an den gesamten Kosten der Ausbildung
Kosten der Ausbildung eines Auszubildenden (Bruttokosten)	33296 €	100.00 %	Kosten der Ausbildung eines Auszubildenden (Bruttokosten)	39954 €	100.00 %
Produktive Leistung eines Auszubildenden (Erträge)	28974 €	87.02 %	Produktive Leistung eines Auszubildenden (Erträge)	44669 €	111.8 %
Nettoertrag der Ausbildung eines Auszubildenden	-4323 €	-12.98 %	Nettoertrag der Ausbildung eines Auszubildenden	4715 €	11.8 %
Zusammensetzung der Bruttokosten					
Erhaltene Subventionen und Förderungen	- 4699 €	(14.11 %)	Erhaltene Subventionen und Förderungen	- 8066 €	(20.19 %)
Personalkosten (Ausbildungsvergütungen incl. Sozialabgaben)	24573 €	73.8 %	Personalkosten (Ausbildungsvergütungen incl. Sozialabgaben)	28555 €	71.47 %
Personalkosten Ausbilder	5175 €	15.54 %	Personalkosten Ausbilder	8525 €	21.34 %
Davon: Personalkosten hauptamtliche Ausbilder (37.4 Min/Wo * 3.1 Aj)	744 €	2.23 %	Davon: Personalkosten hauptamtliche Ausbilder (65.02 Min/Wo * 3.1 Aj)	2502 €	6.26 %
Personalkosten nebenamtliche Ausbilder (34.41 Min/Wo * 3.1 Aj)	4431 €	13.31 %	Personalkosten nebenamtliche Ausbilder (42.06 Min/Wo * 3.1 Aj)	6022 €	15.07 %
Anlage und Sachkosten (Abschreibungen)	0 €	0 %	Anlage und Sachkosten (Abschreibungen)	0 €	0 %
Sonstige Kosten	3891 €	11.69 %	Sonstige Kosten	3127 €	7.83 %
Davon: Lehr- und Lernmaterialien, Software	174 €	0.52 %	Davon: Lehr- und Lernmaterialien, Software	305 €	0.76 %
Verbrauchsmaterial	238 €	0.71 %	Verbrauchsmaterial	324 €	0.81 %
Gebühren	284 €	0.85 %	Gebühren	322 €	0.81 %
Berufskleidung	356 €	1.07 %	Berufskleidung	227 €	0.57 %
Externe Lehrgänge, Dozenten	1830 €	5.5 %	Externe Lehrgänge, Dozenten	894 €	2.24 %
Ausbildungsverwaltung	713 €	2.14 %	Ausbildungsverwaltung	689 €	1.72 %
Sonstiges	296 €	0.89 %	Sonstiges	365 €	0.91 %

Tab. 16: *Überblick über die Kostenstruktur der Ausbildung in den Betrieben in Sachsen im Vergleich zu den anderen QEK-Betrieben*

Dabei fällt auf, dass der Ertrag aufgrund der produktiven Leistungen der Auszubildenden erheblich geringer ist.

Die aufgezeigten Unterschiede haben zum Teil regionale Gründe. Sind im Durchschnitt die Ausbildungsvergütungen denen im Westen angenähert (hier gibt es eine durchschnittliche Differenz von nicht einmal 100 € im Monat), so sind die Löhne und Gehälter des Ausbildungspersonals in Sachsen um 600 € niedriger als in den alten Bundesländern. Da aber letzteres der Berechnung des

QEK als Werkzeug der Ausbildungsberatung der Kammern: Das Beispiel Sachsen

Ertrags zugrunde gelegt wird, können die Bruttokosten (hervorgerufen insbesondere durch die Ausbildungsvergütungen) nicht entsprechend ausgeglichen werden. Aufgrund von Verbundausbildung und/oder externen Lehrgängen sind die Auszubildenden in Sachsen im Durchschnitt weniger in wertschöpfenden Arbeitsprozessen eingebunden als Azubis anderer QEK-Projekte. Diese Differenz betrug im Jahr 2011 noch 14 Tage/Jahr. Durch die zwischenzeitliche Reduzierung der Verbundausbildung sind die Sächsischen Auszubildenden im Durchschnitt 133 Arbeitstagen gegenüber 145 Arbeitstagen der Auszubildenden in den alten Bundesländern im Arbeitsprozess tätig. Im Durchschnitt wird die produktive Leistung der Auszubildenden durch die Sächsischen Ausbilder insbesondere zu Beginn der Ausbildung – geringer eingeschätzt (Abb. 88). Dieses variiert darüber hinaus branchenspezifisch (Abb. 89).

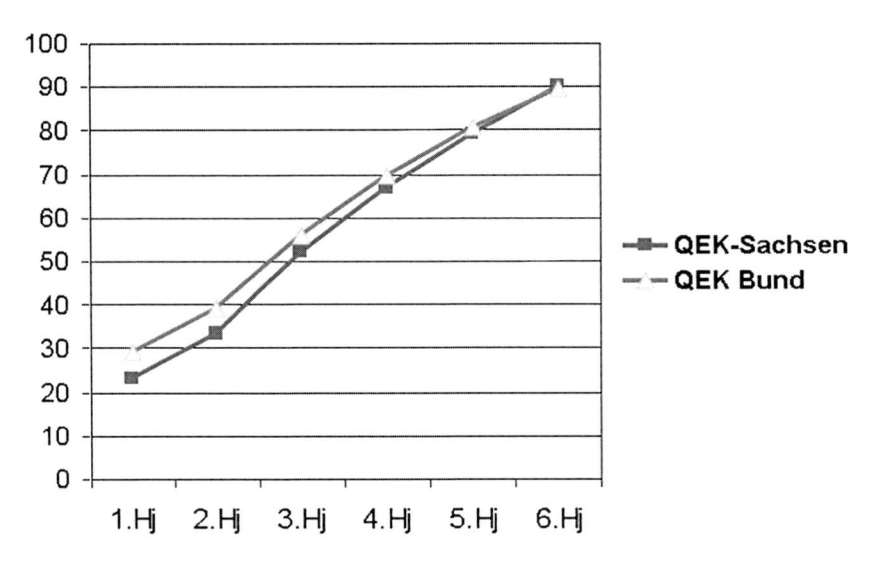

Abb. 88: Leistungsgrad: Vergleich QEK Sachsen mit anderen QEK-Projekten

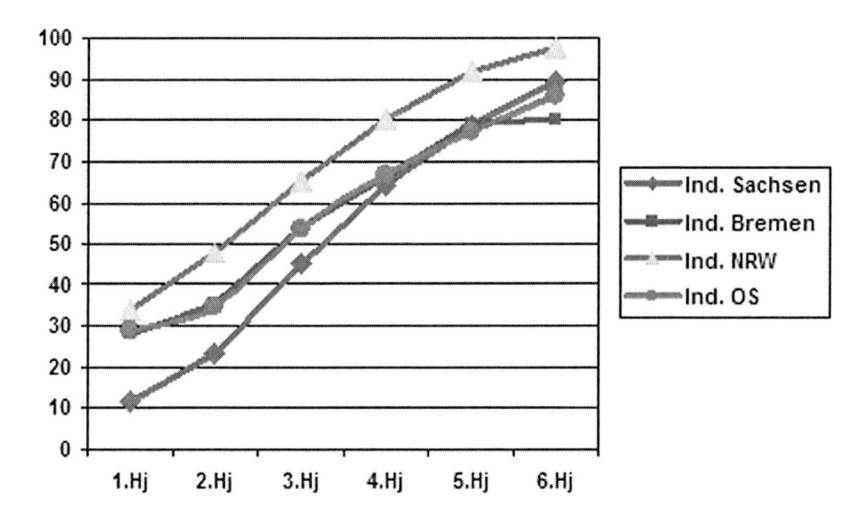

Abb. 89:Leistungsgrad Industrie Sachsen im Vergleich zu Industrie Bremen, Osnabrück-Emsland und NRW

Die Ausbildungsqualität

Die Qualität der gesamten Ausbildung durch den Qualitätsindex wiedergegeben, welcher die unterschiedlichen Qualitätskriterien in Form einer Schulnote von 1 bis 5 zusammenfasst. Der durchschnittliche Qualitätsindex für die gesamte Ausbildung der Betriebe in Sachsen liegt bei 3,06 und damit im Durchschnitt der Vergleichsbetriebe (3,07).

Die Stärken der Ausbildung in Sachsen liegen insbesondere im *beruflichen Engagement*. Dieses ist insbesondere auf einen relativ hohen Anteil an selbstständigem Arbeiten und Lernen zu-rückzuführen. Die meisten Jugendlichen erreichen am Ende ihrer Ausbildung die Berufsfähigkeit.

Die Potenziale der Ausbildung in Sachsen liegen in einem *unterdurchschnittlichen Lernen im Arbeitsprozess* sowie in einem niedrigen Anforderungsniveau – insbesondere zu Beginn der Ausbildung. Ab dem Ende des zweiten Ausbildungsjahres steigen Qualität und Rentabilität erheblich, so dass die Qualität in Sachsen am Ende der Ausbildung den Bundeswert von 1,94 um eine fast halbe Note (1,57) übersteigt (zur grafischen Darstellung dient Abb. 90).

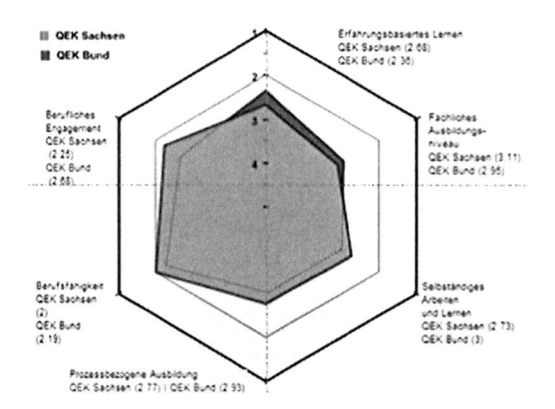

	Lernen	Niveau	Selbst.	Prozess	Bfhigkeit	Engagement
Sachsen	2,68	3,11	2,73	2,77	2,00	2,25
Bund	2,36	2,95	3,00	2,93	2,19	2,68
Diff (Basis Bund)	-0,32	-0,16	0,27	0,16	0,19	0,43

Abb. 90: *Qualität der Ausbildung im Vergleich Sachsen und anderen QEK-Projekten*

Die durchschnittliche Qualität im Ausbildungsverlauf in Sachsen ist im Vergleich zu der Ausbildungsqualität in den alten Bundesländern daher nur geringfügig schwächer ausgeprägt (Abb. 91).

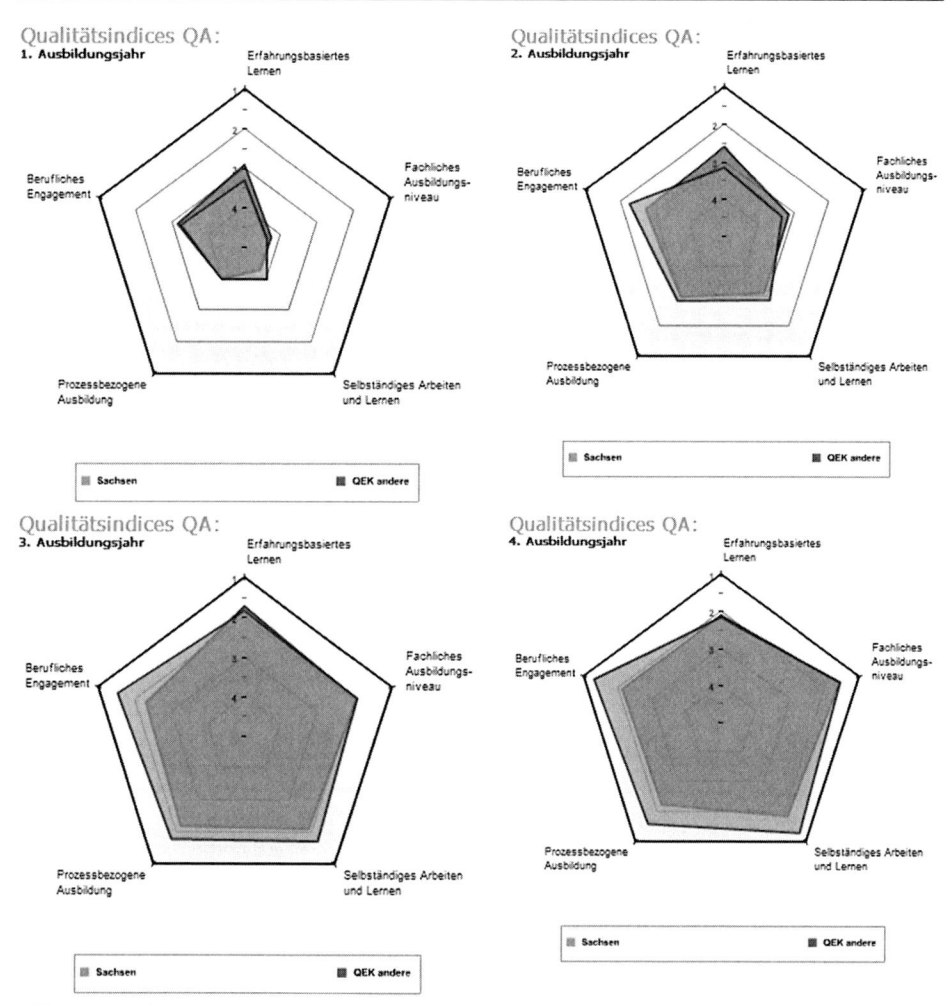

Abb. 91: Qualität im Ausbildungsverlauf in den Betrieben in Sachsen im Vergleich zu den Betrieben in anderen QEK-Projekten

Auffällig ist insgesamt bei allen QEK-Daten die niedrige Ausbildungsqualität im ersten Ausbildungsjahr. Die verbreitete These, dass sich dies quasi natürlich aus der Anfängersituation der Ausbildung ergäbe, hält einer genaueren Analyse nicht Stand. Ausbildungsbetrieben mit einer hohen Ausbildungsqualität gelingt es auch im ersten Ausbildungsjahr, eine hohe Ausbildungsqualität zu erreichen. Möglich wird dies dadurch, dass das betriebspädagogische Ausbildungskonzept des Lernens in lernhaltigen (qualifizierenden) Arbeitsprozessen systematisch umgesetzt wird.

"Nach dem Konzept des auftragsorientierten Lernens werden Auszubildende von Beginn der Ausbildung in die Bearbeitung von Aufträgen auf dem Niveau von Fachkräften einbezogen [und als neue Mitarbeiter behandelt]. Die Arbeitsaufträge werden von der Arbeitsvorbereitung vorsortiert, die darauf achtet, dass die Aufträge von den Auszubildenden einerseits [eigenverantwortlich] bewältigt werden können und andererseits lernhaltige Aspekte aufweisen, die die berufliche Kompetenzentwicklung unterstützen" (Haasler 2008, 166).

Der Inhaber eines mittelständischen Maschinenbauunternehmens, der sich so geäußert hat, fügt hinzu, dass dadurch nicht nur eine sehr hohe Ausbildungsqualität erreicht wird, sondern bereits im zweiten Ausbildungsjahr die Ausbildungserträge die Ausbildungskosten um 200,- EUR übersteigen (ebd. 168). Wenn die Ausprägung der Qualitätsdimension im ersten Ausbildungsjahr sehr niedrig aus-fällt, dann ist dies ein Indiz für zwei problematische Ausbildungstraditionen:

- Das lehrgangsförmige Lernen, das seinen Ursprung in den Grundlehrgängen zur Aus-bildung in den Metallberufen hat. Diese Methode wurde Ende des 19. Jahrhunderts entwickelt und prägt bis heute – wenn auch nur vereinzelt – die „Grundausbildung". Mit einem umfangreichen Modellversuchsprogramm hat vor allem das BIBB versucht, diese Tradition durch arbeitsprozessnahe Ausbildungsmethoden abzulösen (Dehnbostel 2002).
- Die „Beistell-Lehre" als eine Form der Ausbildung, bei der der Auszubildende zu-nächst durch Hilfstätigkeiten die Arbeiten eines Gesellen unterstützt, prägt noch immer die Ausbildungspraxis. Bleibt der Auszubildende zu lange in dieser Rolle der „Hilfskraft" verhaftet, dann beeinträchtigt dies nachhaltig die Ausbildungsqualität.

Rentabilität und Qualität der Ausbildung im Branchenvergleich

Vergleicht man branchenübergreifend die Sächsischen Ausbildungsbetriebe, dann ergeben sich bezüglich der Rentabilität v.a. in der industriellen Ausbildung erhebliche Unterschiede zu den anderen Sektoren (Abb. 92 und Abb. 93). Für die vier Branchen (Industrie, Handel-Dienstleistung, Handwerk und Landwirtschaft) ergeben sich für pro Ausbildungsjahr und Auszubildenden durchschnittliche Rentabilitätswerte von

- - Industrie: Nettokosten von 2.349 €
- - Handel-Dienstleistungen: Nettokosten von 705 €
- - Handwerk: Nettokosten von 243 €
- - Landwirtschaft: Nettokosten von 838 €

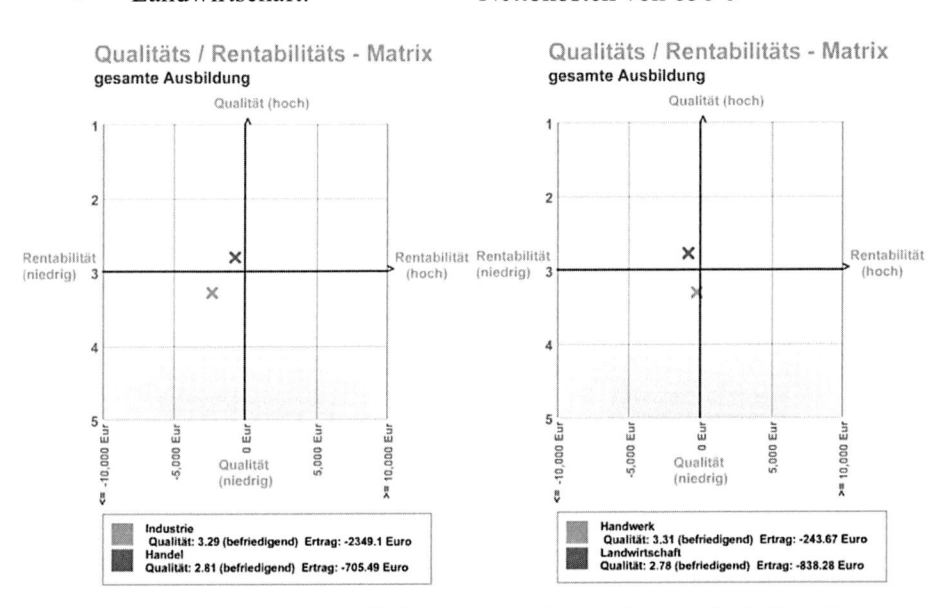

Abb. 92: Rentabilität und Qualität in Sachsen: im Branchenvergleich, grafische Einordnung

Kosten und Ertrag : Industrie	Kosten der Ausbildung eines Auszubildenden	Kosten ohne enthaltene Subventionen und Zuschüsse	produktive Leistung eines Auszubildenden	produktiver Ertrag der Ausbildung eines Auszubildenden
Mittelwert pro Ausbildungsjahr	12201 €	15678 €	9852 €	-2349 €
Summe Ausbildungszeit	38991 €	50238 €	30866 €	-8125 €

Kosten und Ertrag : Handel	Kosten der Ausbildung eines Auszubildenden	Kosten ohne enthaltene Subventionen und Zuschüsse	produktive Leistung eines Auszubildenden	produktiver Ertrag der Ausbildung eines Auszubildenden
Mittelwert pro Ausbildungsjahr	9700 €	9855 €	8994 €	-705 €
Summe Ausbildungszeit	29409 €	29873 €	27107 €	-2302 €

Abb. 93: Rentabilität und Qualität in Sachsen: im Branchenvergleich, absolute Zahlen

Bei einer quasi kostendeckenden Ausbildungsorganisation ist die Ausbildungsqualität in den landwirtschaftlichen Betrieben etwa bis zu einer halben Schulnote höher (2,78) als in den anderen Sektoren (Handel-Dienstleistung=2,81; Industrie=3,29; Handwerk=3,31).

Kosten und Erträge der Ausbildung im Branchenvergleich

Schlüsselt man die Erträge auf, dann zeigt sich noch einmal der deutliche Unterschied zwischen der industriellen Ausbildung gegenüber den anderen Ausbildungssektoren (Tab. 17).

Kosten und Ertrag: Industrie	Kosten der Ausbildung eines Auszubildenden	Kosten ohne enthaltene Subventionen und Zuschüsse	produktive Leistung eines Auszubildenden	produktiver Ertrag der Ausbildung eines Auszubildenden
Mittelwert pro Ausbildungsjahr	12201 €	15678 €	9852 €	-2349 €
Summe Ausbildungszeit	38991 €	50238 €	30866 €	-8125 €

Kosten und Ertrag: Handel	Kosten der Ausbildung eines Auszubildenden	Kosten ohne enthaltene Subventionen und Zuschüsse	produktive Leistung eines Auszubildenden	produktiver Ertrag der Ausbildung eines Auszubildenden
Mittelwert pro Ausbildungsjahr	9700 €	9855 €	8994 €	-705 €
Summe Ausbildungszeit	29409 €	29873 €	27107 €	-2302 €

Kosten und Ertrag: Handwerk	Kosten der Ausbildung eines Auszubildenden	Kosten ohne enthaltene Subventionen und Zuschüsse	produktive Leistung eines Auszubildenden	produktiver Ertrag der Ausbildung eines Auszubildenden
Mittelwert pro Ausbildungsjahr	9204 €	9526 €	8961 €	-244 €
Summe Ausbildungszeit	29165 €	30290 €	28407 €	-757 €

Kosten und Ertrag: Landwirtschaft	Kosten der Ausbildung eines Auszubildenden	Kosten ohne enthaltene Subventionen und Zuschüsse	produktive Leistung eines Auszubildenden	produktiver Ertrag der Ausbildung eines Auszubildenden
Mittelwert pro Ausbildungsjahr	10205 €	10672 €	9366 €	-838 €
Summe Ausbildungszeit	30614 €	32014 €	28099 €	-2515 €

Tab. 17: Kosten und Erträge der Ausbildung in Sachsen im Branchenvergleich

Ein Vergleich der Kostenstrukturen () zeigt: Die höheren Ausbildungskosten bei den Industriebetrieben resultieren aus den höheren Ausbildungsvergütungen sowie den Ausbilderkosten. Diese werden auch nicht durch die vergleichsweise guten von den Auszubildenden erzielten Ausbildungserträge ausgeglichen.

Kostenstruktur : Industrie	Summe	Anteil an den gesamten Kosten der Ausbildung	Kostenstruktur : Handel	Summe	Anteil an den gesamten Kosten der Ausbildung
Kosten der Ausbildung eines Auszubildenden (Bruttokosten)	38991 €	100.00 %	Kosten der Ausbildung eines Auszubildenden (Bruttokosten)	29409 €	100.00 %
Produktive Leistung eines Auszubildenden (Erträge)	30866 €	79.16 %	Produktive Leistung eines Auszubildenden (Erträge)	27107 €	92.17 %
Nettoertrag der Ausbildung eines Auszubildenden	-8125 €	-20.84 %	Nettoertrag der Ausbildung eines Auszubildenden	-2302 €	-7.83 %
Zusammensetzung der Bruttokosten			Zusammensetzung der Bruttokosten		
Erhaltene Subventionen und Förderungen	-11247 €	(28.85 %)	Erhaltene Subventionen und Förderungen	-464 €	(1.58 %)
Personalkosten (Ausbildungsvergütungen incl. Sozialabgaben)	29082 €	74.59 %	Personalkosten (Ausbildungsvergütungen incl. Sozialabgaben)	23100 €	78.55 %
Personalkosten Ausbilder	6224 €	15.96 %	Personalkosten Ausbilder	2642 €	8.98 %
Davon: Personalkosten hauptamtliche Ausbilder (19.34 Min/Wo * 3.18 Aj)	692 €	1.77 %	Davon: Personalkosten hauptamtliche Ausbilder (19.05 Min/Wo * 3.03 Aj)	205 €	0.7 %
Personalkosten nebenamtliche Ausbilder (40.08 Min/Wo * 3.18 Aj)	5532 €	14.19 %	Personalkosten nebenamtliche Ausbilder (20.28 Min/Wo * 3.03 Aj)	2437 €	8.29 %
Anlage und Sachkosten (Abschreibungen)	0 €	0 %	Anlage und Sachkosten (Abschreibungen)	0 €	0 %
Sonstige Kosten	5271 €	13.52 %	Sonstige Kosten	3150 €	10.71 %
Davon: Lehr- und Lernmaterialien, Software	159 €	0.41 %	Davon: Lehr- und Lernmaterialien, Software	81 €	0.28 %
Verbrauchsmaterial	262 €	0.67 %	Verbrauchsmaterial	285 €	0.97 %
Gebühren	259 €	0.66 %	Gebühren	304 €	1.03 %
Berufskleidung	293 €	0.75 %	Berufskleidung	237 €	0.81 %
Externe Lehrgänge, Dozenten	3189 €	8.18 %	Externe Lehrgänge, Dozenten	1205 €	4.1 %
Ausbildungsverwaltung	589 €	1.51 %	Ausbildungsverwaltung	819 €	2.78 %
Sonstiges	520 €	1.33 %	Sonstiges	219 €	0.74 %

Tab. 18: Kostenstruktur der Sächsischen Ausbildung: Branchenvergleich „Industrie" mit „Handel-Dienstleistung"

Kostenstruktur : Handwerk	Summe	Anteil an den gesamten Kosten der Ausbildung	Kostenstruktur : Landwirtschaft	Summe	Anteil an den gesamten Kosten der Ausbildung
Kosten der Ausbildung eines Auszubildenden (Bruttokosten)	29165 €	100.00 %	Kosten der Ausbildung eines Auszubildenden (Bruttokosten)	30614 €	100.00 %
Produktive Leistung eines Auszubildenden (Erträge)	28407 €	97.4 %	Produktive Leistung eines Auszubildenden (Erträge)	28099 €	91.79 %
Nettoertrag der Ausbildung eines Auszubildenden	-757 €	-2.6 %	Nettoertrag der Ausbildung eines Auszubildenden	-2515 €	-8.21 %
Zusammensetzung der Bruttokosten			Zusammensetzung der Bruttokosten		
Erhaltene Subventionen und Förderungen	- 1125 €	(3.86 %)	Erhaltene Subventionen und Förderungen	- 1400 €	(4.57 %)
Personalkosten (Ausbildungsvergütungen incl. Sozialabgaben)	19401 €	66.52 %	Personalkosten (Ausbildungsvergütungen incl. Sozialabgaben)	21410 €	69.93 %
Personalkosten Ausbilder	6845 €	23.47 %	Personalkosten Ausbilder	6232 €	20.36 %
Davon: Personalkosten hauptamtliche Ausbilder (97.5 Min/Wo * 3.11 Aj)	821 €	2.82 %	Davon: Personalkosten hauptamtliche Ausbilder (104 Min/Wo * 3 Aj)	2353 €	7.69 %
Personalkosten nebenamtliche Ausbilder (48.63 Min/Wo * 3.11 Aj)	6024 €	20.66 %	Personalkosten nebenamtliche Ausbilder (36.13 Min/Wo * 3 Aj)	3879 €	12.67 %
Anlage und Sachkosten (Abschreibungen)	0 €	0 %	Anlage und Sachkosten (Abschreibungen)	0 €	0 %
Sonstige Kosten	2703 €	9.27 %	Sonstige Kosten	2563 €	8.37 %
Davon: Lehr- und Lernmaterialien, Software	416 €	1.43 %	Davon: Lehr- und Lernmaterialien, Software	122 €	0.4 %
Verbrauchsmaterial	253 €	0.87 %	Verbrauchsmaterial	50 €	0.16 %
Gebühren	447 €	1.53 %	Gebühren	78 €	0.26 %
Berufskleidung	272 €	0.93 %	Berufskleidung	1062 €	3.47 %
Externe Lehrgänge, Dozenten	632 €	2.17 %	Externe Lehrgänge, Dozenten	517 €	1.69 %
Ausbildungsverwaltung	494 €	1.69 %	Ausbildungsverwaltung	735 €	2.4 %
Sonstiges	189 €	0.65 %	Sonstiges	0 €	0 %

Tab. 19: Kostenstruktur der Sächsischen Ausbildung: Branchenvergleich „Handwerk" mit „Landwirtschaft"

Qualität der Ausbildung

Das zusammenfassende Qualitätsdiagramm für die vier Ausbildungssektoren (Abb. 94) zeigt, dass die Qualität der Ausbildung in der Landwirtschaft und im Sektor Handel-Dienstleistungen in fast allen Kategorien höher liegt als im Handwerk und in der Industrie. Die Stärken im Handel-Dienstleistungssektor liegen in einem vergleichsweise höheren Maß an erfahrungsbasiertem Lernen, einem hohen beruflichen Engagement und einer daraus resultierenden hohen Berufsfähigkeit.

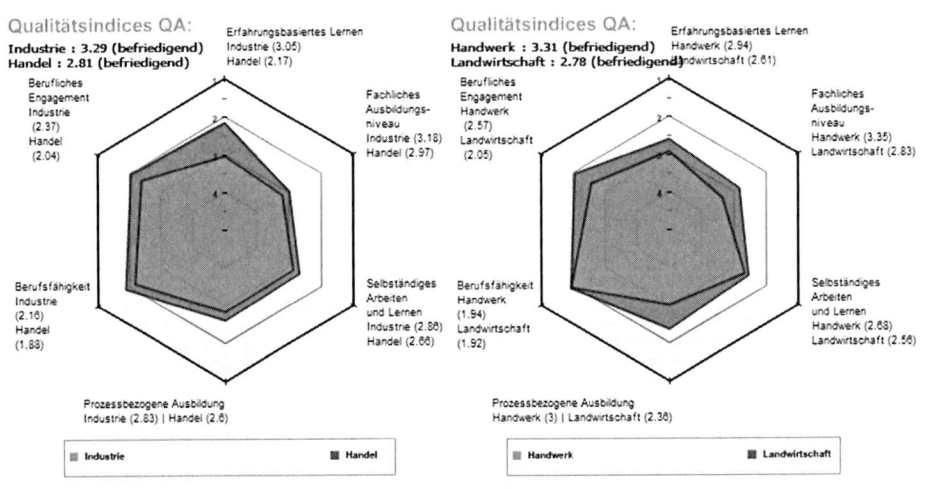

Abb. 94: Qualität der Ausbildung: Branchenvergleich

Die Stärke der landwirtschaftlichen Berufe, die in den Werten zum Ausdruck kommt, liegt in einer guten geschäftsprozessorientierten Ausbildung, die Auszubildenden den Raum gibt, Aufträge selbstständig und auf einem eher hohem Niveau zu bearbeiten. All dies führt zu einem hohen beruflichen Engagement und ein hoher Berufsfähigkeit.

In den Sektoren Industrie und Handwerk indes sind alle Qualitätsfaktoren im Durchschnitt vergleichsweise niedriger ausgeprägt. In der industriellen Ausbildung deutet insbesondere der niedrige Wert des erfahrungsbasiertem Lernens - hervorgerufen durch einen höheren Anteil arbeitsprozessfernen Lernens – auf ein hohes Veränderungspotenzial hin: Von entscheidender Bedeutung ist hier die Einführung bzw. Verstärkung des Lernens in qualifizierenden und wertschöpfenden Arbeitsprozessen. Dieses würde sich auch positiv auf die Rentabilität der Ausbildung auswirken.

Im Handwerk liegen, gemäß den QEK-Werten, v.a. Potenziale auf der Ebene des Niveaus der Ausbildung sowie bzgl. der Einbindung der Ausbildung in die Geschäftsprozesse. Regionale Studien zu dem betrieblichen und beruflichen Engagement sowie der beruflichen Identität haben gezeigt, dass eine Ausbildung im Sinne des pädagogischen Leitbilds der Arbeits- und Geschäftsprozessorientierung es erfordert, Zusammenhangswissen und Zusammenhangsverständnis zu vermitteln (Piening et al. 2012). Dann erhalten die Auszubildenden einen Überblick über die gesamten Arbeits- und Geschäftsprozesse des

Ausbildungsbetriebs, können so ihre eigenen Tätigkeiten in diesen Gesamtprozess einordnen und entwickeln zugleich ein höheres betriebliches Engagement.

Betrachtet man nun den Entwicklungsprozess der Ausbildungsqualität in den vier Ausbildungssektoren, so fällt zunächst auf, dass insbesondere die Industrie und das Handwerk die Potenziale der betrieblichen Ausbildung vor allem im ersten Ausbildungsjahr nicht ausschöpfen (Abb. 95). Alle Gestaltungs- bzw. Inputfaktoren sind schwach bis sehr schwach ausgeprägt. Dass die Ausbilder/innen dieser Sektoren das fachliche Ausbildungsniveau als extrem niedrig (mangelhaft) bewerten, ist ein Befund, der einer vertieften Aufklärung bedarf.

Die vorliegenden bundesweiten Datensätze zeigen, dass eine nennenswerte Zahl von Unternehmen ein deutlich höheres Ausbildungsniveau bereits am Beginn der Ausbildung realisiert. Das außerordentlich niedrige fachliche Ausbildungsniveau führt häufig dazu, dass die Auszubilden-den sich unterfordert fühlen und dieses die Ausbildungsmotivation beeinträchtigt.

Die Qualitätsdiagramme des ersten Ausbildungsjahres bestätigen dementsprechend, dass die Schwächen der Ausbildung sich auch auf das berufliche Engagement negativ zurück wirken. So zeigen die Auszubildenden der Sektoren Landwirtschaft und Handel-Dienstleistungen als Folge einer höheren Ausbildungsqualität ein deutlich höheres berufliches Engagement. Erst im 3. Ausbildungsjahr entfalten die Industrie- und Handwerksbetriebe die Potenziale des „Lernens in qualifizierenden Arbeitsprozessen" (Abb. 97).

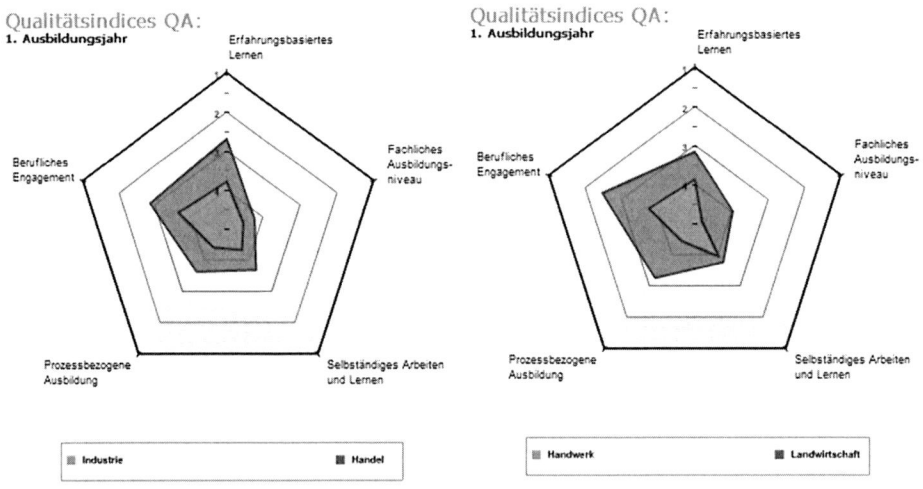

QEK als Werkzeug der Ausbildungsberatung der Kammern: Das Beispiel Sachsen

Abb. 95: Qualität der Ausbildung im 1. Ausbildungsjahr

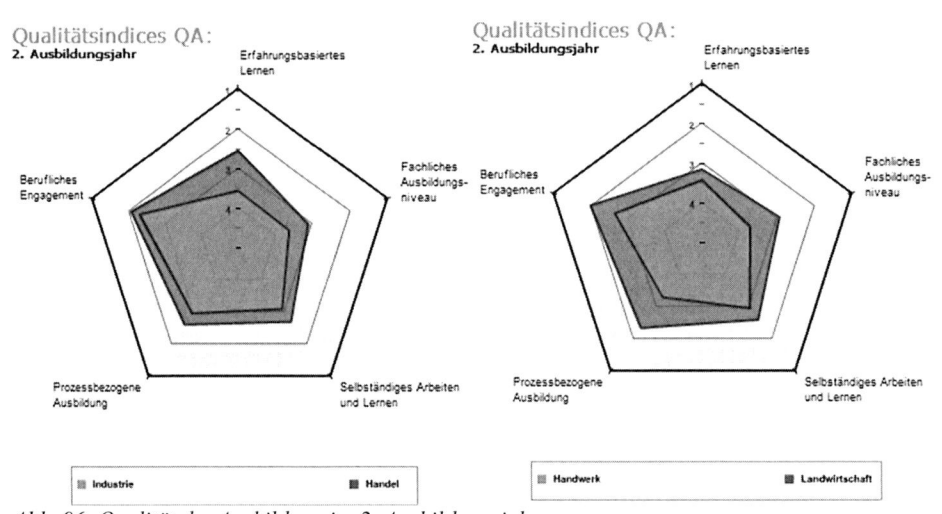

Abb. 96: Qualität der Ausbildung im 2. Ausbildungsjahr

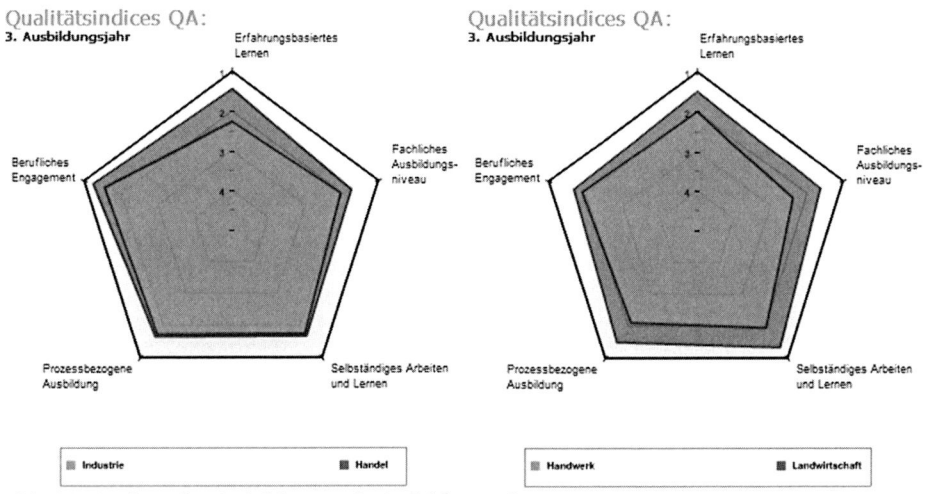

Abb. 97: Qualität der Ausbildung im 3. Ausbildungsjahr

4.3 „QEK Altenpflegeausbildung" macht es sichtbar: deutliche Verbesserung der betrieblichen Ausbildungsqualität in der Altenpflege durch den Einsatz von Qualitätsbausteine

Tina Knoch

Fallbeispiel aus dem Modellversuch QUESAP

Die Altenpflegeausbildung unterliegt nicht dem Berufsbildungsgesetz (BBiG)[20] und ist durch einige Besonderheiten gekennzeichnet. Daher werden in diesem Beitrag zunächst die Grundzüge der Altenpflegeausbildung nach dem Altenpflegegesetz (AltPflG) und der Altenpflege-Ausbildung- und Prüfungsverordnung (AltPflAPrV) skizziert. Ein besonderer Fokus ist auf die Punkte gerichtet, die für eine Selbstevaluation der betrieblichen Ausbildungsqualität mit Hilfe des Instruments „QEK Altenpflegeausbildung" von Bedeutung sind. Im Anschluss wird die Qualitätsentwicklung in der praktischen Ausbildung exemplarisch für einen Betrieb dargestellt. Dieser konnte durch den systematischen Einsatz von Qualitätsbausteinen in der betrieblichen Ausbildung eine mehr als deutliche Qualitätsverbesserung seiner betrieblichen Ausbildungspraxis erzielen, die Hilfe von „QEK Altenpflegeausbildung" für den Betrieb sichtbar und nachvollziehbar wurde.

Grundlagen der Altenpflegeausbildung

Wesentliche Veränderung der seit 2003 bundeseinheitlich gültigen gesetzlichen Neuordnung der Altenpflegeausbildung ist die damit initiierte Abkehr von einer vollschulischen Ausbildung mit integrierten Praktika hin zu einer, den betrieblichen Anteil deutlich betonenden Ausbildung. Dies zeigt sich nicht nur im höheren Stundenanteil (2.500 Stunden) des praktischen gegenüber dem schulischen Ausbildungsanteil (2.100 Stunden). Inhaltlich wurde die Ausbildung, wie in den

---

[20] Vgl. § 28 Altenpflegegesetz (AltPflG) in der Fassung der Bekanntmachung vom 25. August 2003 (BGBl. I S. 1690), das zuletzt durch Artikel 1 des Gesetzes vom 13. März 2013 (BGBl. I S. 446) geändert worden ist.

dualen Ausbildungsgängen, nach dem Lernfeldkonzept neu geordnet, dem beide Ausbildungsorte – Betrieb und Schule – verpflichtet sind.

Die Gesamtverantwortung für die theoretische und praktische Ausbildung liegt bei den Altenpflegeschulen, da es in der Altenpflege keine den Kammern oder Innungen vergleichbaren Strukturen gibt, die diese Funktion für die betriebliche Ausbildung übernehmen könnten. Die praktische Ausbildung wird in Pflegeeinrichtungen der beiden Hauptversorgungsformen in der Altenpflege vermittelt: in stationären **und** ambulante Pflegeeinrichtungen für alten Menschen (§ 4 Abs. 3 AltPflG), in denen mindestens 2.000 Stunden der praktischen Ausbildung zu absolvieren sind. Das bedeutet, dass der Träger der praktischen Ausbildung auf jeden Fall mit einer Einrichtung der korrespondierenden Versorgungsform kooperieren muss, will er die praktische Ausbildung ordnungsgemäß durchführen. Häufig betreiben Träger wie Wohlfahrtsverbände aber auch große private Träger sowohl Alten- und Pflegeheime als auch ambulante Dienste. Ist dies nicht der Fall müssen Kooperationspartner gefunden werden.

Die Ausbildung in den verbleibenden Stunden kann von weiteren, mit der Altenpflege eng assoziierten Einrichtungen durchgeführt werden. Dazu zählen Allgemeinkrankenhäuser mit geriatrischer Fachabteilung, psychiatrischen Kliniken, geriatrische Rehabilitationseinrichtungen oder Einrichtungen der offenen Altenhilfe.

Kosten und Refinanzierungsmöglichkeiten der betrieblichen Ausbildung

Die Ausbildungsvergütung, als größter Kostenfaktor, ist vom Träger der praktischen Ausbildung aufzubringen. Sie ist während der gesamten Ausbildungszeit in angemessener Höhe zu leisten, auch während der Schulzeiten und der Ausbildungsabschnitte in anderen (Pflege-)Einrichtungen. Hinzu kommen Aufwendungen für Personal (Praxisanleitung und weitere an der Ausbildung beteiligte Fachkräfte, Ausbildungsverwaltung) und weitere ausbildungsbezogene Betriebsausgaben (für Lehr- und Lernmittel, Impfungen etc.). In der Altenpflegeausbildung können diese Kosten (zum Teil) auf Grundlage des Altenpflegegesetzes (AltPflG § 24) und des Elften Buch Sozialgesetzbuch – soziale Pflegeversicherung (SGB XI § 82a) von ausbildenden Pflegeeinrichtungen refinanziert werden. Die folgenden Verfahren der Refinanzierung können zur Anwendung kommen:

- **Refinanzierung über die Leistungsentgelte durch Berechnung des Ausbildungszuschlags.** Die Höhe des Zuschlags wird in den Verhandlungen der stationären Pflegeeinrichtungen über die Pflegesätze bzw. der ambulanten Dienste über die Leistungsentgelte mit den Kostenträgern (den jeweiligen zuständigen Pflegekassen) festgelegt.
- Refinanzierung über die Anrechnung der Auszubildenden auf den Stellenplan eines Betriebes bei stationären Pflegeeinrichtungen (ein bis maximal sechs Auszubildende auf eine Vollzeitstelle einer Pflegehilfskraft).
- **Refinanzierung über ein Landesausgleichsverfahren** (Ausbildungsumlage). Hier wird ein Ausgleichsbetrag von allen Pflegeeinrichtungen eines Bundeslandes erhoben, der dann auf die ausbildenden Betriebe umgelegt wird.

Eine bundeseinheitliche Regelung gibt es nicht: die Kombination des Ausbildungszuschlags und der Anrechnung auf den Stellenschlüssel ist in einigen Bundesländer zulässig, in anderen ist nur eine der beiden Möglichkeiten gegeben. Beide Möglichkeiten entfallen, wenn ein bundeslandweites Ausgleichsverfahren zur Refinanzierung der Ausbildungskosten durchgeführt wird. Dies darf jedoch von einer Landesregierung nur eingeführt werden, wenn ein Mangel an Ausbildungsplätzen besteht oder droht (festgelegt in § 25 AltPflG).

Weitere Möglichkeiten zur Refinanzierung von Ausbildungskosten sind Leistungen der Bundesagentur für Arbeit oder landesspezifische Fördermittel, die zur Schaffung zusätzlicher Ausbildungsplätze für besonders förderungswürdige Gruppen von Auszubildenden beitragen sollen.

Eine Gegenrechnung der Ausbildungskosten mit produktiv erbrachten Leistungen der Auszubildenden ist nicht in allen Bundesländern möglich. Dies gilt insbesondere für den ambulanten Versorgungsbereich. So dürfen beispielsweise Auszubildenden in Brandenburg nicht alleine „auf Tour" gehen, d. h., selbstständig Versorgungsleistungen in der eigenen Häuslichkeit der Klienten erbringen, sondern nur in Begleitung einer Pflegefachkraft.

Tina Knoch

Berufspädagogische Anforderungen an ausbildende Pflegeeinrichtungen

Die Durchführung der praktischen Ausbildung in den Betrieben hat auf der Grundlage eines Ausbildungsplans zu erfolgen, in Abstimmung mit den Inhalten der schulischen Curricula.

Die folgenden Besonderheiten des Berufsfeldes der Altenpflege haben Auswirkungen auf den Arbeitsprozess und damit auch auf den Ausbildungsprozess in der Altenpflege und müssen von daher bei der Planung und Gestaltung der betrieblichen Ausbildung mit berücksichtigt werden:

- Pflegegerechte, arbeitsgerechte und räumliche Gegebenheiten: die Verfügbarkeit von (Pflege-) Hilfsmitteln, Bedingungen für rückengerechte Bewegungs- und Handlungsmuster, Fähigkeit zur fach- und situationsgerechten Improvisation, Grad der Verinnerlichung sowie des Selbstverständnisses und zielstrebige Umsetzung aktivierender, fördernder und rehabilitativer Pflege.
- Vorstrukturierte Organisations- und Arbeitsabläufe: dies bedeutet im Bereich der ambulanten Pflege, in der in der Regel alleine im Haushalt der Pflegebedürftigen gearbeitete wird, die Freiheit zur bzw. das Erfordernis einer (ausgeprägten) selbstständigen Arbeitsweise, das Vorhandensein persönlicher Handlungsspielräume und die Notwendigkeit eines effektiven Zeitmanagements sowie die Konzentration auf eine Handlungssituation. In der stationären Pflege bedeutet es oftmals eine Parallelität verschiedener Anforderungen aber auch die Direktverfügbarkeit beratender und auch unterstützender Fachkräfte.
- Spezifische Kontakt- und Kommunikationsmuster mit Pflegebedürftigen: durch den Eintritt in deren Wohnumfeld und Privatsphäre in der häuslichen Versorgung hinsichtlich des Aufbaus, der Qualität und Intensität der Pflegebeziehung. Durch die gleichzeitig geforderte Zuwendung zu mehreren Pflegebedürftigen im stationären Bereich.
- Einbeziehen von sowie Kommunikation und Kooperation mit Angehörigen, privatem Helfernetz und Ehrenamtlichen.
- Die je spezifische institutionelle Besprechungskultur in ambulanten Diensten und stationären Pflegeeinrichtungen: hinsichtlich der Häufigkeit und der Möglichkeit zu Arbeitsbesprechungen jeder Art, hinsichtlich des Umfangs und der Genauigkeit von Informationsweitergaben.

Ausbildende Pflegeeinrichtungen haben - insbesondere dann wenn sie erstmals ausbilden - Schwierigkeiten, eine entsprechende Ausbildungskultur in der Pflegeeinrichtung zu etablieren, mit ihrer Versorgungskultur zu verschränken und eine passgenaue Lernortkooperation mit den Partnern Altenpflegeschule und externe Ausbildungsorte auf den Weg zu bringen.

Praxisanleitungen, als Ausbilder in der praktischen Altenpflegeausbildung, stehen deshalb vor der Aufgabe, Lehr-Lern-Arrangements zu entwickeln, die es Auszubildenden ermöglichen bzw. diese dazu auffordern:

- sich mit Besonderheiten unterschiedlicher Versorgungsformen der Altenpflege in der Praxis auseinanderzusetzen.
- sich auf Einsätze in anderen Versorgungsformen und mögliche Besonderheiten vorzubereiten sowie diese Einsätze in geeigneter Weise zu reflektieren.
- sich mögliche Ansätze zur Bewältigung besonderer Situationen anzueignen, zu erarbeiten und umsetzbare Handlungsweisen abzuleiten.
- das Gelernte auf Übertragbarkeit in andere Versorgungsformen zu prüfen und ggf. eigenes Pflegehandeln entsprechend zu modifizieren.
- das Gelernte in analogen Situationen (Einsatz in weiteren Versorgungsformen wie z.B. Tagespflege) anzuwenden.
- sich eigene Präferenzen für eine Versorgungsform in Bezug auf eine künftige Berufstätigkeit in der Altenpflege bewusst zu machen.

Auf diese Aufgaben sollen sie durch eine berufspädagogische Qualifizierung vorbereitet werden. Deren Nachweis ist u. A. Voraussetzung für die Ausübung der Ausbildungstätigkeit als Praxisanleitung in einer Pflegeeinrichtung.

Das Instrument „QEK Altenpflegeausbildung" als Ansatz zur Messung der Qualität in der Altenpflegeausbildung – Potenziale und Grenzen

Damit die benannten berufspädagogischen Aufgaben von Praxisanleitungen (ausbildende Pflegefachkräfte mit berufspädagogischer Qualifikation) besser erfüllt werden können, die notwendigen Rahmenbedingungen von Leitungskräften wie Heimleitungen, Geschäftsführungen und Pflegedienstleitungen geschaffen werden und auch weitere Fachkräfte in die tägliche Ausbildungsarbeit mit einbezogen werden, gab es in den vergangenen Jahren eine Reihen von Unterstützungsangeboten zur Qualitätsentwicklung in der praktischen Altenpflegeausbildung. Hervorzuheben ist die Erstellung des „Handbuch die praktische Altenpflegeausbildung" (Hg. BMFSFJ 2010), das von Mitarbeiterinnen und Mitarbeitern des Servicenetzwerks Altenpflegeausbildung[21] auf Basis ihrer dreijährigen Beratungs- und Fortbildungsarbeit mit ausbildenden Pflegeeinrichtungen entwickelt wurde. In diesem Kontext kam auch das Selbstevaluationsinstrument „QEK Altenpflegeausbildung", entwickelt von der Fachgruppe Berufsbildungsforschung (i:BB) der Universität Bremen im Auftrag des Bundesministeriums für Familie, Senioren, Frauen und Jugend, erstmals zum Einsatz.

Im Modellversuch „QUESAP – Qualitätsentwicklung in der Altenpflegeausbildung"[22], durchführt vom Institut für Gerontologische Forschung e. V. zusammen mit 24 ambulanten und stationären Pflegeeinrichtungen und sechs Altenpflegeschulen, wurden ausgewählte Inhalte des Ausbildungshandbuchs des Servicenetzwerks zu fünf Qualitätsbausteine aufbereitet und den Praxispartnern in Workshops vermittelt. Die Qualitätsbausteine lassen sich dem von der EU im Rahmen der Bemühungen um ein gemeinsames Qualitätsverständnis beruflicher Bildung sowie deren Sicherung vorgeschlagenen PDCA-Zyklus oder Deming-Kreis zuordnen (siehe Abb. 98).

---

[21] Förderung durch das Bundesministerium für Familie, Senioren, Frauen und Jugend (BMFSFJ) und den Europäischen Sozialfonds, Apr 2007 bis Sep 2010

[22] Förderung des Bundesinstituts für Berufsbildung (BIBB) aus Mitteln des Bundesministeriums für Bildung und Forschung (BMBF), Nov 2010 bis Nov 2013

ACT
Überprüfung mit
„QEK Altenpflegeausbildung"
Anpassung:
der Ausbildungskonzepte,
der Ausbildungsplanung,
der Methoden,
der Beurteilungsinstrumente

PLAN
Ausbildungskonzept
Ausbildungsplanung
(betrieblich und
individuell)

Lernortkooperation

CHECK
Kompetenzorientierte
Beurteilung von
Lernerfolgen

DO
Einsatz
berufspädagogischer
Methoden

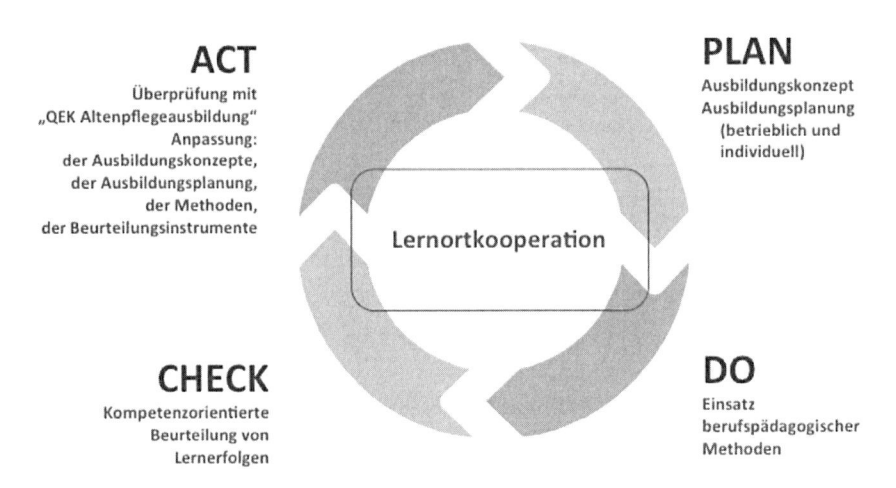

Abb. 98: PDCA-Zyklus der betrieblichen Altenpflegeausbildung (eigene Darstellung)

Von Vorteil bei der Initiierung von Qualitätsentwicklungs- und Sicherungsprozessen hinsichtlich der betrieblichen Ausbildungen in Pflegeeinrichtungen ist, dass der PDCA-Zyklus dort bekannt ist. Er wird als Instrument des Qualitätsmanagements von Versorgungsleistungen und Pflegeprozessen eingesetzt. Die Akzeptanz, die Steuerung der Ausbildungsprozesse mit Hilfe entsprechender Instrumente in das Qualitätsmanagementverfahren des Betriebes einzubinden, wird dadurch erhöht.

Die Qualitätsbausteine beinhalten Instrumente und Arbeitshilfen, die Betriebe entweder direkt zur Ausgestaltung ihrer betrieblichen Ausbildungsprozesse einsetzen oder auch entsprechend ihrer betriebsspezifischen Erfordernisse anpassen können.

Ob diese Arbeitshilfen zu Themen wie Lernortkooperation, Ausbildungsplanung oder auch Beurteilung von Lernerfolgen tatsächlich zu einer Qualitätsverbesserung der praktischen Ausbildung in den Betrieben führt, wurde im Modellprojekt QUESAP mit Hilfe von „QEK Altenpflegeausbildung" evaluiert.

„QEK Altenpflegeausbildung" kam zu zwei Erhebungszeitpunkten (Herbst 2011 und Sommer 2012) zum Einsatz, um die Qualitätsentwicklung der betrieblichen Ausbildung durch einen konsequenten Einsatz von Qualitätsbausteinen sowohl für die teilnehmenden Betriebe als auch das gesamte Modellprojekt zu dokumentieren.

Wie sich eine gelungene Qualitätsentwicklung darstellt und wodurch sie sich auszeichnet wird im Folgenden durch ein Fallbeispiel illustriert. Im Anschluss werden Potenziale und Grenzen des Instruments aus Sicht des Modellversuchsträgers IGF e. V. und der Betriebe diskutiert.

„QEK Altenpflegeausbildung" zeigt deutliche Effekte durch qualitätsverbessernde Maßnahmen

Ausgangslage des Betriebs:

Die Pflegeeinrichtung eines großen Trägers in Brandburg beteiligte sich am Modellprojekt QUESAP, um ihre praktische Ausbildungsqualität zu verbessern. Im November 2011 wurden seitens des Betriebes in einer schriftlichen Befragung folgende Verbesserungswünsche hinsichtlich der Ausbildungsqualität als offene Antwort formuliert:

- Ausbildungskonzept: für alle an der Ausbildung beteiligten Personen: Auszubildenden werde die Rahmenbedingungen vorgegeben und dadurch klare Aufgabenbereiche festgelegt
- Individueller Ausbildungsplan: ein realer und auf den Auszubildenden zugeschnittener Ausbildungsplan ist für jeden Praxisanleiter und auch für andere Fachkräftetransparenter,
  - auf noch bestehende Defizite kann man konkret eingehen
- Beurteilungsinstrumente: einheitliche Beurteilungsinstrumente zwischen Schule und Praxis sind vergleichbarer
- Betrieblicher Ausbildungsplan: - bessere Zusammenarbeit zwischen Schule und Praxis - in jedem Praktikumsabschnitt können dadurch die theoretisch erlernten Kenntnisse in der Praxis umgesetzt werden" [Cd-nr. 2-13;b 1]

Die Pflegeeinrichtung hat im Rahmen eines Betriebsbesuchs durch einen wissenschaftlichen Mitarbeiter des Modellversuchsträgers IGF e. V. im November 2011 das Online Tool „QEK Altenpflegeausbildung" erstmals eingesetzt, mit dem primären Ziel, einen Prozess der Qualitätsentwicklung einzuleiten.

Die Einrichtung entschied sich in Anlehnung an den dem Modellprojekt zugrunde gelegten PDCA-Zyklus (Deming-Kreis), im Rahmen der Erprobungsphase folgende Qualitätsbausteine einzusetzen, um die angestrebten Verbesserungen zu initiieren:

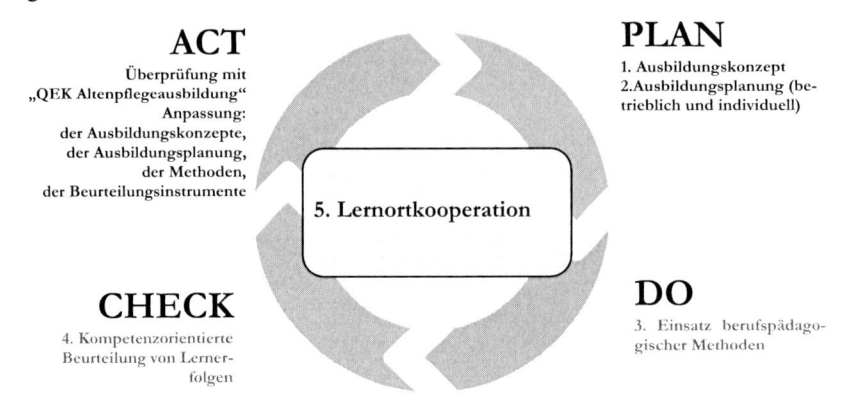

ACT
Überprüfung mit
„QEK Altenpflegeausbildung"
Anpassung:
der Ausbildungskonzepte,
der Ausbildungsplanung,
der Methoden,
der Beurteilungsinstrumente

PLAN
1. Ausbildungskonzept
2. Ausbildungsplanung (betrieblich und individuell)

5. Lernortkooperation

CHECK
4. Kompetenzorientierte Beurteilung von Lernerfolgen

DO
3. Einsatz berufspädagogischer Methoden

Abb. 99: Eingesetzte Qualitätsbausteine der Pflegeeinrichtung

Ein Ausbildungskonzept sowie betriebliche und individuelle Ausbildungspläne (in Abb. 99 rot hervorgehoben) sollten neu eingeführt, berufspädagogische Methoden und Beurteilungsinstrumente (in Abb. 99 blau hervorgehoben) überarbeitet werden.

An diesem Prozess waren neben der Einrichtungsleitung und Pflegedienstleitung als Verantwortliche für die Verbesserung von Rahmenbedingungen für Ausbildungsarbeit auch die Praxisanleitungen als Verantwortliche für die Durchführung der praktischen Ausbildung beteiligt.

Nach acht Monaten, im Juli 2012, wurde die QEK-Analyse im Rahmen eines zweiten Betriebsbesuches wiederholt. Damit konnte das Ergebnis der Qualitätsentwicklung, das in diesen acht Monaten erreicht wurde, sehr genau dokumentiert werden. Die Unterstützung bei der Anwendung des Instruments „QEK Altenpflegeausbildung" durch den wissenschaftlichen Mitarbeiter des IGF e. V. bewirkte, dass Eingabefehler korrigiert und inhaltliche Fragen direkt geklärte werden konnten. Damit stieg die Verlässlichkeit der Angaben deutlich und eine Verzerrung der Auswertung aufgrund unrealistischer Angaben wurde weitestgehend vermieden.

Die Auswertung und graphische Darstellung der QEK-Analysen erfolgte durch Dorothea Piening vom i:BB an der Universität Bremen.

Tina Knoch

Da im Modellversuch QUESAP eine Qualitätsverbesserung der Ausbildungsprozesse fokussiert wurde und alle begleitenden Maßnahmen des Modellversuchsträgers IGF e. V. wie Workshops, Betriebsbesuche und Fachtagungen primär darauf und kaum auf Rentabilitätsaspekte gerichtet waren, stehen die Auswertungsergebnisse zu den Qualitätsaspekten von „QEK Altenpflegeausbildung" in den folgenden Ausführungen im Mittelpunkt.

Qualitätsentwicklung „auf einen Blick"

Anhand der Werte in der Qualitäts-Rentabilitäts-Matrix (QRM) lässt sich der alle Einzelwerte zusammenfassende Veränderungsprozess in Bezug auf die gesamte Ausbildung dieses Betriebes darstellen:

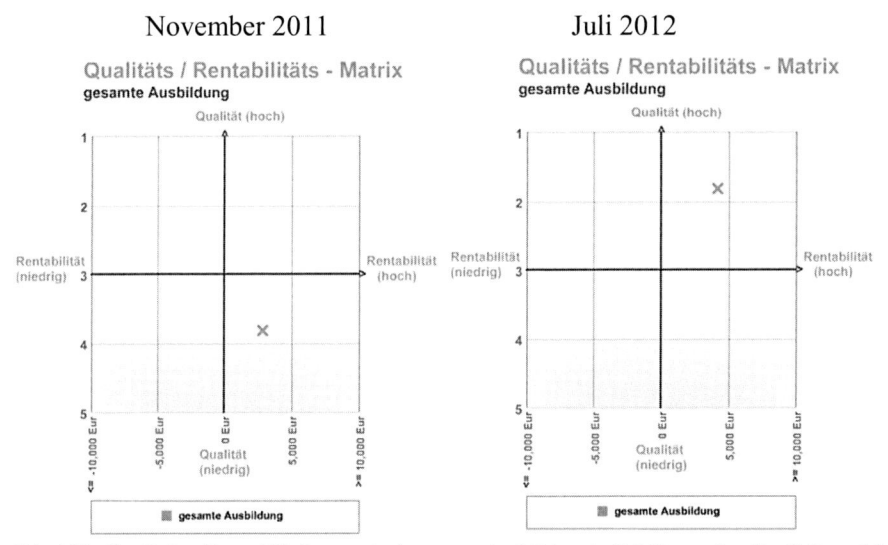

Abb. 100: *Qualitäts-/Rentabilitätsmatrix (gesamte Ausbildung): Erhöhung der Qualität und Rentabilität*

Danach hat die Ausbildungsqualität um mehr als eine Note – von 3,82 auf 1,82 (bei einer Notenskala von 1 bis 5) – zugenommen. Die Rentabilität der Ausbildung ist leicht gestiegen.

Die Veränderung der Ausbildungsqualität im zeitlichen Verlauf

Wie sich die Veränderungen im Qualitätszuwachs und einer Erhöhung der Rentabilität in den einzelnen Ausbildungsjahren für die Pflegeeinrichtung darstellt zeigt die folgende Abbildung:

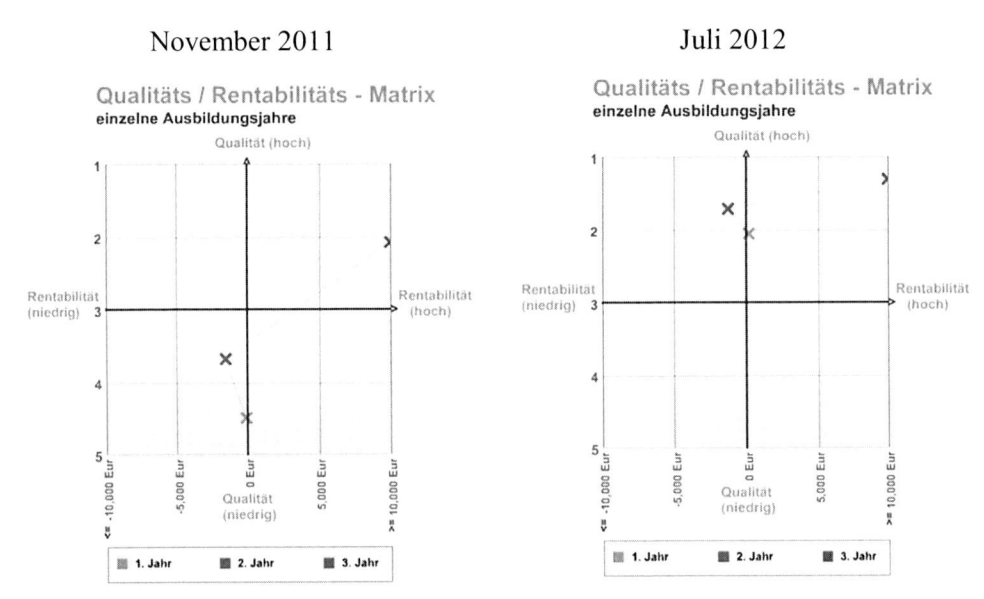

Abb. 101: QR-Matrix 2011/2012 zum Verlauf der QR-Werte vom ersten bis dritten Ausbildungsjahr

Für die Wirksamkeit der Qualitätsbausteine auf das Niveau der praktischen Ausbildung dieser Pflegeeinrichtung spricht, dass die Ausbildungsqualität in acht Monaten deutlich ansteigt. Dies ist vor allem darauf zurückzuführen, dass die Auszubildenden in ihrer Kompetenzentwicklung in den ersten beiden Ausbildungsjahren durch deutliche Veränderungen bei der Ausbildungsstruktur des Betriebes besser gefördert wurden. Im ersten Ausbildungsjahr konnte der Ausbildungsqualität von 4,45 auf 2,0 – auf einer Notenskala von 1 bis 5 – verbessert werden.

Im Einzelnen können folgende Veränderungen in der praktischen Ausbildung der Pflegeeinrichtung dokumentiert werden:

- Die betriebliche Ausbildung richtet sich im Juli 2012 konsequent nach einem festgelegten Ausbildungsplan.
- Die Auszubildenden können dadurch die konkreten Lernziele der einzelnen Ausbildungsabschnitte benennen.
- Es wird nun intensiver darauf geachtet, dass die Lernzielvereinbarungen auch eingehalten werden.
- Die Auszubildenden arbeiten an ihren Aufgaben im Sinne einer vollständigen Arbeitshandlung.
- Die Arbeitsaufgaben der Auszubildenden werden zunehmender komplexer.

Struktur der Ausbildung (Details)	November 2011 Ihre Angaben	November 2011 Vergleichsbetriebe	Juli 2012 Ihre Angaben	Juli 2012 Vergleichsbetriebe
Die betriebliche Ausbildung richtet sich konsequent nach einem festgelegten Ausbildungsplan.	gut (2.25)	gut (2.24)	mangelhaft (5.00)	gut (2.21)
Die Auszubildenden sind detailliert über die Inhalte der praktischen Ausbildung in den Ausbildungsabschnitten informiert.	gut (2.25)	gut (2.03)	gut (2.25)	gut (2.03)
Die Auszubildenden können die konkreten Lernziele der einzelnen Ausbildungsabschnitte benennen.	gut (2.25)	gut (2.47)	ausreichend (3.50)	gut (2.46)
Es wird sehr darauf geachtet, dass die Lernzielvereinbarungen eingehalten werden.	gut (2.25)	gut (1.84)	ausreichend (3.50)	gut (1.83)
Die Auszubildenden sind sich über ihren individuellen Ausbildungsstand im Klaren.	gut (2.25)	gut (2.04)	gut (2.25)	gut (2.04)
Die Bearbeitung der Arbeitsaufgaben der Auszubildenden wird mit der Praxisanleitung gemeinsam reflektiert.	gut (2.25)	gut (1.50)	gut (2.25)	gut (1.50)
Die Auszubildenden bearbeiten Lernaufgaben aus der Praxis, die in der Pflege gerade anstehen.	gut (2.25)	gut (1.96)	gut (2.25)	gut (1.96)
Die Auszubildenden arbeiten an ihren Aufgaben im Sinne der vollständigen Arbeitshandlung.	gut (2.25)	gut (2.15)	ausreichend (3.50)	gut (2.14)
Die Arbeitsaufgaben der Auszubildenden werden zunehmend komplexer.	sehr gut (1.00)	sehr gut (1.35)	gut (2.25)	sehr gut (1.32)

Tab. 20: Strukturelle Verbesserungen der Ausbildung

Qualitätsmerkmale

Insgesamt konnte die Ausbildungsqualität von einem durchschnittlichen Qualitätsindex von 3,82 im Laufe der acht Monate auf den guten Wert von 1,82 angehoben werden.

Der Vergleich der Qualitätsprofile beider Erhebungszeitpunkte zeigt auf, bei welchen Merkmalen dieser Betrieb über alle Ausbildungsjahre hinweg eine deutliche Entwicklung erzielte.

November 2011   Juli 2012

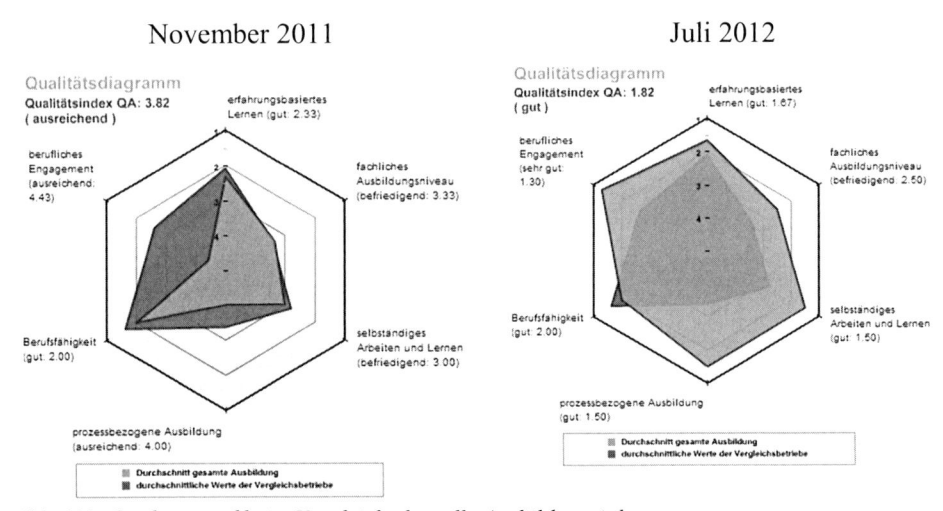

Abb. 102: Qualitätsprofile im Vergleich über alle Ausbildungsjahre

Vor allem im Bereich des selbständigen Arbeitens und Lernens wie auch bei der prozessbezogenen Ausbildung hat sich ein regelrechter Qualitätssprung vollzogen. Dies scheint sich auch direkt auf das berufliche Engagement der Auszubildenden dieser Pflegeeinrichtung auszuwirken. Hier ist ebenfalls ein deutlicher Zuwachs zu verzeichnen. Wie bereits eingangs beschrieben, ist die Ausbildung an den betrieblichen Geschäftsprozessen zu orientieren. Die Auszubildenden nehmen ihre Tätigkeiten dabei im Kontext und als Teil der ganzheitlichen Pflege wahr und können so ihre beruflichen Aufgaben in ihrer Bedeutung für die zu Pflegenden und für die Pflegeeinrichtung einordnen. Dies wiederum ist die Grundlage für die Entwicklung von Verantwortungs- und Qualitätsbewusstsein im Pflegeprozess. Darauf ist daher auch die deutlich höhere Ausprägung des beruflichen Engagements von zunächst ‚ausreichend' (November 2011) auf ‚sehr gut' (Juli 2012) zurück zu führen.

Potenzial zeigt sich hinsichtlich des fachlichen Ausbildungsniveaus wenngleich es auch hier eine Qualitätsverbesserung gab. Worauf der hier – über die gesamte

Ausbildungszeit betrachtete - deutlich geringere Qualitätsanstieg zurück zu führen ist, wird bei der Auswertung der Qualitätsprofile im Zeitverlauf deutlich.

Die Veränderung der Qualitätsmerkmale im zeitlichen Verlauf

Analysiert man die Qualitätsprofile der Ausbildung des ersten bis dritten Ausbildungsjahres für die Erhebungszeitpunkte 2011 und 2012 zeigt sich, dass der Qualitätssprung im ersten, aber auch im zweiten Ausbildungsjahr in allen von „QEK Altenpflegeausbildung" erfassten Dimensionen stattfand.

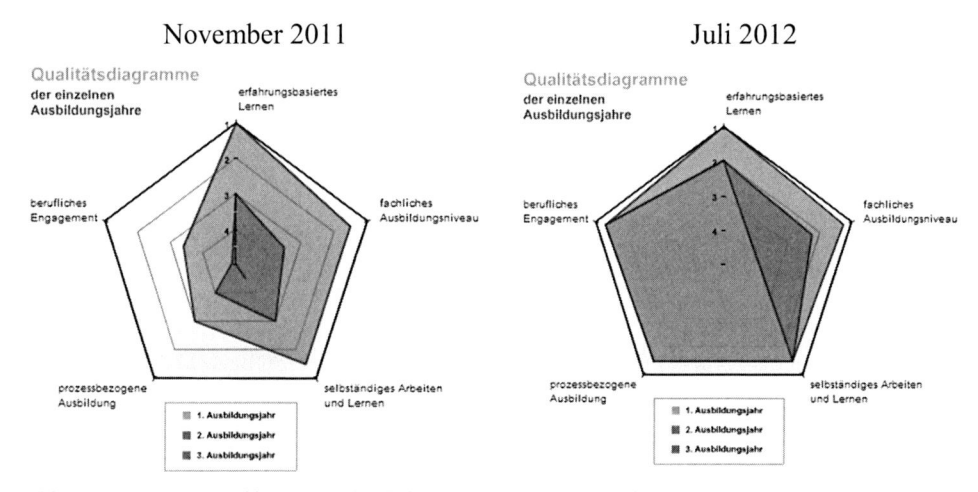

Abb. 103: Qualitätsprofile im Vergleich für die einzelnen Ausbildungsjahre

Der Pflegeeinrichtung ist es gelungen, ein gemeinsames Ausbildungsverständnis (wenn, laut eigener Angaben, auch noch nicht bei allen Fachkräften im gleichen Maße) zu entwickeln. Maßgeblich hierfür war sicher die Fertigstellung des Ausbildungskonzeptes, in dem die wichtigsten Rahmenbedingungen der Ausbildung festgelegt wurden. Dazu zählen Regelungen zu Zuständigkeiten und Verantwortlichkeiten von Leitungsebene, Praxisanleitung und weiteren Fachkräften im Rahmen der praktischen Ausbildung aber auch strukturelle Voraussetzungen für das Selbststudium der Auszubildenden, wie geeignete Räumlichkeiten, die Verfügbarkeit von Fachliteratur und einem Computer und ausreichend Zeit für selbstorganisierte Lernprozesse. Dies führte bereits im ersten Ausbildungsjahr zur positiven Veränderung der Ausbildung durch die Erhöhung des Niveaus des selbständigen Lernens und Arbeitens.

Beim Qualitätskriterium des fachlichen Ausbildungsniveaus zeigt sich bei der Darstellung der Entwicklung über die drei Ausbildungsjahre, dass sich in den beiden ersten Ausbildungsjahren durchaus eine Qualitätsverbesserung zeigt. Die häufig von Praxispartnern im Modellprojekt QUESAP bei der ersten Selbstevaluation der Ausbildungsqualität geäußerte Ansicht, dass Auszubildenden zu Beginn der Ausbildung nur für Hilfskrafttätigkeiten eingesetzt werden können, ließ sich bei dieser Pflegeeinrichtung positiv beeinflussen. Dazu trägt sicher die im Erhebungszeitraum begonnene systematische individuelle Ausbildungsplanung bei, die sich konsequent an den schulischen Lerninhalten orientiert sowie der Einsatz

von geplanten Anleitungen, zur Vermittlung von pflegerischen Inhalten. Weiter erhöhen ließe sich die Ausbildungsqualität bereits in den ersten beiden Ausbildungsjahren durch den Einsatz anspruchsvoller Arbeitsaufträge auf Fachkraftniveau. Eine Möglichkeit hierzu wäre der gezielte Einsatz von Lernsituationen, wie sie den Praxispartnern im Modellversuch QUESAP vorgestellt und von diesen auch exemplarisch erarbeitet wurden (vgl. www.quesap.net/methoden). Diese erfordern durch ihre Aufgabestellungen vollständige Handlung von den Auszubildenden, lassen sich an den jeweiligen Ausbildungsstand und der theoretisch vermittelten Ausbildungsinhalte anpassen und zielen auf einen Kompetenzzuwachs ab. Sie ermöglicht gleichzeitig eine effiziente Einbettung der Ausbildung in Arbeits- und Geschäftsprozesse, da die Aufgaben in alltäglichen Pflegeprozessen eingebettet werden können.

Bei unserer Beispieleinrichtung werden diese Lernsituationen nach eigenen Angaben zwar entwickelt und eingesetzt, problematisch ist jedoch, dass „einer die Initiative ergreifen muss" und „einige Praxisanleitungen zur eigenständigen Entwicklung neuer berufspädagogischer Methoden nur schwer in der Lage sind" (Quelle: Angaben der Pflegeeinrichtung zur Bewertung der Aktivitäten und Maßnahmen im Modellversuch QUESAP mit Bezug auf dessen Innovationsziele). Dem ließe sich durch eine berufspädagogische Qualifizierung begegnen, die weniger auf pflegefachliche Themen eingeht sondern gezielt auf die Vermittlung didaktischer Möglichkeiten zur Förderung von Lernprozessen abzielt. Im Betrieb selbst würde sich die Etablierung regelmäßiger Praxisanleiter-Treffen anbieten, um eine Erfahrungsweitergabe von erfahrenen Ausbilderinnen und Ausbildern an weniger geübte zu ermöglichen.

Tina Knoch

Ausbildungszeiten und Lernorte

Aufgrund der gesetzlich vorgegebenen Verteilung der Ausbildungszeiten ergibt sich in der Altenpflegeausbildung insgesamt ein Überhang an praktischen gegenüber schulischen Ausbildungszeiten (vgl. Anteil der auf die Altenpflegeschule entfallenden Ausbildungszeiten in Abb. 104).

Der Ausbildungsqualität abträglich ist es, wie häufig von Auszubildenden aber auch von Ausbildern in Pflegeeinrichtungen bemängelt, wenn Auszubildende als billige Arbeitskräfte auf Hilfskraftniveau eingesetzt werden oder fehlendes Personal kompensieren müssen.

Positiv in diesem Fallbeispiel ist, dass der Anteil des Lernens im Arbeitsprozess auf Fachkräfteniveau von 50% auf fast drei Viertel (70%) der Arbeits-/Lernzeit innerhalb von acht Monaten angestiegen ist.

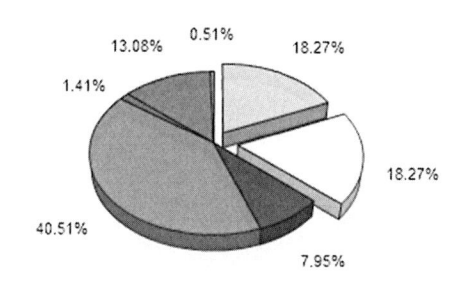

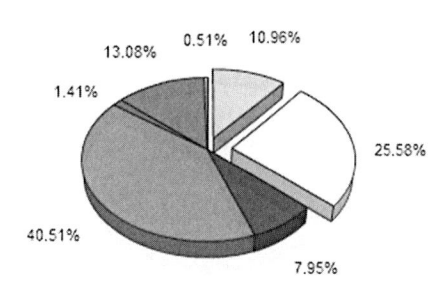

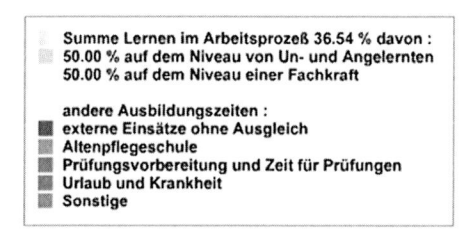

Verteilung der Ausbildungszeiten

13.08% 0.51% 18.27%
1.41%
40.51%
18.27%
7.95%

Summe Lernen im Arbeitsprozeß 36.54 % davon :
50.00 % auf dem Niveau von Un- und Angelernten
50.00 % auf dem Niveau einer Fachkraft

andere Ausbildungszeiten :
■ externe Einsätze ohne Ausgleich
■ Altenpflegeschule
■ Prüfungsvorbereitung und Zeit für Prüfungen
■ Urlaub und Krankheit
■ Sonstige

November 2011

Verteilung der Ausbildungszeiten

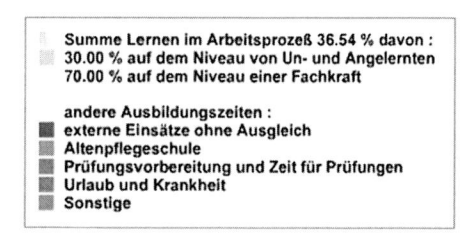

13.08% 0.51% 10.96%
1.41%
25.58%
40.51%
7.95%

Summe Lernen im Arbeitsprozeß 36.54 % davon :
30.00 % auf dem Niveau von Un- und Angelernten
70.00 % auf dem Niveau einer Fachkraft

andere Ausbildungszeiten :
■ externe Einsätze ohne Ausgleich
■ Altenpflegeschule
■ Prüfungsvorbereitung und Zeit für Prüfungen
■ Urlaub und Krankheit
■ Sonstige

Juli 2012

Abb. 104: Verteilung der Ausbildungszeiten

Hier wurde das Potenzial zur Anhebung der Ausbildungsqualität bereits gut ausgeschöpft. Wenngleich es noch Steigerungsmöglichkeiten gibt, wenn zum Ende der Ausbildung von den Auszubildenden das Kompetenzprofil einer Pflegefachkraft erreicht werden soll.

Dies begünstigt im Übrigen auch die Rentabilität der Ausbildung, da erst die Einbindung der Auszubildenden in Arbeitsprozesse auf Fachkraftniveau und die Abrechnung der entsprechend erbrachten Leistungen zu einer tatsächlichen Steigerung der Rentabilität.

Grenzen und Potenzial von „QEK Altenpflegeausbildung"

Die Erfahrungen des Einsatzes von „QEK Altenpflegeausbildung" im Modellversuch QUESAP, die sich nicht nur durch die Auswertung der Fragebögen des Tools, sondern durch eine Vielzahl von Gesprächen im Rahmen von 48 Beratungen bei den Betriebsbesuchen ergeben haben, zeigen eine Reihe von Grenzen aber auch Potenziale für den Einsatz des Instruments für die Selbstevaluation der Ausbildungsqualität im Betrieb auf.

Viele Fragen erfordern eine ausgeprägte Fähigkeit zur Abstraktion und Reflexion seitens der Antwort gebenden Person bzw. Personengruppe. So sind die Angaben zu den Qualitätsmerkmalen, aus welchen sich die Qualitätsspinne generiert, die sich im Durchschnitt auf alle Auszubildenden in einem Ausbildungsjahr zu beziehen. Das war noch einfach in kleinen Einrichtungen mit nur 1 bis 2 Auszubildenden, steigt deren Anzahl aber an bzw. sind die Leistungs- und Niveauunterschiede zu groß, dass wurde der zu bildende Mittelwert von einigen Betrieben als problematisch angesehen.

Ein weiteres Problem war, das häufig unrealistische Angaben im Vergleich mit der durch die wissenschaftlichen Mitarbeiter des IGF e. V. aus der Außenperspektive erfolgten Einschätzung gemacht wurden. Betriebe mit der Intention, ihre Ausbildungsqualität deutlich zu verbessern tendierten eher dazu in der ersten Erhebungsrunde generell schlechtere Werte anzugeben. Auch wenn sie bei einzelnen Items aufgrund ihrer bisherigen Ausbildungspraxis, die uns auch durch die Auszubildenden selbst in eigenständigen Workshops übermittelt worden war, durchaus bereits gut aufgestellt waren.

Im Gegenzug gab es Betriebe, die bereits im ersten Ausbildungsjahr bei vielen Items gute bis sehr gute Werte angegeben hatten und erst auf dezidierte Nachfrage, wie sie zu dieser Einschätzung kämen und ob es tatsächlich kaum Unterschiede zwischen den drei Ausbildungsjahren gäbe, zu einer begründbaren Neueinschätzung kamen.

Insgesamt wurde im Modellprojekt QUESAP deutlich, dass es bei beim Einsatz des Instruments zur Selbstevaluation der Ausbildungsqualität sowohl durch zu optimistische als auch zu negative Einschätzung zu erheblichen Verzerrungen der Qualitätsbeurteilung durch die beteiligten Praxisanleitungen und Leitungskräfte kommen kann. Unser Beispielbetrieb konnte seine Angaben, die nach eigenen Angaben im Ergebnis nicht mit dem erlebten Ausbildungsniveau übereinstimmten, durch intensive Gespräche mit dem betreuenden wissenschaftlichen Mitarbeiter und entsprechende Anpassungen zu einem als realistisch angesehenen Bild korrigieren.

Hier zeigt sich auch das große Potenzial des QEK-Tools im Berufsfeld Altenpflege: in Verbindung mit einer Beratung zu Fragen der Ausbildungsqualität ist es nach Ansicht der am Modellversuch teilnehmenden Betriebe sehr gut geeignet, Lücken in der Ausbildungspraxis aufzuzeigen. Wenn dann passgenaue Verbesserungsvorschläge unterbreitet und mit Hilfe angebotener Lösungswege realisiert werden können, lässt sich die Ausbildungsqualität des Betriebes deutlich anheben. Und das bereits in einer relativ kurzen Zeitspanne von etwa einem Ausbildungsjahr. Besonders deutlich wurde dies bei der Einbettung der Arbeitsaufträge in betriebliche Geschäftsprozesse. Hier konnten einige der Pflegeeinrichtung große Erfolgserlebnisse verbuchen.

Fazit der Modellversuchspartner: der als relativ hoch erlebte Aufwand für die Anwendung des QEK-Tools lohnt sich, um eine Stärken- und Schwächenanalyse hinsichtlich der Ausbildungsqualität vorzunehmen. Es braucht in der Regel aber eine fachkundige Unterstützung und Beratung, will man dieses Potenzial des Instruments voll ausschöpfen.

5 Querschnittsanalysen zu den Qualitätsaspekten

Andrea Maurer, Dorothea Piening, Felix Rauner

5.1 Lernen im Arbeitsprozess –Berufliches Lernen als Hineinwachsen in die berufliche Praxisgemeinschaft

Die Überschrift dieses Beitrages verweist auf das Ausbildungsparadoxon: Auszubildende üben in ihrem Ausbildungsprozess berufliche Aufgaben aus, ohne dass sie vorher ‚gelernt' haben, wie diese Aufgaben gelöst werden können. Unabhängig von der berufs- und arbeitspädagogischen Diskussion, die sich seit wenigstens einem Jahrhundert mit der Frage nach den besten Formen des beruflichen Lernens und ihrer Organisation in den miteinander konkurrierenden Systemen beruflicher Bildung auseinandersetzt, haben Lave und Wenger mit ihrer Theorie des situierten Lernens (1991) eine Basistheorie für das berufliche Lernen formuliert. Diese Theorie beruflichen Lernens und beruflicher Entwicklung kann in ihrer Reichweite für die Berufsbildungsforschung und die Berufsbildungspraxis kaum überschätzt werden. Danach sind Auszubildende

- von Anfang an durch ihren Status in ihrer Rolle *legitimiert*, sich Schritt für Schritt in zunehmender Tiefe und Breite berufliches Wissen und Können anzueignen.
- Sie wachsen durch die Übernahme zunehmend verantwortlicher Aufgaben in die berufliche Praxisgemeinschaft hinein, ohne den unmittelbaren Handlungsdruck beruflicher Praxis gänzlich ausgesetzt zu sein (Peripherikalität). Dadurch eröffnen sich die für ein erfolgreiches Lernen notwendigen Räume reflektierter Praxiserfahrung als die Grundlage für die Ausweitung der Partizipation in den beruflichen Arbeitsprozessen.
- Lernen entspringt der Beteiligung an den inhaltlichen und sozialen Prozessen der beruflichen Praxisgemeinschaft. *Partizipation* und *Peripherikalität* bilden ein dialektisches Spannungsverhältnis von Distanz und Nähe zur beruflichen Praxisgemeinschaft.

Den Prozess des Hineinwachsens in die berufliche Praxisgemeinschaft – in den Beruf –, herausgefordert durch die Beteiligung an und die Übernahme von beruflichen Aufgaben, bezeichnen Lave und Wenger als ein ‚Learning Curriculum':

> *„A learning curriculum consists of situated opportunities [...] for the improvisational development of new practice. A learning curriculum is a field of learning resources in everyday practice* viewed from the perspective of learners. *[...]. A learning curriculum is essentially situated. It is not something that can be considered in isolation, manipulated in arbitrary didactic terms, or analyzed apart from the social relations that shape legitimate peripheral participation. A learning curriculum is thus characteristic of a community. [...]. It does imply participation in an activity system about which participants share understandings concerning what they are doing and what that means in their lives and for their communities" (Lave/Wenger 1991. 97/98).*

Das Novizen-Experten-Paradigma (Dreyfus/Dreyfus 1986), die Entwicklungstheorie von Havighurst (1972) zur Bedeutung von Entwicklungsaufgaben (developmental tasks) für die Entwicklung Erwachsener sowie die Arbeiten von Howard Garfinkel (1986) und Donald Schön (1983) zur Bedeutung des Lernens im Arbeitsprozess erfahren bei Lave und Wenger die Form einer Grundlagentheorie für das berufliche Lernen. Fragestellungen und Hypothesen zum Vergleich unterschiedlicher Formen beruflichen Lernens, ob z. B. das schulische Lernen *oder* das Lernen im Arbeitsprozess effektiver ist, verlieren damit ihre Legitimität: es würden Äpfel mit Birnen verglichen. Lave und Wenger schildern im Abschnitt 'the place of learning' anschaulich, was berufliche Bildung ist:

> *To begin with, newcomers' legitimate peripherality provides them with more than an 'observational' lookout post: It crucially involves* participation *as a way of learning – of both absorbing and being absorbed in – the 'culture of practice'. An extended period of legitimate peripherality provides learners with opportunities to make the culture of practice theirs. From a broadly peripheral perspective, apprentices gradually assemble a general idea of what constitutes the practice of the community. This uneven sketch of the enterprise (available if there is legitimate access) might include who is involved; what they do; what everyday life is like; how masters talk, walk, work, and generally conduct their lives; how people who are not part of the community of practice interact with it; what other learners are doing; and what learners need to learn to become full practitioners. It includes an increasing understanding of how, when, and about what old-timers collaborate, collude, and collide, and what they enjoy, dislike, respect, and admire. In particular, it offers exemplars (which are grounds and motivation for learning activity), including masters, finished products, and more advanced apprentices in the process of becoming full practitioners"* (Lave/Wenger 1991, 95).

„ Die Aussage von Harold Garfinkel, dass man jeden Beruf zuletzt immer praktisch erlernen muss, erfährt hier noch einmal eine indirekte Begründung. Die tiefere Ursache für die Vernachlässigung des Arbeitsprozesses bei der Definition beruflichen Lernens und beruflicher Bildung, auf die hier hingewiesen wird, resultiert aus unterschiedlichen Konzepten beruflicher Kompetenz und beruflichen Wissens, wie sie in so verschiedenen Wissenschaften wie der Betriebswirtschaftslehre, der Managementforschung, der Berufspädagogik oder der Industriesoziologie definiert werden. Es wurde zu oft übersehen, dass sich die *Inhalte beruflicher Kompetenz und beruflichen Wissens* mit den Methoden der sozialwissenschaftlichen Forschung nicht erschließen lassen: *„The gap in the social sciences literature and occupations consists of all the missing descriptions of what occupational activities consist of and all the missing analyses of how the practitioners manage the tasks which, for them, are matters of serious and pressing significance [...] and it is just these features of occupations ['just whatness' of occupational practices] which are systematically absent from the social science literature"* (Heritage 1984, 299).

Die Berufsbildungsforschung kann diese Forschungslücke nur schließen, wenn es ihr gelingt, die berufs- und berufsfeldspezifische Qualifikations- und Curriculumforschung zu etablieren (vgl. dazu Rauner 2004, Huisinga 2006). Den oben zitierten Theorien ist gemeinsam, dass sie als den Dreh- und Angelpunkt des beruflichen Lernens die reflektierte Arbeitserfahrung sowie das daraus entspringende Arbeitsprozesswissen ansehen. Die arbeitsorientierte Wende in der Didaktik beruflicher Bildung findet hier ihre theoretische Begründung. Für die Umsetzung in die Berufsbildungspraxis wurden entscheidende Weichen durch das Modellversuchsprogramm zum dezentralen Lernen gestellt. (Dehnbostel/Peters 1991; Dehnbostel 2002; Dehnbostel/Novak 1992; Dehnbostel 1995; Dehnbostel/Novak 1995; Fischer/Rauner 2002). Martin Fischer entfaltet unter Bezugnahme auf die einschlägige Arbeit- und Technikforschung sowie die Modellversuchspraxis die Kategorie der Erfahrung in arbeitspädagogischer und -psychologischer Perspektive (Fischer 1996). Geht man vom Konzept des situierten Lernens aus, dann kommt es in der Berufsbildung – vor allem in den Ausbildungsbetrieben – darauf an, die Lernzeiten im Betrieb so zu nutzen, dass Auszubildende sich an betrieblichen Arbeitsaufträgen beteiligen können bzw. diese verantwortlich durchführen, die Arbeitsaufträge und die Beteiligung daran so zu gestalten, dass sie das Hineinwachsen der Auszubildenden in ihren Beruf fördern und dabei das didaktische Prinzip der vollständigen Arbeitshandlung zu berücksichtigen, denn nur dann erleben Auszubildende ihre Tätigkeit als Arbeitszusammenhänge, die sie in ihrer Bedeutung verstehen und reflektieren können. Ausgehend von diesen entwicklungs- und lerntheoretischen Überlegungen wurden für ein Instrument zur Bewertung der Qualität betrieblicher Ausbildungsprozesse verschiedene Qualitätskriterien begründet und operationalisiert. Vier dieser Kriterien beziehen sich auf die Qualität des Lernens im Arbeitsprozess.

Lernen im Arbeitsprozess: Produktive Ausbildungs-/Lernzeiten

Wird berufliche Bildung außerbetrieblich und schulisch organisiert, dann erfordert das Hineinwachsen in die beruflichen Praxisgemeinschaften zum Erreichen der Berufsfähigkeit in der Regel eine ein- bis zweijährige Berufspraxis. Der Umfang der *produktiven Lernzeiten* lässt sich daher als ein Indikator für Ausbildungsqualität nutzen. Das Kriterium der produktiven Lernzeit bedarf zusätzlich der Ergänzung um Kriterien, die sich auf die *Qualität* der beruflichen Arbeitsaufgaben beziehen.

Die Datenbasis

Bis Ende 2011 wurde das Selbstevaluationstool QEK von rund 500 Ausbildungsbetrieben bzw. Einrichtungen der Ausbildungsberatung der BBiG-Berufe sowie 125 Einrichtungen der Pflege genutzt. 340 valide Datensätze stehen in einer Datenbank zur Verfügung und können nach den unterschiedlichsten Gesichtspunkten aggregiert und korreliert werden.

In der Stichprobe sind rund 60 Ausbildungsberufe vertreten. Aufgegliedert nach Branchen gehören 30 Prozent der Betriebe zur Industrie (N= 103), 27,4 Prozent zu Handel und Dienstleistungen (N=93), 19,4 Prozent entstammen dem Handwerk (N=66), 19 Prozent dem Pflegesektor (N=65) und 4 Prozent anderen Branchen (N=14)". (Abb. 105).

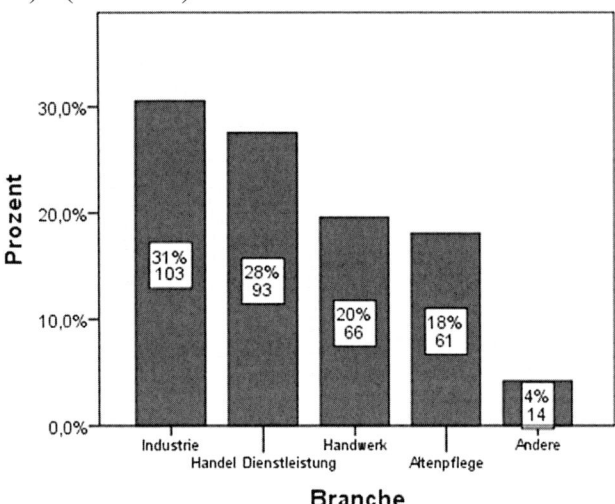

Abb. 105: Verteilung der QEK-Betriebe nach Branchen

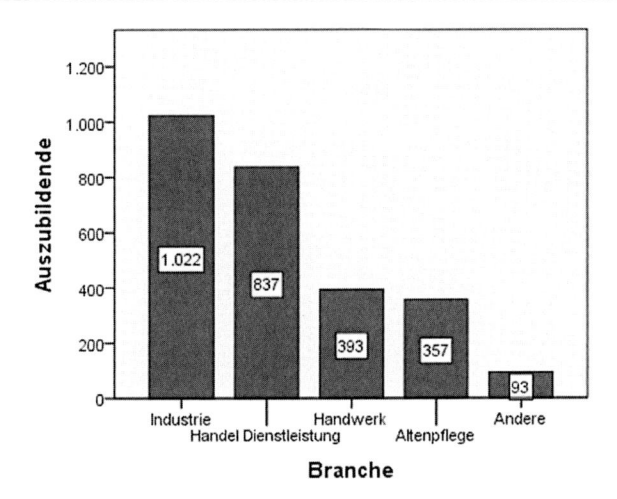

Abb. 106: Anzahl der Auszubildenden der QEK-Betriebe nach Branchen

Die Betriebsgrößen der an der Untersuchung beteiligten Unternehmen schwanken zwischen 1 und über 6.000 Beschäftigten. Auf Betriebe zwischen 1 und 10 Beschäftigten entfallen 16,0 Prozent. 35,6 Prozent haben 11 bis 99 Beschäftigte, 32,6 Prozent ist der Anteil der Unternehmen mit 100 bis 499 Beschäftigten. Der Anteil der Unternehmen mit 500 und mehr Beschäftigten beträgt 15,7 Prozent (Abb. 107).

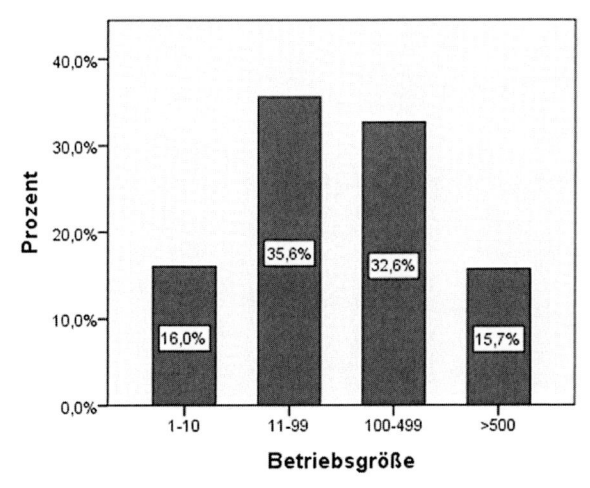

Abb. 107: Verteilung der QEK-Betriebe nach Betriebsgröße

Die Untersuchungseinheit dieser Studie ist der einzelne Betrieb, der wiederum Daten zu einem ‚typischen' Auszubildenden in einem Ausbildungsberuf liefert, unabhängig davon, wie viele solche Auszubildende ein Betrieb aufweist. Im Folgenden werden die Ergebnisse aus diesen Untersuchungseinheiten dargestellt.

5.1.1 Ergebnisse der QEK-Studie zu drei ausgewählten Kriterien der Ausbildungsqualität

Die Lernzeiten in der betrieblichen Berufsausbildung

Das Herzstück der dualen Berufsausbildung, das Lernen im Arbeitsprozess, wird in der nach dem BBiG und der einschlägigen Ordnungspraxis organisierten Berufsbildung eher unterbewertet. Die Ursachen für die Rücknahme des Lernens im Arbeitsprozess bis in die siebziger Jahre des vorigen Jahrhunderts liegt in einer problematischen Arbeitspädagogik, die spätestens mit dem Beginn des 20. Jahrhunderts für die verrichtungsorientierten industriellen Berufe die systematische und lehrgangsförmige Aneignung von Fertigkeiten propagierte (Krause 1961, 80ff; 99ff).

Die Formen der traditionellen Meisterlehre, wie die „Imitations-Methode" und die „Beistell-Methode", wurden als inadäquat für eine moderne industrielle Berufsausbildung eingestuft. Daraus ging schließlich das lehrgangsförmige Lernen in Lehrwerkstätten als eine die industrielle Berufsausbildung prägende Lernform hervor. Die Ausweitung des lehrgangsförmigen Lernen in Lehrwerkstätten wurde als Beginn der modernen dualen industriellen Berufsausbildung gewertet. Die Lehrwerkstatt könne die Ausbildung *„systematisch und einwandfrei durchführen...",* losgelöst von den Zufallserscheinungen des Betriebes. *„Während im Betrieb mehr oder weniger einseitige Arbeitsaufträge anfallen können, sorgt die Lehrwerkstatt anhand ihres Lehrprogrammes dafür, dass alle wesentlichen Fertigkeiten und Kenntnisse vermittelt werden"* (Krause 1961, 80). Die Vermittlung von Wissen, das Anwenden dieses Wissens in Übungen und schließlich in der beruflichen Arbeit, werden als eine Schrittfolge vom Wissen zum Arbeiten verstanden: *„Schon vor Beginn der Übung muss alles zur Durchführung notwendige Wissen erläutert und erarbeitet sein"* (ebd., 102). In einem 2001 herausgegebenen „Handbuch Ausbildung" wird noch heute hervorgehoben, dass der Vorteil von Lehrwerkstätten in der Trennung der Auszubildenden vom Tagesgeschäft (den betrieblichen Geschäfts- und Arbeitsprozessen) liege. Diese Trennung erlaube, dass die Auszubildenden *„ungestört und unbeobachtet"* in einem *„quasi-geschützten Raum"* bleiben können (Bontrup/Pulte 2001, 113). Diese Lehr- und Lernform wurde vom Deutschen Ausschuss für Technisches Schulwesen (DATSCH), der Arbeitsstelle für betriebliche Berufsausbildung (ABB) sowie vom Bundesinstitut für Berufsbildungsforschung (BBF) bzw. dem späteren Bundesinstitut für Berufsbildung (BIBB) in der Form von Ausbildungslehrgängen tief in der Tradition industrieller Berufsausbildung verankert. In der Berufs- und Arbeitspädagogik wird diese Form der Berufsausbildung gegenüber den bis dahin allein angewandten ‚Ur-Methoden' des berufspraktischen Lernens im Handwerk manchmal immer noch als ein Quantensprung gewertet (vgl. dazu Ploghaus 2003, 246). Die Folge dieses Quantensprungs besteht darin, dass mit dem lehrgangsförmigen Lernen in Lehrwerkstätten das Lernen im Arbeitsprozess, der Dreh- und Angelpunkt jeder effektiven Form der dualen Berufsausbildung, ins Abseits geriet. Damit wurde ein entscheidender Anstoß für die Abwärtsspirale in der dualen Berufsausbildung gegeben, bei der sich das Absenken der Ausbildungsqualität, die Erhöhung der Ausbildungskosten, das Absinken der Ausbildungserträge und der Verlust an Ausbildungsplätzen sowie das Nachlassen der Attraktivität der dualen Berufsausbildung für die Schulabgänger, und damit die Ausweitung der Probleme im Übergang von der Schule in die Arbeitswelt, wechselseitig verstärken (Bremer/Jagla 2000).

Differenzierung nach Branchen

Vergleicht man die produktiven Lernzeiten nach Branchen untereinander über die gesamte Ausbildung, dann ergeben sich eher geringe Unterschiede (Abb. 108).

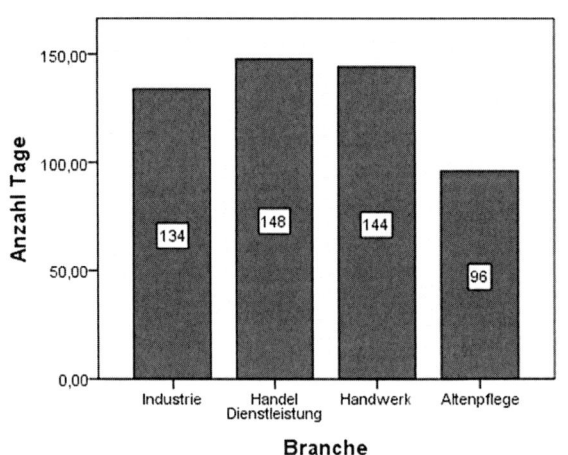

Abb. 108: Produktive Lernzeiten nach Branchen

Durchschnittlich 129 Lerntage in der Industrie stehen 141 im Handwerk und 147 in Handel und Dienstleistungen (HD) gegenüber. Die Differenz zwischen Handwerk und HD liegt in den Zeiten begründet, die im Handwerk für die überbetrieblichen Lernzeiten vorgesehen und zum Teil in den Ordnungsmitteln festgelegt sind.

Bemerkenswert ist, dass ein Viertel der Industriebetriebe lediglich zwischen 40 und 100 Tage im Arbeitsprozess ausbildet. Im Handels- und Dienstleistungssektor liegt knapp die Hälfte der Betriebe bei 150 oder mehr produktiven Ausbildungstagen.

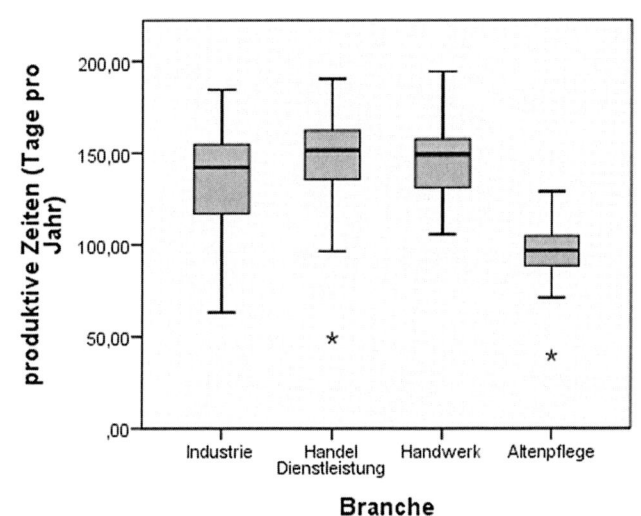

Abb. 109: Durchschnittliche produktive Zeiten Auszubildender in Tagen pro Jahr nach Branchen. Der Median ist jeweils hervorgehoben.

Differenzierung nach Branchen und Ausbildungsjahren

Differenziert man nach Ausbildungsjahren, dann ist vor allem der Zuwachs an produktiven Lernzeiten in der industriellen Ausbildung auffallend (Abb. 110). Die mittlere produktive Ausbildungszeit nimmt von 118 Tagen im ersten Ausbildungsjahr auf 136 Tage im dritten Ausbildungsjahr kontinuierlich zu. In den anderen Branchen hat das Ausbildungsjahr keinen nennenswerten Einfluss auf die produktiven Lernzeiten. Sie sind durchgängig relativ hoch.

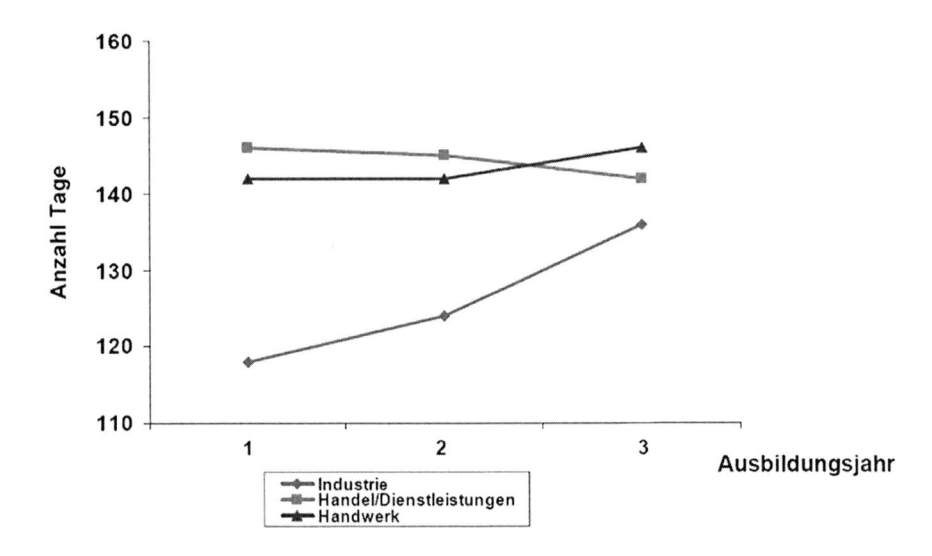

Abb. 110: Produktive Lernzeiten nach Branche und Ausbildungsjahr

Betrachtet man die Branchen genauer, dann fallen die großen Unterschiede in der Streuung auf. In der industriellen Berufsausbildung streuen die produktiven Ausbildungszeiten von 41 bis 175 Tage (Abb. 111). Die Standardabweichung beträgt 30 Tage und ist somit größer als die des HD-Sektors (25 Tage) und des Handwerks (18 Tage).

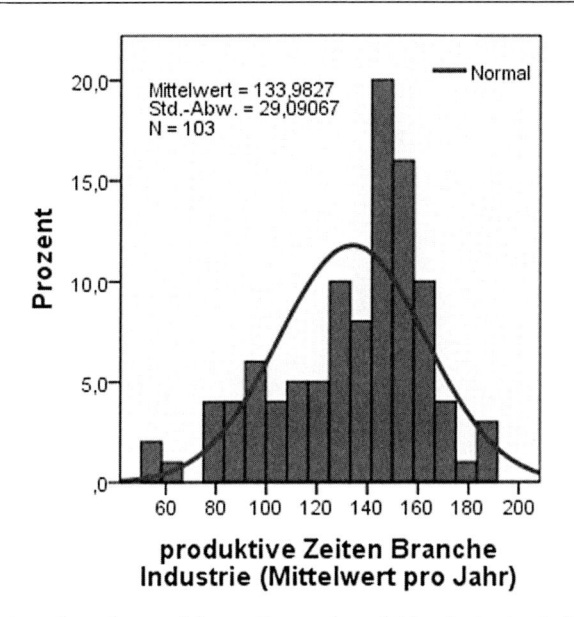

Abb. 111: Verteilung der produktiven Zeiten Auszubildender in den Industriebetrieben

Betrachtet man die Verteilung der produktiven Lernzeiten, dann wird deutlich, dass das Lernen im Arbeitsprozess im ersten Ausbildungsjahr offenbar sehr unterschiedlich gewichtet wird. Einer Gruppe größerer Industrieunternehmen mit einem eher niedrigen Anteil produktiver Lernzeiten von etwa 50 Tagen steht die Mehrheit kleinerer und mittlerer Betriebe mit produktiven Lernzeiten von 120 bis 170 Tagen gegenüber. Eine genaue Analyse der Daten ergibt, dass die erste Gruppe im ersten Ausbildungsjahr überwiegend lehrgangsförmig ausbildet, während die kleineren und mittleren Unternehmen ihre Ausbildung bereits im ersten Ausbildungsjahr auftragsbezogen organisieren.

Ein großer Teil der industriellen Ausbildungsverhältnisse, nämlich 78%, finden sich in großen Unternehmen mit über hundert Beschäftigten. Besonders im ersten Ausbildungsjahr wirkt sich die Größe des Unternehmens auf die produktiven Ausbildungszeiten aus (Abb. 112).

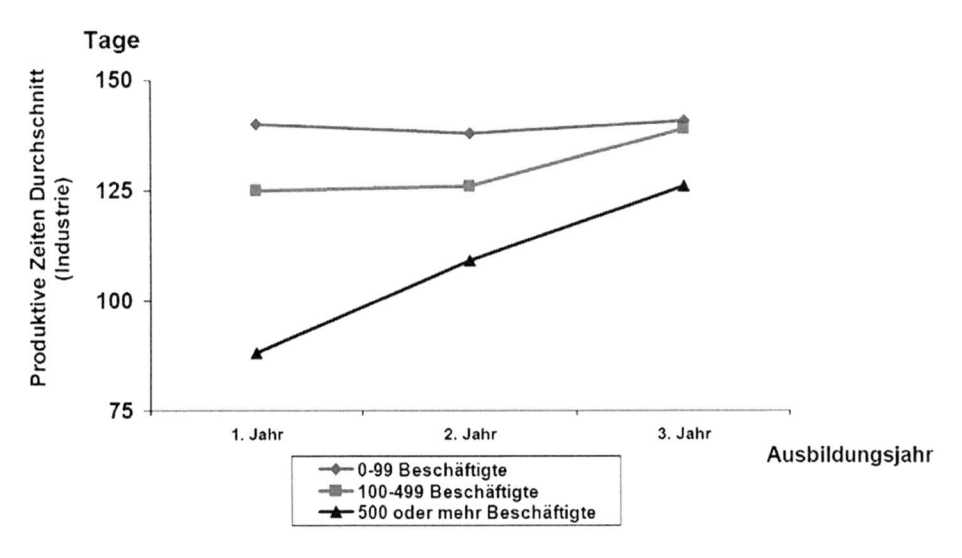

Abb. 112: Durchschnittliche produktive Zeiten Auszubildender in der Industrie nach Ausbildungsjahr und Betriebsgrößenklasse

Bei den großen Unternehmen handelt es sich um Industrieunternehmen, die nach wie vor im ersten Ausbildungsjahr lehrgangsförmig in ihren Lehrwerkstätten ausbilden. Die produktiven Lernzeiten resultieren in diesen Betrieben aus betrieblichen Arbeitsaufträgen, die von den Lehrwerkstätten ausgeführt werden. Dieser Typus der Lehrwerkstätten, die die Funktion eines produktiven Service- und Ausbildungsortes in den Unternehmen wahrnehmen, ist jedoch nur in den seltensten Fällen realisiert.[23] Die große Zahl der kleineren und mittleren Unternehmen, die über keine Lehrwerkstätten verfügen, bilden auftragsbezogenen in produktiven Arbeitsprozessen aus. Die produktiven Ausbildungszeiten haben hier vergleichbare Werte wie im Handwerk und im HD.

Im zweiten Ausbildungsjahr liegt der Mittelwert der industriellen Ausbildung im Arbeitsprozess bei 124 Tagen – ca. 20 Tage unter den Mittelwerten der beiden anderen Sektoren 8 (vgl. Abb. 110). Dies liegt darin begründet, dass große Industrieunternehmen in ihrer Ausbildung das berufsschulische Lernen durch

---

[23] Ein solches Konzept wurde im Modellversuch GAB (geschäfts- und arbeitsorientierte Berufsbildung) entwickelt (Bremer/Jagla 2000).

zusätzliche betriebliche Schulungen ergänzen und in Einzelfällen Zusatzqualifikationen z. B. im Bereich Fremdsprachen anbieten.

Im dritten industriellen Ausbildungsjahr zeigt sich – ebenso wie im ersten Ausbildungsjahr – eine polarisierte Praxis. Ein beachtlicher Teil der größeren Unternehmen neigt dazu, das Lernen im Arbeitsprozess durch lehrgangsförmiges Lernen, auch als Vorbereitung auf die Abschlussprüfung, zu unterstützen.[24] Demgegenüber bilden die kleineren und mittleren Unternehmen konsequent und auf einem in etwa gleich bleibend hohen quantitativen Niveau im Arbeitsprozess aus.

Zusammenfassung:

Zwischen den Branchen finden sich nur geringe Unterschiede bei den produktiven Lernzeiten bezogen auf die gesamte Ausbildungszeit. Bei weiterer Differenzierung fällt jedoch auf, dass in den Branchen Handwerk und Handel/Dienstleistung schon vom ersten Ausbildungsjahr an hohe Werte erreicht werden, die sich im Ausbildungsverlauf nicht noch weiter erhöhen, während in der Industrie ein deutlicher Zuwachs der produktiven Lernzeiten vom ersten zum dritten Ausbildungsjahr vorliegt. Dies liegt vor allen daran, dass insbesondere größere Industrieunternehmen dazu neigen, lehrgangsförmig ausbilden.

Dass mit einem hohen quantitativen Niveau der Ausbildung im Arbeitsprozess jedoch noch nicht automatisch eine hohe Ausbildungsqualität erreicht wird, zeigen die Ergebnisse zu den Qualitätsmerkmalen „eigenverantwortliches Lernen" und vor allem „Niveau der Arbeitsaufträge/-aufgaben".

5.1.2 Niveau der Arbeitsaufträge

Wird das Niveau der Arbeitsaufträge auf einer Notenskala von 1 bis 5 abgebildet, ergibt sich über alle beteiligten Unternehmen und Ausbildungsjahre ein insgesamt befriedigendes mittleres fachliches Ausbildungsniveau (2,9) (Abb. 113) bei einer Standardabweichung von 0,67. Die Unterschiede zwischen den Branchen sind nicht signifikant.

---

24 Bei den 3,5jährigen Ausbildungsberufen – insbesondere im gewerblich.technischen Bereichführt diese Ausbildungspraxis zu einer weiteren Reduzierung der produktiven Zeiten.

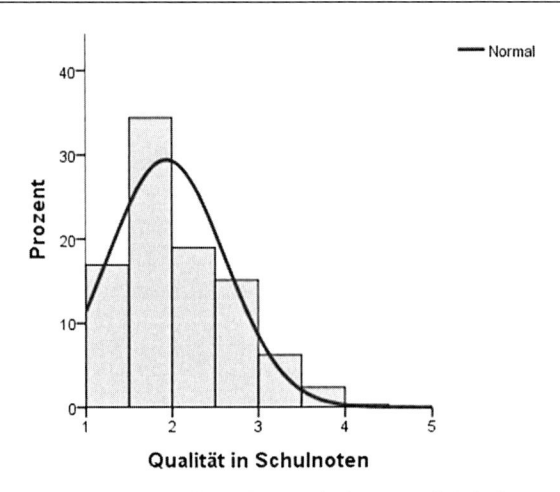

Abb. 113: Gesamtverteilung „Niveau der Arbeitsaufgaben" nach Schulnoten

Der große Anteil der Ausbildungsbetriebe mit einem lediglich befriedigenden bis ausreichenden fachlichen Ausbildungsniveau kann als ein Indiz für fachliche Unterforderung eines großen Teils der Auszubildenden interpretiert werden. Eine Minderheit von 10 Prozent der Betriebe in Industrie, Handel und Dienstleistungen fördert ihre Auszubildenden durch fachlich hohe und sehr anspruchsvolle Arbeitsaufträge. Im Handwerk sind dies seltene Ausnahmefälle (Abb. 114).

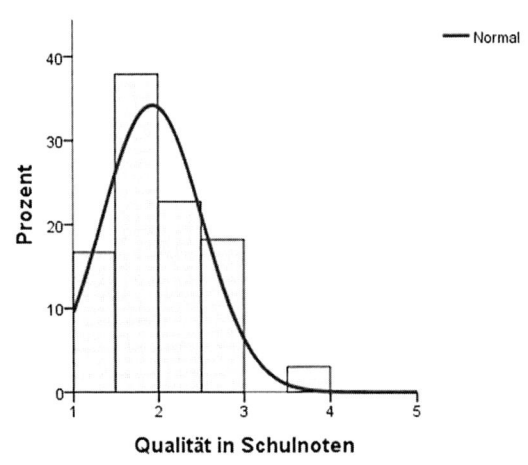

Abb. 114: Verteilung „Niveau der Arbeitsaufgaben" im Handwerk nach Schulnoten

Für die Handels- und Dienstleistungsbetriebe fällt auf, dass eine polarisierte Ausbildungssituation besteht. Eine große Zahl von Betrieben, die ihre Auszubildenden mit fachlich anspruchsvollen Arbeitsaufträgen fördert, steht eine ebenso große Gruppe von Betrieben gegenüber, bei denen die Arbeitsaufträge für Auszubildende auf einem deutlich geringeren fachlichen Niveau angesiedelt sind (Abb. 115).

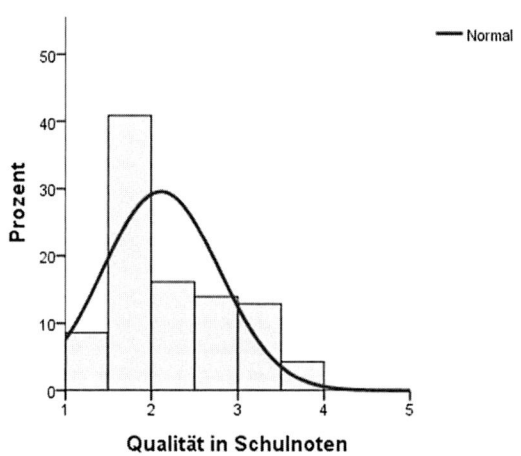

Abb. 115: Verteilung „Niveau der Arbeitsaufgaben" in der Branche Handel/Dienstleistungen nach Schulnoten

In den Industriebetrieben ist das durchschnittliche Niveau des auftragsorientierten Lernens befriedigend (2,9). Nur jeder vierte ausbildende Betrieb verfügt über ein gutes bis sehr gutes fachliches Ausbildungsniveau. Das Handwerk verfügt über ein vergleichbares fachliches Ausbildungsniveau. Nur in wenigen Ausnahmefällen wird ein sehr hohes Niveau erreicht. Etwa 5 Prozent der Betriebe geben an, dass das fachliche Ausbildungsniveau nicht ausreichend ist. Etwa 50 Prozent der Ausbildungsbetriebe erreicht ein Niveau zwischen 3,0 und 4,2.

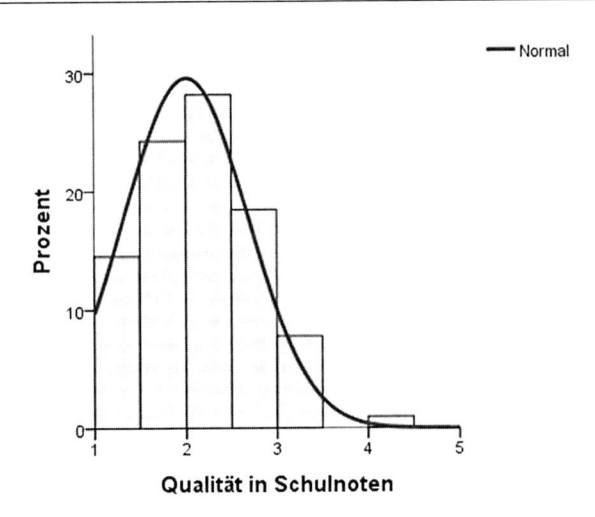

Abb. 116: Verteilung „Niveau der Arbeitsaufgaben" in der Industrie nach Schulnoten

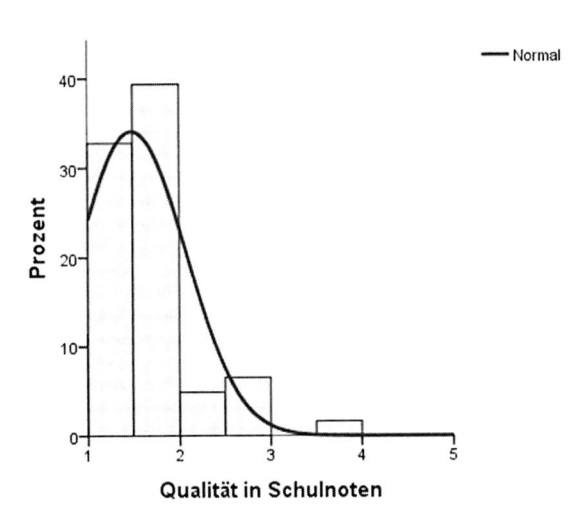

Abb. 117: Verteilung „Niveau der Arbeitsaufgaben" in der Altenpflege nach Schulnoten

Differenzierung nach Ausbildungsjahren

Interessant sind bei diesem Qualitätskriterium die Unterschiede, die sich für die Ausbildungsjahre ergeben.

Das Niveau der Ausbildungsaufträge wird für das *erste Ausbildungsjahr* in nahezu allen Ausbildungsbetrieben als gerade einmal ausreichend (4,2) eingeschätzt, bei über der Hälfte der Betriebe sogar als mangelhaft. Lediglich bei einer Minderheit von 14 Prozent der Ausbildungsbetriebe wird das Niveau der Arbeitsaufgaben, mit denen Auszubildende bereits im ersten Ausbildungsjahr konfrontiert werden, zwischen sehr gut und befriedigend eingestuft. Hier bestätigt sich die These von der fachlichen Unterforderung der Auszubildenden.

Für das *zweite Ausbildungsjahr* ergibt sich ein befriedigender Mittelwert. Jeder vierte Betrieb bildet auf einem fachlich anspruchsvollen Niveau aus. Ein Fünftel der Betriebe schätzt das Aufgabenniveau jedoch immer noch weniger als befriedigend (3,5) ein.

Eine völlig veränderte Situation liegt im *dritten Ausbildungsjahr* mit einem Mittelwert von 1,9 vor. Die Auszubildenden werden offenbar bereits als Fachkräfte behandelt, die man mit anspruchsvollen Arbeitsaufträgen betrauen kann. Lediglich ein sehr kleiner Anteil der Unternehmen – ca. 5 Prozent – unterfordert die Auszubildenden mit einem Aufgabenniveau von 3,5. Allerdings ist hier bemerkenswert, dass kein Ausbildungsbetrieb unterhalb dieses Niveaus im dritten Ausbildungsjahr ausbildet.

Differenzierung nach Ausbildungsjahren und Branchen

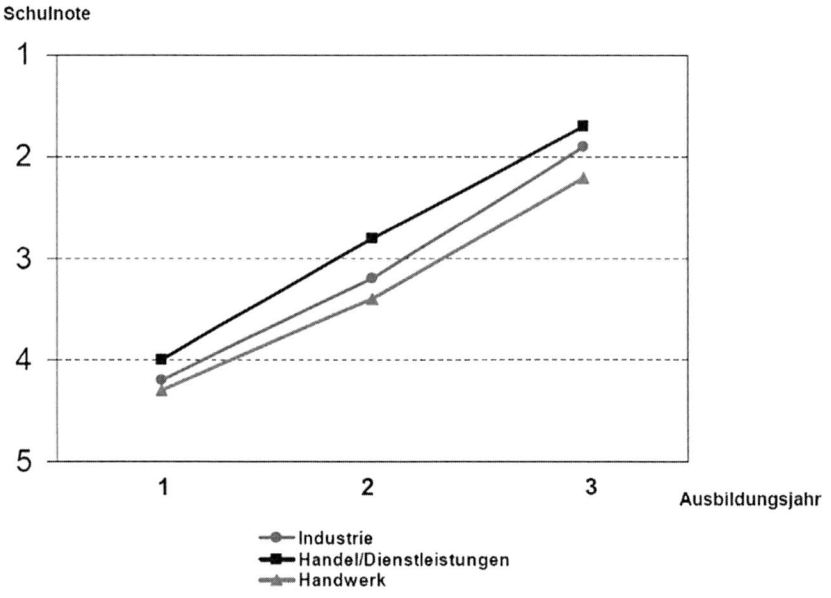

Abb. 118: Durchschnittliche Schulnote „Niveau der Arbeitsaufträge" nach Branche und Ausbildungsjahr

Differenziert man nach Ausbildungsjahren in den einzelnen Branchen, dann ergeben sich weitere Einsichten in das fachliche Ausbildungsniveau. Im *ersten Ausbildungsjahr* zeigt sich branchenübergreifend ein weitgehend einheitliches Ausbildungsmuster. Das fachliche Ausbildungsniveau liegt im Handwerk bei 4,3, in der industriellen Ausbildung bei etwa auf demselben Niveau (4,2) und lediglich im Sektor Handel/Dienstleistungen mit 4,0 geringfügig darüber (Abb. 118).

Auffällig ist, dass die meisten Ausbildungsverhältnisse im ersten Jahr ein lediglich mangelhaftes fachliches Ausbildungsniveau aufweisen. Dies weist offenbar auf die Untersicherheit hin, die Auszubildenden mit Arbeitsaufgaben angemessener Schwierigkeit zu beauftragen. Es gibt jedoch eine nennenswerte Zahl von Betrieben, in denen Auszubildende bereits im ersten Ausbildungsjahr mit deutlich anspruchsvolleren Arbeitsaufträgen betraut werden; dies gilt vor allem für den Sektor Handel/Dienstleistungen. Dort wird bei jedem fünften Ausbildungsbetrieb das fachliche Ausbildungsniveau mit gut oder befriedigend bewertet, im Handwerk ist dies nur bei jedem zehnten Betrieb der Fall.

Auch im industriellen Sektor erweist es sich als problematisch, dass drei Viertel der Unternehmen im ersten Ausbildungsjahr lediglich ein fachliches Ausbildungsniveau zwischen 4,0 und 5,0 erreichen. Davon heben sich deutlich knapp 10 Prozent der Unternehmen mit einem guten fachlichen Ausbildungsniveau ab. Dies zeigt, dass es ganz offensichtlich vom betrieblichen Ausbildungskonzept abhängt, bereits im ersten Ausbildungsjahr ein fachliches Ausbildungsniveau zu erreichen, das die Qualität von Facharbeit hat. Möglich ist dies deshalb, da es in jedem Beruf Fachaufgaben und berufliche Aufträge gibt, die bereits von Anfängern bewältigt werden können. Beispielhaft wurde das in einem mittleren Industrieunternehmen gelöst:

„Nach dem Konzept des auftragsorientierten Lernens werden Auszubildende mit Beginn ihrer Ausbildung in die Bearbeitung von Aufträgen auf dem Niveau von Fachkräften einbezogen und ein Großteil der betrieblichen Ausbildungszeit wird für die Erfüllung von Aufträgen aus dem Betrieb bzw. von Kundenaufträgen genutzt. Die Arbeitsaufträge werden von der Arbeitsvorbereitung vorsortiert, die darauf achtet, dass die Aufträge von den Auszubildenden einerseits bewältigt werden können und andererseits lernhaltige Aspekte aufweisen, die die berufliche Kompetenzentwicklung unterstützen. Nach der Leitidee der Selbstqualifizierung suchen sich die Auszubildenden einen Arbeitsauftrag oder Teile dessen heraus und arbeiten ihn eigenverantwortlich. Für das betriebliche Lernen bedeutet dieses Vorgehen, dass jeder Auszubildende die Lernprozesse an sein individuelles Tempo anpassen kann und eigenständig über seine Lerngeschwindigkeit und -schritte bestimmt" (Rittmeyer/Haasler 2007, 128).

Im *zweiten Ausbildungsjahr* variiert der Qualitätswert stärker als im ersten. Im HD-Sektor erreichen die Arbeitsaufträge bereits den Mittelwert von 2,8 mit einem gleich hohen Anteil an Betrieben mit einem guten Aufgabenniveau und einem deutlich schwächeren Niveau. Auch hier zeigt sich erneut die Heterogenität des HD-Sektors (Abb. 119). Eine vergleichbare Polarisierung liegt bei den Industriebetrieben vor (Abb. 120).

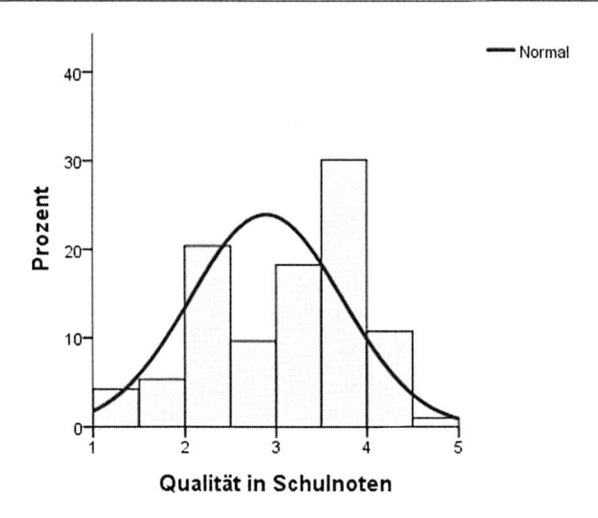

Abb. 119: Verteilung „Niveau der Arbeitsaufträge", 2. Ausbildungsjahr, Handel/Dienstleistungen, nach Schulnote

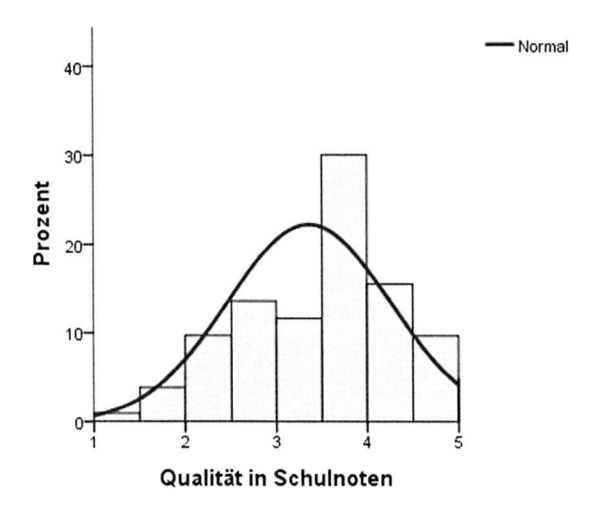

Abb. 120: Verteilung „Niveau der Arbeitsaufträge", 2. Ausbildungsjahr, Industrie, nach Schulnoten

Der Anteil der Handwerksbetriebe, in denen im zweiten Ausbildungsjahr das Ausbildungsniveau unter ausreichend liegt, ist mit 17 Prozent relativ hoch.

Niveauunterschiede ergeben sich auch für das *dritte Ausbildungsjahr* mit einer Differenz zwischen 1,7 (Handel/Dienstleistungen) und 1,9 (Industrie) sowie 2,2 beim Handwerk. Während die Industrie- und Handel/Dienstleistungs-Unternehmen mit einem sehr guten bis guten Ausbildungsniveau die Lernpotenziale des auftragsorientierten Lernens gut ausschöpfen – bei sehr wenig Ausnahmen –, weist das Handwerk hier eine sehr breite Streuung aus. Jeder vierte Betrieb schneidet schlechter als befriedigend ab und erreicht damit nicht das ansonsten branchenübergreifend hohe bis sehr hohe fachliche Ausbildungsniveau.

Zusammenfassung:

Auf der Basis der Mittelwerte bestätigt sich die generelle Tendenz, dass branchenübergreifend erst im dritten Ausbildungsjahr ein gutes Niveau der Arbeitsaufträge erreicht wird und dass die große Mehrheit der Unternehmen ihre Auszubildenden im ersten Ausbildungsjahr offenbar durchgängig mit „Jedermanns"-Aufgaben (Hilfsarbeiten) betrauen und auf diese Weise nur ein sehr niedriges fachliches Ausbildungsniveau erreicht wird. Es finden sich keine signifikanten Unterschiede zwischen den Branchen. Auffällig ist die teilweise große Streuung des Ausbildungsniveaus, die sich innerhalb einer Branche und Ausbildungsjahres findet, wie z.B. bei Handel/Dienstleistungen und Industrie im zweiten Ausbildungsjahr.

5.1.3 Eigenverantwortliches Lernen: Die vollständige Arbeitshandlung

Das eigenverantwortliche Lernen im Arbeitsprozess hat eine hohe Affinität zur arbeitspädagogischen Leitidee der vollständigen Arbeitshandlung. Die Gesamtübersicht über das Qualitätskriterium eigenverantwortlichen Lernens zeigt ein sehr uneinheitliches Bild bei einem relativ guten Mittelwert von 2,6. Der prozentual größte Einzelwert liegt jedoch bei 3,0. Zugleich ist etwa bei knapp 40 Prozent aller Betriebe das eigenverantwortliche Lernen gut bis sehr gut etabliert.

Differenzierung nach Ausbildungsjahren

Über alle Betriebe zeigen sich interessante Qualitätsunterschiede zwischen den Ausbildungsjahren. Für die deutliche Mehrzahl der Betriebe liegt die Qualität dieser Kriterien des Lernens im Arbeitsprozess im *ersten Ausbildungsjahr* bei ausreichend und mangelhaft. Offenbar werden die Auszubildenden in der großen Mehrheit der Betriebe lediglich mit ausführenden Tätigkeiten betraut. Ein knappes Drittel der Betriebe bildet jedoch bereits im ersten Ausbildungsjahr hinsichtlich des eigenverantwortlichen Lernens auf einem guten bis befriedigenden Qualitätsniveau aus. Im *zweiten und dritten Ausbildungsjahr* verbessert sich die Qualität des eigenverantwortlichen Lernens um jeweils einen Notenpunkt. Im dritten Ausbildungsjahr ist das eigenverantwortliche Lernen im Arbeitsprozess gut bis sehr gut eingeführt.

Differenzierung nach Branchen

Beim Qualitätskriterium des eigenverantwortlichen Lernens gibt es Differenzen zwischen den Branchen. Bei einem Mittelwert von 2,6 und 2,4 haben die Industrie sowie Handel und Dienstleistungen das eigenverantwortliche Lernen etwas besser eingeführt als das Handwerk (2,8). Auffällig ist die – wiederum polarisierte – Situation in Handel und Dienstleistungen (siehe Abb. 121).

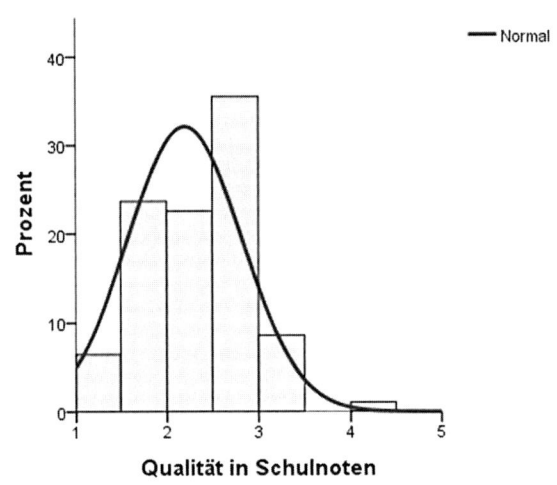

Abb. 121: Verteilung „Eigenverantwortliches Lernen" in Handel/Dienstleistung nach Schulnoten

Etwa zwei Drittel der Betriebe mit sehr guten oder guten Notenwerten steht ein Drittel der Betriebe mit befriedigenden oder schlechteren Notenwerten gegenüber.

Differenzierung nach Ausbildungsjahren und Branchen

Differenziert man beim eigenverantwortlichen Lernen bei den Ausbildungsjahren zusätzlich nach Branchen, dann sind hier im *ersten Ausbildungsjahr* die Unterschiede, zwischen dem Handwerk einerseits mit einem Mittelwert von 4,2 und Handel/Dienstleistungen mit 3,5 andererseits, deutlich ausgeprägt (Abb. 122). Im Sektor Handel/Dienstleistungen erreichen immerhin 20 Prozent der Unternehmen einen guten Wert. Zugleich zeigt die breite Streuung in diesem Bereich, dass die Ausbildungspraxis hier sehr große Unterschiede und damit auch beachtliche Innovationspotenziale aufweist.

Bei der Hälfte der Industriebetriebe ist das eigenverantwortliche Lernen im ersten Ausbildungsjahr gerade einmal ausreichend ausgeprägt. 25 Prozent der Industriebetriebe bewerten diesen Qualitätsaspekt als befriedigend und besser. Von einem Viertel der Industriebetriebe wird die Qualität des eigenständigen Lernens mit mangelhaft bewertet.

Im *zweiten Ausbildungsjahr* verbessert sich die Ausbildungssituation in Bezug auf das eigenverantwortliche Lernen im Arbeitsprozess deutlich. Das Handwerk erreicht einen Mittelwert von 3,0. Bei den Werten für die Industrie (2,8) und den HD-Sektor (2,3) zeigt sich ein deutlicher Abstand zwischen Handel und Industrie einerseits und dem Handwerk andererseits.

Im *dritten Ausbildungsjahr* nähern sich die Qualitätswerte zum eigenverantwortlichen Lernen auf einem Niveau zwischen sehr gut und gut an. Der Qualitätsanstieg vom zweiten zum dritten Ausbildungsjahr fällt deutlich aus. Nach dieser Selbsteinschätzung der Unternehmen wird spätestens im dritten Ausbildungsjahr das eigenverantwortliche Arbeiten und Lernen auf einem guten bis sehr guten Niveau erreicht.

Schulnote

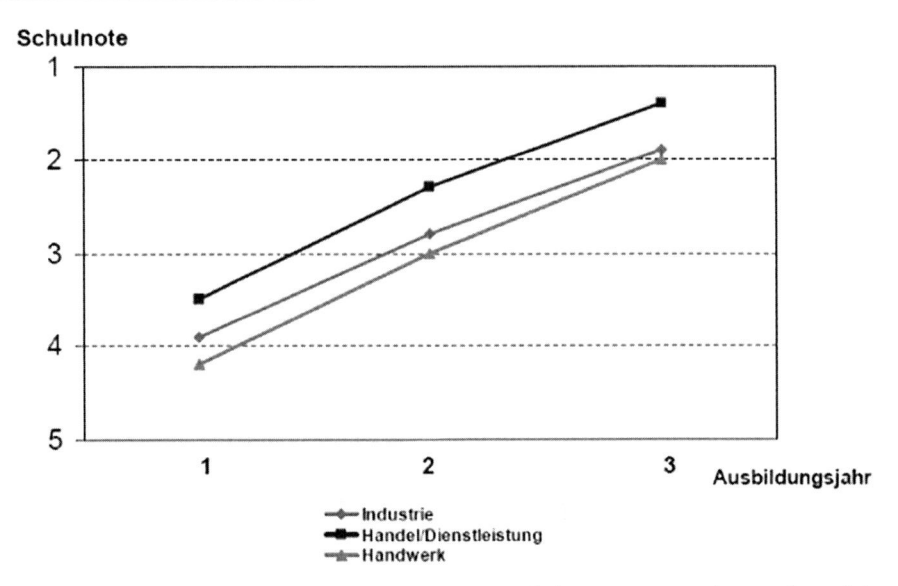

Abb. 122: Durchschnittliche Schulnote „Eigenverantwortliches Lernen" nach Branche und Ausbildungsjahr

Zusammenfassung:

Insgesamt ergibt sich beim Qualitätskriterium *Eigenverantwortliches Lernen* ein relativ gutes Gesamtergebnis. Im ersten Ausbildungsjahr erreichen viele Betriebe noch keine befriedigenden Werte, während im dritten Ausbildungsjahr die Mehrzahl ein gutes bis sehr gutes Niveau eigenverantwortlichen Lernens erreicht. Bei weiterer Differenzierung nach Branchen fällt auf, dass der Sektor Handel/Dienstleistungen über alle Ausbildungsjahre hinweg am besten abschneidet, die Branchenunterschiede sich aber insgesamt über die Ausbildung hinweg eher verringern.

Zwischenfazit – Lernen im Arbeitsprozess

Das Ausbilden im Arbeitsprozess prägt in allen Branchen die betriebliche Berufsausbildung stärker als noch vor einem Jahrzehnt. Der Modellversuchsschwerpunkt zum dezentralen Lernen, initiiert und gesteuert vom BIBB in den

1980er und 1990er Jahren, hat insofern Früchte getragen, als in der industriellen Berufsausbildung die verschulten Formen lehrgangsförmigen Lernens in einem beachtlichen Umfang zurückgenommen wurden. Damit stellt sich die Frage, wie dieses Ausbildungspotenzial von den Betrieben genutzt wird:

– Werden die Auszubildenden durch Arbeitsaufträge und Arbeitsaufgaben herausgefordert, die ihre Kompetenzentwicklung fördern, oder prägen ausführende Tätigkeiten auf einem zu niedrigen Qualifikationsniveau sowie Routinetätigkeiten die Ausbildung?

– Wird das arbeitspädagogische Kompetenzkonzept der vollständigen Arbeitshandlung in der Ausbildungspraxis umgesetzt?

– Wird die Chance genutzt, die Auszubildenden in Arbeitszusammenhängen auszubilden, in denen sie lernen, ihre Arbeit (mit) zu planen und schließlich auch die Ergebnisse ihrer Arbeit (mit) zu bewerten, oder prägt noch immer das Prinzip der Arbeitsteilung zwischen planender und ausführender Tätigkeit den Ausbildungsalltag?

Die Untersuchungsergebnisse ergeben zu diesen Fragen verhältnismäßig eindeutige Antworten:

Durchgängig über alle Berufe und die drei analysierten Branchen werden erst im dritten Ausbildungsjahr gute bis sehr gute Qualitätswerte erreicht. Am Ende der Ausbildung (im dritten Ausbildungsjahr) werden die Auszubildenden durch Arbeitsaufträge und –aufgaben, die das Niveau von Facharbeit haben, in ihrer Entwicklung herausgefordert und gefördert. Dies ist auch eine Antwort auf die Frage nach der Sinnhaftigkeit der Einführung zweijähriger Ausbildungsberufe. Aus der Sicht dieses Untersuchungsergebnisses würden zweijährige Ausbildungsberufe zu einem erheblichen Qualitätsverlust der Ausbildung führen.

Analysiert man die Ergebnisse unter Einbeziehung der Ausbildungsjahre, dann wird deutlich, dass die Qualitätsprobleme überwiegend im ersten Ausbildungsjahr liegen bzw., hier die größten Innovationspotenziale brach liegen. Auszubildende des ersten Ausbildungsjahres werden überwiegend durch die Arbeitsaufträge unterfordert. Durch ein auf das Kompetenzniveau abgestimmtes Schwierigkeitsniveau der Arbeitsaufträge nach dem Grundsatz: Lieber etwas über- als unterfordern, lässt sich im ersten und zum Teil auch im zweiten Ausbildungsjahr eine deutlich höhere Ausbildungsqualität erreichen. Gestützt werden kann dies durch eine Rücknahme einer zu weit reichenden Arbeitsteilung zwischen Fachkräften und Auszubildenden. Auszubildende des ersten Ausbildungsjahres werden vor allem in größeren Industrieunternehmen noch zu häufig lehrgangsförmig ausgebildet. Dahinter verbirgt sich die traditionelle Vorstellung, dass eine systematische praktische Ausbildung dem Schema folgt: erst unterweisen, dann üben und dann das Gelernte im Arbeitsprozess anwenden. Dieses durch die moderne Arbeitspädagogik und alle einschlägigen Theorien des beruflichen Lernens widerlegte Ausbildungsschema wird offenbar immer noch tradiert.

Auszubildende des ersten Ausbildungsjahres werden häufig mit Un- und Angelernten gleichgesetzt und mit Routineaufgaben betraut, die über kein Qualifizierungspotenzial verfügen. Hier werden noch allzu oft Aufträge für Un- und Angelernte mit Anfängeraufgaben verwechselt. Anfängeraufgaben sind auch Fachaufgaben, die jedoch bereits von Anfängern ausgeübt werden können. Sie erfordern keine bzw. wenig Arbeitserfahrung und setzen Fachkenntnisse voraus, die sich Anfänger rasch aneignen können oder die ihnen in der Form von Datenbanken, Diagnosesystemen etc. zur Verfügung stehen.[25]

Darüber hinaus werden Auszubildende am Beginn ihrer Ausbildung zu häufig in die Rolle von Hilfskräften gedrängt, die ausschließlich nach detaillierten Anweisungen Aufträge ausführen können. Dabei wird übersehen, dass auf allen Schwierigkeitsniveaus der Aufträge also auch bei Anfängeraufgaben – Gelegenheit gegeben ist, das Konzept der vollständigen Arbeitshandlung anzuwenden.

Definiert man die Rolle der Auszubildenden als Mitarbeiter, wie das von Haasler/Rittmeyer genannte Beispiel zeigt, dann fördert dies ein Ausbildungsverhalten, das das Hineinwachsen in die berufliche Praxisgemeinschaft fördert:

Dass es möglich ist, bereits im ersten Ausbildungsjahr das Lernen im Arbeitsprozess auf einem hohen Qualitätsniveau durchzuführen, zeigen einige Fälle vor allem im Sektor Handel/Dienstleistungen. Aber auch in der industriellen und handwerklichen Berufsausbildung gibt es herausragende Einzelbeispiele einer guten Ausbildungspraxis im ersten Ausbildungsjahr, anhand derer gezeigt werden kann, wie das Lernen im Arbeitsprozess zugleich auf einem hohen Qualitäts- und Rentabilitätsniveau realisiert werden kann: *„Die vergleichsweise hohe Qualität der Berufsausbildung wird in diesem Unternehmen [...] dadurch er-*

---

[25] Mit den integrierten Berufsbildungsplänen z. B. für den Beruf des Kfz-Mechatronikers (Rauner, Spöttl 2004) und anderen Kernberufen (Bremer, Jagla JAHR) wurde dieses Konzept auf der Ebene von Bildungsplänen umgesetzt.

reicht, dass die Zeitanteile in der betrieblichen Ausbildung konsequent mit anspruchsvollen wertschöpfenden Arbeitsaufträgen gefüllt werden" (Haasler/Rittmeyer 2007, 130):

5.2 Lernen in Geschäftsprozessen

5.2.1 Einleitung - Das Ende der Arbeitsteilung?

Horst Kern und Michael Schuhmann haben ihre Forschung zur Rationalisierung in der industriellen Produktion vor über zwei Jahrzehnten in einem sehr viel Aufsehen erregenden Buch mit dem Titel „Das Ende der Arbeitsteilung?" (Kern/Schumann 1984, 738) zusammengefasst. Hinter dieser Frage verbirgt sich eine These, die seither vielfältig Eingang in die ‚Arbeit und Technik' – sowie in die Berufsbildungsforschung gefunden hat und die ihre Bestätigung in der MIT-Studie „The machine that changed the world" (Womack, Jones, Ross 1992, S. 5) fand. Zwei Erkenntnisse sind es v. a., die seither zu weitreichenden Auswirkungen in der Praxis und Organisation unternehmerischer Prozesse und der Qualifizierung von Fachkräften für die direkt wertschöpfenden Arbeitsprozesse geführt haben:

1. Die Rücknahme horizontaler und vertikaler Arbeitsteilung stärkt die Produktivitäts- und Wettbewerbsfähigkeit der Unternehmen und daraus folgt
2. Die Umsetzung schlanker, prozessorientierter Unternehmenskonzepte ist auf eine Berufsbildung angewiesen, die es erlaubt, Aufgaben und Verantwortung in die direkt wertschöpfenden Arbeitsprozesse zu verlagern (vgl. Abb. 12, S. 45)

Schlanke Unternehmensstrukturen basieren auf

- einer Abflachung der hierarchischen Beschäftigungsstruktur, vor allem durch eine Reduzierung der Führungsebenen
- einer damit einhergehenden Verlagerung von Entscheidungs- und Verantwortungsfunktionen in die direkt wertschöpfenden Arbeitsprozesse, was eine Zunahme von Qualitäts- und Verantwortungsbewusstsein auf der Ebene der Facharbeiter voraussetzt. Der Slogan „Qualität produzieren und nicht kontrollieren" hat hier seinen Ursprung

- einer Rücknahme des Verrichtungsprinzips, wonach Arbeitszusammenhänge und Geschäftsprozesse in eine Vielzahl voneinander abgegrenzter Tätigkeiten aufgeteilt wurden, um sie nach dem Prinzip der Genauigkeitsplanung zu organisieren. Dieses auf Taylor zurückgehende Organisationskonzept hat seine Wurzeln in der Massenproduktion und geriet in der zweiten Hälfte des 20. Jahrhunderts in Widerspruch zur flexiblen Spezialisierung, die sich unter dem Druck des internationalen Qualitätswettbewerbs herausgebildet hatte.

> *„Im Unterschied zur funktionalen Gliederung des Produktionsprozesses nach Taylor wird bei der Prozessorientierung die Zuständigkeit zu einer bestimmten Funktion von der Mitverantwortung für ein Ziel eines Gesamtprozesses überlagert. Gelingt es, den Vorrang der funktionalen Organisation aufzuheben, so ist es sehr viel einfacher, Veränderungen im Ablauf durchzuführen"* (Ganguin 1993, 23).

Zusammenfassend bedeutet dies, dass die Modernisierung der Unternehmen durch die Einführung geschäftsprozessorientierter Organisationskonzepte mit einer deutlichen Aufwertung beruflicher Bildung einhergeht (Rauner 2000, 49).

Natürlich handelt es sich dabei nicht um einen *deterministischen* Prozess, der zwangsläufig dem technisch-ökonomischen Wandel entspringt. Es handelt sich vielmehr um einen Zusammenhang, der eine gewisse Logik für sich beanspruchen darf und der auf die beachtlichen Erfolge verweisen kann, die mit dem weltweiten Re-Engineering-Prozessen hin zu schlanken Unternehmensstrukturen in den 1990er Jahren erreicht wurden. Dies bedeutet auch, dass es bis heute immer wieder Versuche gab, durch die Einführung von Formen des computergestützten Neo-Taylorismus (Lutz 1988, 750) ähnliche ökonomische Erfolge zu erzielen. Lässt man die dabei verursachten sozialen und gesellschaftlichen Nebenwirkungen sowie die dadurch verursachten gesamtökonomischen Kosten außer Acht, dann lässt sich auch dieses technozentrische Unternehmenskonzept betriebswirtschaftlich erfolgreich implementieren und rechtfertigen – aber nur dann.

Diese Überlegungen spielten eine Rolle, als Anfang der 1990er Jahre dieses Thema von der Berufsbildungsforschung aufgegriffen und unter dem Aspekt des Zusammenhangs beruflicher Bildung und betrieblicher Organisationsentwicklung untersucht wurde.[26]

> „Betriebliche Organisationsentwicklung und berufliche Bildung sind zwei Bereiche, die unter den Bedingungen eines verschärften Qualitätswettbewerbs als strategische Größe betrieblicher Innovation wachsende Bedeutung gewinnen. [...]. Betriebliche Innovationen erfordern heute in erster Linie Prozesse zu gestalten und Strukturen in Unternehmen auf- und auszubauen, die ein an Geschäftsprozessen orientiertes Unternehmenskonzept unterstützen. Dabei kommt der Mitarbeiterqualifizierung und der Einbeziehung der Mitarbeiter in Geschäftsprozesse eine herausragende Bedeutung zu" (Dybowski/Haase/Rauner 1993, 5).

Dieter Ganguin stellt in diesem Zusammenhang einen Bezug zur Entwicklung einer offenen Informations- und Kommunikationsarchitektur für die Fertigungsindustrie her. Er führte u. a. aus: „Eine nicht-tayloristische Betriebsstruktur ist nicht nur auf ein hohes Qualifikationsniveau aller Beschäftigten angewiesen, sondern auf Qualifikationen, die sich von denen in der nach Taylor organisierten Fabrik deutlich unterscheiden. Mitdenken bei der Einführung und Implementation von integrierten Informationssystemen auf allen Ebenen der flacher werdenden betrieblichen Hierarchien ist geboten." Er verweist auf die wachsende Bedeutung des Zusammenhangswissen[27] und auf die größer werdenden Handlungsspielräume in den Prozess der betrieblichen Organisationsentwicklung. Für die berufliche Bildung schlussfolgerte Ganguin: „Das zentrale Grundübel für eine integrierte Organisationsentwicklung ist das Festhalten am Taylorismus. Wenn flache Organisationsstrukturen, kooperatives Management, Arbeit im Team und autonome Entscheidungen wesentliche Merkmale zukünftiger Arbeitsorganisation sind, muss dies sowohl gelehrt als auch gelernt werden. Hier muss die Berufsbildung völlig neue Wege gehen. In dem klassischen Verständnis von beruflicher Bildung sind solche Leitideen nicht angelegt. Das Grundmuster vom mündigen, eigenverantwortlichen und sozial handelnden Bürgern muss zur Leitidee jeglicher Bildung werden und muss darüber hinaus ebenso im gesellschaftlichen wie betrieblichen Handeln verankert werden" (Ganguin 1993, 29/33). Das Fazit eines Workshops, der eine mehrjährige Zu-

---

[26] Die Ergebnisse eines vom BiBB und vom ITB gemeinsam organisierten Projektes „Berufliche Bildung und betriebliche Organisationsentwicklung" haben ihren Niederschlag in zwei Schriften gefunden (Dybowski/Haase/Rauner 1993; Dybowski/Pütz/Rauner 1995).
[27] Dazu hat das BiBB später ein innovatives Forschungsvorhaben durchgeführt.

sammenarbeit der Beteiligten zum Thema betrieblicher Organisationsentwicklung und berufliche Bildung einleitete, bestand in der Einsicht, die seither die Berufsbildungsforschung und die Berufsbildungspraxis in besonderer Weise herausfordert: *„Da die lernförderliche Gestaltung von Arbeit, Technik und Arbeitsorganisation nicht nur betriebswirtschaftlich, sondern auch pädagogisch bedeutsam ist, müssen diese Fragen zum Gegenstand einer erweiterten Didaktik beruflichen Lernens werden."* (Dybowski u. a. 1993, 155).

Die Einführung geschäftsprozessorientierter Organisationskonzepte geht mit einer Rücknahme sowohl horizontaler als auch vertikaler Arbeitsteilung einher. Das Konzept der Kernberufe (Heidegger/Rauner 1997) ist Ausdruck der Verlagerung von Kompetenzen und Verantwortung in die direkt wertschöpfenden Aufgabenbereiche der Unternehmen. Für die Qualifizierung von Fachkräften bedeutet dies eine Verstärkung des Zusammenhangsverständnisses und -wissens (Laur-Ernst u. a. 1990). Verstärkend wirkt sich die informationelle Vernetzung betrieblicher und über-betrieblicher Strukturen aus, so dass Fachkräfte auf allen Ebenen der betrieblichen Hierarchie herausgefordert waren und sind, die Wirkung ihres Handelns nicht mehr nur in Bezug auf ihren ‚Arbeitsplatz' zu bedenken, sondern die vernetzten betrieblichen Prozessstrukturen als Grundlage für das eigene Handeln zu sehen.

Prozess- und gestaltungsorientierte Berufsbildung

Das Konzept einer prozess- und gestaltungsorientierten Berufsausbildung (Abb. 123) kann sich auf vier pädagogische Grundprinzipien und Leitideen stützen, mit denen dem technologischen und ökonomischen Wandel ebenso Rechnung getragen wird, wie den normativen pädagogischen Leitbildern einer auf Verstehen, Reflexionsvermögen, Persönlichkeitsentwicklung und einer auf Beteiligung zielende Berufspädagogik.

Die Kategorie des *Prozesses* und der *Prozessorientierung* löst die der *Funktion* und der *Funktionsorientierung* ab und steht für eine Vielfalt prozessualer Sachverhalte, die die berufliche Arbeit und die berufliche Bildung prägen.

(1)   Das lernende Unternehmen

Die Leitidee des lernenden Unternehmens hat wie keine andere die Kooperation zwischen den in den Unternehmensleitungen repräsentierten Geschäftsfeldern gefördert und dem Thema ‚Lernen' eine hohe Aufmerksamkeit in den unternehmerischen Innovationsprozessen beschert. (Dybowski, Dietzen 2006)

In vielen Unternehmensleitungen wurde und wird noch immer die Frage nach der Zweckmäßigkeit des Outsourcings der Bildungs- und Weiterbildungsbereiche geführt. Und nicht wenige Unternehmen haben diesen Weg zunächst beschritten. In dem zitierten Projekt „Betriebliche Organisationsentwicklung und berufliche Bildung" sind v. a. die Personalentwickler der Unternehmen sehr schnell zu der Einsicht gelangt, dass es geradezu paradox sei, die Umsetzung des innovativen Leitbildes des lernenden Unternehmens mit dem Outsourcing des Bildungsbereiches zu belasten (vgl. Staudt, Kröll, v. Höven 1993). Folgt man der immer wieder bestätigten Einsicht, dass Arbeiten und Lernen zwei auf das Engste miteinander verschränkte Prozesse sind, dann bedarf es keiner kunstfertigen Begründungen für die programmatische betriebswirtschaftliche These, dass Lernen eine Kerndimension jedes Unternehmens ist. Diese Einsicht schließt in besonderer Weise das situierte Lernen ein, wie es in einer geradezu idealtypischen Form in der dualen Berufsbildung verkörpert ist (Lave/Wenger 1991, 746).

Lernen in Geschäftsprozessen

Das lernende Unternehmen als Leitidee für Innovationsprozesse: Lernen als eine Kerndimension jedes Unternehmens (Haase/Lacher 1993)	Geschäftsprozesse überlagern betriebliche Funktionen: Jede berufliche Arbeit hat ihre(n) Kunden (Ganguin 1993)
Der berufliche Lernprozess basiert auf dem untrennbaren Zusammenhang der Entwicklung beruflicher Kompetenz und beruflicher Identität (Blankertz 1983)	
Berufliche Bildung als Dimension betrieblicher Organisationsentwicklung: Befähigung zur Mitgestaltung der Arbeitswelt: Prospektive Kompetenz statt Anpassungsqualifikation (Rauner 1988)	Arbeitsprozesse statt Arbeitsplätze als strukturierendes Prinzip der Organisation und Gestaltung beruflichen Arbeitens und Lernens: Arbeitsprozesswissen als Dreh- und Angelpunkt beruflicher Bildung (Kruse 1986; Fischer/Rauner 2002)

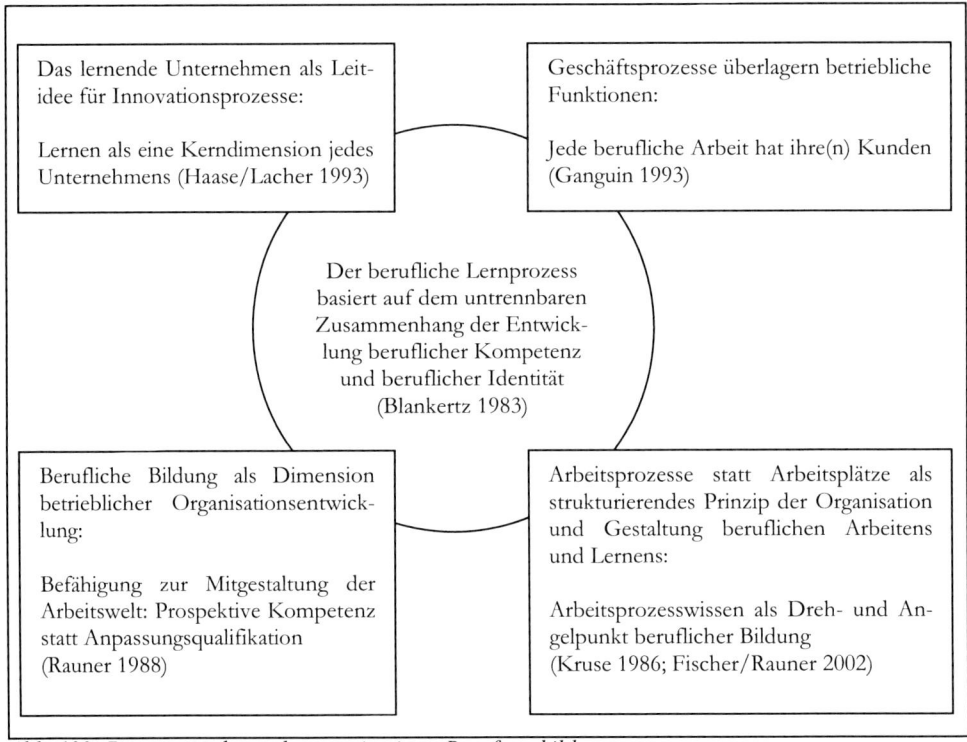

Abb. 123: Prozess- und gestaltungsorientierte Berufsausbildung

(2)   Geschäftsprozessorientierte Organisationsstruktur

Der Wandel vom Verkäufer- zum Käufermarkt und der internationale Qualitätswettbewerb waren die auslösenden Momente zur Re-Organisation unternehmerischer Prozesse mit dem Ziel

- Kundenanforderungen schnell und zu minimalen Kosten zu erfüllen,
- Entwicklungszeiten zu verkürzen,
- den Zeitaufwand für die Markteinführung zu verringern,
- eine hohe Produktqualität bei gleichen oder auch sinkenden Preisen zu realisieren.

Mit zwei Neuerungen haben die Unternehmen auf diese Herausforderungen reagiert:

- mit einer an den Geschäftsprozessen orientierten Umstrukturierung betrieblicher und zwischenbetrieblicher Prozesse sowie
- mit der Realisierung und Einführung einer einheitlichen Informationsstruktur in der Form offener, integrierter Informationssysteme. (Ganguin 1993)

Damit wurden die Weichen für die Überwindung der am Verrichtungsprinzip bzw. dem Prinzip der Verkettung betrieblicher Funktionen ausgelegten Organisationsstrukturen gestellt. (Brödner 1985)

Die Entwicklung breitbandiger Berufsbilder auf der Grundlage einer professionellen Berufsentwicklung auf der Grundlage einer domänenspezifischen Qualifikationsforschung ist eine adäquate Antwort auf diese Herausforderung. (Rauner 2004)

(3)   Berufliche Bildung und betriebliche Organisationsentwicklung

Wie kein anderes Thema hat die Analyse des Zusammenhangs zwischen betrieblicher Organisationsentwicklung und beruflicher Bildung auf die Notwendigkeit eines grundlegenden Perspektivwechsels in der beruflichen Bildung verwiesen: weg von einer auf die Anpassung der Lernenden an den Wandel in der Arbeitswelt hin zu einer auf Mitgestaltung zielenden Berufsausbildung. (Rauner 1988, KMK 1991)

(4)   Arbeitsprozesse und ihre didaktische Funktion im Prozess der beruflichen Kompetenz- und Identitätsentwicklung

Die räumlich begrenzte Geografie des *Arbeitsplatzes* wird in einer prozessorientierten Berufsbildung durch die Struktur entgrenzter *Arbeitsprozesse* ersetzt. Durch die vernetzten Strukturen der computer-, netz- und mediengestützten Arbeitsprozesse ist Lernen eingebunden in geografisch entgrenzte Arbeitsprozesse, die sich den traditionellen Kategorien und Methoden der Arbeitsanalyse und Arbeitsgestaltung entziehen und völlig neu prozessorientiert gedacht, analysiert und entwickelt werden müssen. Die Vorstellung allerdings, dass es genüge, diesen Perspektivwechsel mit den Methoden des E-Learnings zu bewältigen, hat sich – wie bei allen vorangegangenen bildungstechnologisch ausgerichteten Reformansätzen – als wenig tragfähig erwiesen. Dagegen stellt sich als eine neue Herausforderung an die berufliche Bildung und die Berufsbildungsforschung die Aufgabe heraus, das in der praktischen Berufsarbeit inkorporierte Wissen zu entschlüsseln – das Arbeitsprozesswissen – und es für eine prozessorientierte Berufsbildung didaktisch aufzubereiten (Fischer/Rauner 2002, 715).

Fast man diese Überlegungen zu den Prozessdimensionen des Zusammenhanges von Arbeiten und Lernen zusammen, dann ergibt sich daraus die Einsicht, dass die Prozesse des beruflichen Lernens auf das Engste mit den Prozessen der betrieblichen Organisationsentwicklung verknüpft sind und die Berufsbildungspraxis und die Berufsbildungsforschung dazu herausgefordert sind, die Entwicklung beruflicher Kompetenz und beruflicher Identität als einen integrierten Entwicklungsprozess zu gestalten.

Die Überlegungen, die sich daraus für die berufliche Bildung im Einzelnen ergeben, lassen sich in vier Thesen zusammenfassen:

> 1. **Das Herzstück jeder beruflichen Bildung ist das Hineinwachsen in die berufliche Praxisgemeinschaft durch herausfordernde, entwicklungsförderliche betriebliche Arbeitsaufgaben und -prozesse, eingebettet in die betrieblichen Unternehmens-prozesse.**

Es sind v. a. die Brennpunkte der betrieblichen Organisationsentwicklung, die Prozesse, in denen Neues kreiert wird und unvorhersehbare Probleme gelöst werden, die sich in besonderer Weise für die berufliche Bildung eignen (Kruse 1986). Es sind nicht die Inhalte und Formen der alltäglichen Arbeitsroutine und schon gar nicht das lehrgangsförmige Lernen in Lehrwerkstätten, abgeschieden von der Dynamik der betrieblichen Organisationsentwicklung, die berufliche Kompetenzentwicklung fördern. Die Aneignung kontextfreier Qualifikationen, gestützt durch entsprechende Prüfungen, löst in der Regel Langeweile und im ungünstigsten Fall Frustration bei den Lernenden aus. Lernen in herausfordernden beruflichen und betrieblichen Arbeitsprozessen und die Reflexion der Arbeitserfahrung weisen die berufliche Bildung als eine besondere Form des Lernens gegenüber allen anderen Formen des schulischen Lernens aus, die (hoch)schulisch organisierte Berufsbildung eingeschlossen. Schulische Formen beruflicher Bildung haben daher zwangsläufig den Charakter einer berufsvorbereitenden und berufsorientierenden Bildung.

> 2. Die Kategorie der ‚praktischen' Ausbildung ist in diesem Zusammenhang irreführend, da sie dazu verleitet, Formen des außerbetrieblichen Lernens in Lehrgangsform oder auch in Projektform mit dem Lernen im Kontext betrieblicher Prozesse zu verwechseln.

Das Lernen im Prozess der betrieblichen Organisationsentwicklung, die Beteiligung an betrieblichen Aufgaben und das Hineinwachsen in die betriebliche Praxisgemeinschaft ist sehr viel mehr als das Aneignen so genannter praktischer Qualifikationen. Berufliche Bildung ist auch ein Sozialisationsprozess, der schließlich zur Meisterschaft in seinem Beruf führt und sich daher nicht in kontextfreie Qualifizierungsbausteine etc. unterteilen lässt.

> 3. Das situierte Lernen – die Herausbildung beruflicher Kompetenz und beruflicher Identität beim Hineinwachsen in die berufliche Praxisgemeinschaft – ist auch ein sozialer Prozess, der sich allen Formen fragmentierter Berufsbildung prinzipiell entzieht. (vgl. v.a. Lave und Wenger 1991; Connell, Sharidan, Gardner 2003)

Günter Ploghaus zeigt, wie der Grundlehrgang Metall ein Jahrhundert lang die Formen des beruflichen Lernens weit über Deutschland hinaus geprägt hat (Ploghaus 2003). Am Beispiel der „Bohrplatte" lässt sich verdeutlichen, welche Tradition eine prozess- und gestaltungsorientierte Berufsbildung überwinden musste. Im Kommentar für die Ausbilder hieß es zur Durchführung der Übung, bei der in eine Metallplatte von 8 x 100 x 120 mm 54 Löcher gebohrt werden mussten: Es kommt nicht darauf an, dass die Auszubildenden oder Lehrlinge „mal eben" diese acht Löcher bohren, sondern dass diese Tätigkeit mit der höchster Präzision an einem Teil zu verrichten sei, dass keinem konkreten Zweck diene (Krause 1991, 110f.). Diese, und vergleichbare Aufgaben präzise auszuführen, ohne zu wissen wozu, war das übergeordnete Erziehungsziel dieser Form einer kontextfreien, hochmodularisierten Grundausbildung, der das Motto voran gestellt war: „Eisen erzieht" (Grundlehrgang: „Eisen erzieht"). Die Vermittlung kontextfreier Qualifikationen, eingebettet in eine Modul- oder Baukastenstruktur, widerspricht einer beruflichen Bildung, die sich am Konzept des situierten Lernens (Lave u. Wenger 1991) orientiert. Lerntheoretisch gewendet kommt es bei der Aneignung von handlungsleitendem und handlungserklärendem Arbeitsprozesswissen darauf an, dass sich im Prozess des situierten Lernens die Bedeutungsfelder der beruflichen Handlungskonzepte kontinuierlich an die das professionelle Handeln begründenden Konzepte annähern (Rauner 2004).

> **4. Die Herausbildung beruflicher Identität ist eine wesentliche Grundlage für berufliches Engagement, Leistungsbereitschaft und Qualitätsbewusstsein. Dieser Entwicklungsprozess ist gebunden an eine moderne Beruflichkeit und an eine am Novizen-Experten-Paradigma orientierte Berufsausbildung.**

Die Herausbildung beruflicher Identität erfordert eine ungeteilte und vollständige Berufsausbildung. Die Reduzierung beruflicher Ausbildung auf die Vermittlung beruflicher Qualifikationen nach dem Baukastenprinzip, hätte weit reichende negative Auswirkungen für die gesellschaftliche Integration der Jugendlichen (Entorf, Sprengler 2002, 175) und würde die Tradition der Meisterlehre beschädigen, die die hohe Wettbewerbsfähigkeit zahlreicher Branchen der deutschen Exportwirtschaft begründet (vgl. Porter 1990, 38; Hall, Soskice 2001, 42f., Keep, Mayhew 2001). Eine betriebliche Berufsausbildung, die an den Entwicklungspotentialen beruflicher Arbeitsprozesse anknüpft, lässt sich in der Form offener, dynamischer Kernberuflichkeit ordnen. Damit bleibt der auf nationaler Ebene erfolgreich etablierte Berufsbildungsdialog mit seinem Kern, der Ordnung von Berufen und Ausbildungsinhalten, erhalten und zugleich werden die Gestaltungsspielräume bei der Lokalisierung offener Ordnungen vergrößert. Es gibt gute Gründe dafür, eine Berufsbildungsplanung und -steuerung zu vermeiden, die versucht, die branchen- und betriebsspezifischen Ausprägungen und Spezialisierungen beruflicher Arbeits- und Geschäftsprozesse bildungsplanerisch zu beherrschen.

Arbeits- und Geschäftsprozessorientierung unter den Bedingungen der fortschreitenden Automatisierung

Das Thema Automatisierung steht seit einiger Zeit nicht mehr auf der Tagesordnung wissenschaftlicher Diskussionen. Dies liegt wohl darin begründet, dass in den 1980er und Anfang der 1990er Jahre „Automatisierung" dem Leitbild der menschenleeren Fabrik folgte und mit der Automatisierung menschlicher Fähigkeiten gleichgesetzt wurde. Dieses Leitbild mündete schließlich ein in das mit viel Optimismus ausgestattete Projekt der Realisierung künstlicher Intelligenz zur Objektivierung intelligenter menschlicher Fähigkeiten[28], wie sie etwa in der Instandhaltungsfacharbeit, der Diagnosetätigkeit von Ärzten oder der Kfz-Fehlerdiagnose anzutreffen sind.

Befangen in diesem Automatisierungsleitbild wird ein exponentieller Produktivitätsanstieg erwartet, der schließlich einmündet in die ‚mannlose' Fabrik. Ähnliche Effekte wurden mit der Einführung von Expertensystemen in der Fehlerdiagnose und der On-Board-Diagnosetechnik z. B. in der Kfz-Diagnose erwartet.

Das Leitbild einer fortschreitenden, menschliche Fähigkeiten objektivierenden Automatisierung fand seine Entsprechung in sozialwissenschaftlichen Theorien, die einen Prozess der Dequalifizierung mit fortschreitender Automatisierung im Bereich der Facharbeit prognostizierten. Die von Braverman formulierte „Deskilling These" (Braverman 1974) fand breiten Eingang in die industriesoziologische Qualifikationsforschung (Baethge u. a. 1974).

Erste Zweifel an der Zwangsläufigkeit fortschreitender Dequalifizierung durch den Automatisierungsprozess wurden von Ingenieurwissenschaftlern bereits Anfang der 1980er Jahre formuliert. So prognostiziert z. B. Thomas Martin, Wissenschaftler beim Projektträger Fertigungstechnik, dass „Fertigungssysteme, die eher auf menschlichen Fähigkeiten als auf maschinellen Artefakten beruhen, als die bessere Wahl erscheinen" (Martin 1984).

Mit dem ESPRIT-Projekt „Human Center CIM-Systems" hat ein Konsortium aus englischen, dänischen und deutschen Anwenderunternehmen mit Ingenieur-, Arbeits- und Berufsbildungswissenschaftlern bereits zu Beginn der Automatisierungseuphorie, in deren Zentrum eine Weile das „Computer Integrated Manufacturing" stand, ein alternatives Leitbild entwickelt: Die Realisierung einer computergestützten und -integrierten informationstechnischen Infrastruktur zur Unterstützung von

- Kreativität im Design- und Entwicklungsprozess,
- Flexibilität im Organisationsprozess,

---

[28]Vgl. dazu vor allem die kritische Analyse von Dreyfus und Dreyfus (1986).

- Qualität, Effektivität und Produktivität im Fertigungsprozess (Corbett/Rasmussen/Rauner 1991).

Kommunikationstechnik wird so zur informationstechnischen Infrastruktur für die Kommunikation der Menschen, deren Fähigkeiten unterstützt, gefördert und erweitert werden sollen. Im abschließenden Bericht des ESPRIT-Projekts 1217 (11/99) wird ein optimistischer Ausblick für eine „Human Center CIM-Technology" formuliert. Ein neues Leitbild für die hochautomatisierte Produktion hatte mit diesem Projekt konkrete Gestalt in der Form einer experimentellen Realisierung angenommen:

„An exciting start has been made on developing a CIM technology that is appropriate for the skill-based tradition of European manufacturing, and which will be particularly valuable for the backbone of small and medium sized manufacturing companies engaged in batch production. The project is now attracting worldwide attention" (ESPRIT Projekt 1217 (11/99), 40). Jahrzehnte nach Beginn dieses ESPRIT-Projekts, das 1985 formuliert wurde, hat sich dieser Entwicklungspfad als der für die flexible Produktion tragfähigere durchgesetzt.

Das Automatisierungsdogma der prinzipiell vollständig beschreib-, plan- und informationstechnisch beherrschbaren Arbeitsprozesse hatte einen Rückschlag erlitten. Hat das Konzept der technozentrischen Automatisierung daher ausgedient?

An die Stelle des Wettstreits um die vollautomatisierte Produktion sind empirische Studien zur Mensch-Maschine-Interaktion und zum Stellenwert wissensbasierter Systeme in allen Abschnitten der Wertschöpfung sowie praxisnahe Entwicklungsprojekte in der Spracherkennung und in der Bereitstellung einer Kommunikationsinfrastruktur von höchster Qualität getreten. Diese Forschungs- und Entwicklungsaktivitäten repräsentieren ein anderes Automatisierungsleitbild als das der 1980er Jahre. Es richtet sich nicht länger explizit gegen die Beschäftigten als einem störenden und nur schwer beherrschbaren Faktor im Getriebe der Fabrik bzw. allgemeiner: des Arbeitsprozesses, sondern stellt ausdrücklich die besonderen Fähigkeiten des Menschen heraus und setzt daher auf seine Fähigkeiten und Motivation. Es geht nicht nur um das Objektivieren und Substituieren von Wissen, sondern um das Wissensmanagement. Da das verfügbare Wissen hochgradig fragmentiert auf eine Vielzahl von Akteuren verteilt ist und die vielfältigen Wissensquellen selten angemessen ausgeschöpft werden, wird ein zentraler Wettbewerbsvorteil bei der Kreierung neuer Produkte und ihrer Vermarktung in einem – durch sich rasch verändernde Kundenerwartungen – erfolgreichen Management von Wissen gesehen. Die Kunst des Wissensmanagements besteht weniger in der Realisierung informationstechnischer Medien zum Speichern, zur Präsentation und zum Verteilen von Wissen via Internet und Multimedia – dies ist lediglich eine wichtige Voraussetzung –, sondern vor allem in der Nutzung des in den Praxisgemeinschaften (z. B. in Unternehmen, Instituten oder Verwaltungen) verfügbaren Wissens[29]. Dieses Wissen basiert in einem erheblichen Umfang auf Arbeitserfahrung und steht selten explizit zur Verfügung, es ist gebunden an Personen und Arbeitsgruppen. Dass dieses Arbeitsprozesswissen in seiner impliziten Form von zentraler Bedeutung für eine hochentwickelte Organisation von Arbeit (high performance work organization) gilt, fand in den 1990er Jahren Eingang in die berufspädagogische Diskussion (Böhle/Bauer/Munz/Pfeifer 2001; Fischer/Rauner/Stuber 2001; Röben 2001; Erbe 2001).

Definiert man Automatisierung als Prozess der Erhöhung von Produktivität mittels Technik, Organisation, Qualifikation und Wissensmanagement, dann ist Automatisierung ein höchst aktuelles Thema. Weniger aktuell ist lediglich das alte Automatisierungsleitbild.

Kompetenzentwicklung in automatisierten Arbeits- und Geschäftsprozessen

In diesem Zusammenhang soll auf drei Thesen verwiesen werden, mit denen die verbreitete Einschätzung der Auswirkungen der fortschreitenden Automatisierung auf die Qualifikationsanforderungen von beruflichen Fachkräften in Frage gestellt werden.

1. These:
Mit fortschreitender Automatisierung sowie der damit einhergehenden Substituierung menschlicher Arbeit nimmt die Bedeutung arbeitsprozessbezogener Kompetenz im Bereich der beruflichen Facharbeit zu. (Dittrich 2001; Rauner 2001)

---

[29] Vgl. dazu z. B. das vom BMBF geförderte Leitprojekt SENEKA – Service-Netzwerk für Aus- und Weiterbildungsprozesse (http://www.seneka.rwth-aachen.de/)

Menschliche Arbeit ist unter den Bedingungen der Automatisierung keine Tätigkeit, die sich auf den noch nicht maschinisierbaren Rest der Arbeit reduziert. Ebenso wenig passt der Begriff des „Bedieners" von „Benutzeroberflächen" hochkomplexer Maschinen und Anlagen zu dem, was die Qualität der Facharbeit ausmacht. Diese Begrifflichkeit aus der traditionellen Automatisierungsterminologie suggeriert zweierlei:

Die komplexe Maschine und Anlage agiert, produziert, überwacht sich selbst und kommuniziert computergestützt und vernetzt mit anderen Systemen usw. Der Mensch „bedient" die agierende und wertschöpfende Maschine. Die Maschine wird in diesem Szenario „Herr des Verfahrens" und erscheint begrifflich überhöht als Quasi-Subjekt im Produktionsprozess.

Der Begriff der Benutzeroberfläche transportiert die Vorstellung, dass dem Benutzer eines Gerätes oder einer Anlage die Handhabung so einfach gemacht werden muss, dass er sich mit der unter der Oberfläche verborgenen maschinellen Intelligenz nicht herum plagen muss. Diese entzieht sich sowieso der Einsicht des Benutzers. Mittels einer komfortablen Bedienerführung wird der Nutzer von der intelligenten Maschine quasi an die Hand genommen und umsichtig bei seinen bedienenden Tätigkeiten geführt.

Alle Untersuchungen zeigen, dass die Realität der Arbeitsprozesse in Automatisierungszusammenhängen, anders als es das obige Automatisierungsleitbild suggeriert, durch eine hohe arbeitsprozessbezogene Kompetenz der Beschäftigten gekennzeichnet ist (Röben 2001; Stuber 2001). Dafür sind folgende Punkte ausschlaggebend:

(1) die technischen Applikationsprozesse bei der Implementation zunehmend offener Systeme und Systemarchitekturen („user may incorporate their specific know-how")

Eine zentrale Rolle bei der Realisierung integrierter Informationssysteme spielt die Normierung einer offenen Systemarchitektur (OSA). Ein offenes Informationssystem

- ermöglicht eine von der Anwendung unabhängige Verwaltung von Daten,

- erlaubt einen freien Zugriff zu Informationen durch den Benutzer, damit die Flexibilität in der Gestaltung und Veränderung der Geschäftsprozesse gewährleistet bleibt,
- vermeidet den Zwang zu Komplettlösungen,
- erlaubt es, „den Wandel beherrschbar zu machen" und
- ist offen für betriebsspezifische Anwendungen (Applikationen), Einführungs- und Entwicklungsprozesse.

Die betriebsspezifischen Applikations- und Einführungsprozesse verlaufen um so erfolgreicher, je besser es gelingt, die vorhandenen und zu entwickelnden Qualifikationen der Nutzer und Anwender, die betriebliche Organisationsentwicklung und die Einführung der Automatisierungstechnik (hier der offenen Informationssysteme) in Form einer dynamischen Balance zueinander auszugestalten. Dabei kommt der Befähigung zur Mitgestaltung der Arbeitswelt in der Form einer beteiligungsorientierten Organisationsentwicklung eine ganz grundlegend neue Bedeutung zu (Ganguin 1993).

(2) der systemische Charakter der Technik

In der Tradition eines fachsystematischen Wissenschaftsverständnisses wird auch in der Steuerungs- und Automatisierungstechnik nach Technologien wie Pneumatik, Hydraulik, Elektrik und Elektronik sowie nach Software und Hardware unterschieden. Dies war angemessen, solange für Steuerungen und Antriebe nur ein einziges Medium Verwendung fand. Die Automatisierungstechnik zeichnet sich jedoch dadurch aus, dass zunehmend hybride bzw. integrierte (systemische) Technologien wie Elektrohydraulik und Elektropneumatik bzw. allgemeine mechatronische Systeme zu Anwendung kommen. Damit tritt das systemische technologieunabhängige Verständnis von Automatisierungsprozessen und -systemen in den Vordergrund (Klinger 1991). In der Berufs- und Curriculumentwicklung findet dies bereits seinen Niederschlag. Der traditionelle Beruf des Elektromechanikers wurde in der Form des Mechatronikers neu entwickelt. Das europäische Projekt des „Carmechatronic" (Rauner/Spöttl 1995) trägt in besonderer Weise der Entwicklung hin zu systemischen Technologien Rechnung. Mit dem Berufsbild und Curriculum „Car-mechatronic" wird zugleich eine Antwort auf die Qualifizierung von Fachkräften unter den Bedingungen eines sich beschleunigenden Wissenszuwachses gegeben. An die Stelle des fachsystematischen Wissens tritt in der Berufsausbildung das Arbeitsprozesswissen (Fischer 2000).

(3) die Verstetigung technischer Innovationen als eine Dimension im Organisationsentwicklungsprozess

Mit der Informations- und Kommunikationstechnik sowie der fortschreitenden Einführung computer-, netz- und mediengestützter Technologien verliert die Technik in der Tendenz ihren Produktcharakter. An die Stelle eines definierten Produkts mit definierten Merkmalen und Eigenschaften treten offene, auf Veränderung und Integration hin angelegte Technologien. Softwareversionen, die durch stetige Updates ihre Form und ihren Inhalt verändern, sind nur in ihrer Prozesshaftigkeit zu begreifen und zu handhaben. Computergestützte Arbeitssysteme sind zunehmend eingebettet in die Prozesse der betrieblichen Organisationsentwicklung. Organisation und Technik verschmelzen in den Organisationstechnologien und in der computergestützten Partizipation im betrieblichen Innovationsprozess miteinander. Das experimentelle und rapid prototyping, simulations- und computergestützte Experimentiertechniken sowie tutorielle Softwaretools erfordern nicht nur eine hohe arbeitsprozessbezogene Kompetenz, sondern sind zugleich Medien, durch die das Lernen im Arbeitsprozess gefördert werden kann (Fischer 2001).

---

2. These:
Die Zunahme des objektiven Wissens, über das Facharbeiter in Produktion und Instandhaltung subjektiv verfügen müssen, geht einher mit einer Rücknahme spezialisierter Berufsstrukturen: Die Anzahl der Berufe nimmt weiter ab.

Besonders eindrucksvoll lässt sich dies an der Untersuchung zum Wissenszuwachs im Kfz-Service und der Reduzierung der Kfz-Berufe auf den Universalberuf des „Kfz-Mechatronikers" zeigen.

Der Zuwachs des servicerelevanten Wissens, das von den Kfz-Werkstätten bewältigt werden muss, lässt sich eindrucksvoll am exponentiellen Zuwachs der Service-Dokumentation zeigen (Teggemann 2001; Abb. 124). Zugleich zeigt die ITB-FORCE-Sektorstudie einen ausgeprägten Trend zur Entspezifizierung in der Berufsentwicklung im Kfz-Sektor.

Hier liegt die Auflösung des scheinbaren Widerspruchs ganz eindeutig in einem informationstechnologisch gestützten und weit ausgereiften Wissensmanagement. Der Kfz-Mechaniker lernt das Auto nicht mehr auswendig. Die Fülle des zu beherrschenden Wissens würde dies nicht mehr ermöglichen. Die zentrale Fähigkeit des Kfz-Mechanikers besteht darin,

- ein auf die systemische Architektur des High-Tech-Autos zielendes Zusammenhangsverständnis zu erwerben und
- die Fähigkeit zu erlernen, das Wissen fallspezifisch und handlungsleitend zu akquirieren. Dazu wurden und werden von den Automobilherstellern technische Informations-Systeme (TIS) entwickelt mit computergestützten Diagnosesystemen, die eine hohe tutorielle Qualität aufweisen (Schreier 2000).

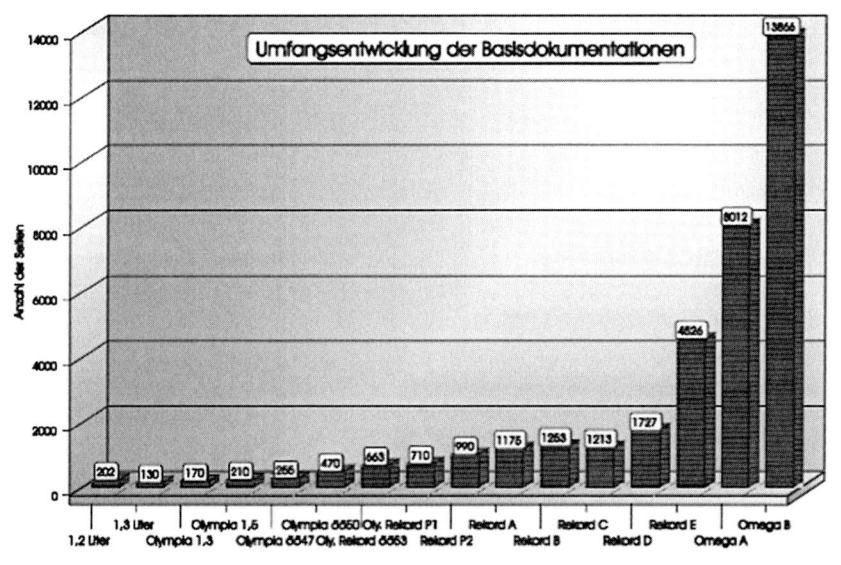

Abb. 124: Wissenszuwachs repräsentiert durch den Umfang der Servicedokumentation für Kfz-Werkstätten (Teggemann 2001)

Die Schwierigkeit bei der Lösung von Arbeitsaufgaben besteht nicht darin, genau definierte Probleme zielorientiert zu lösen, sondern problembehaftete Aufgaben im situativen Kontext zu identifizieren und erst dann die richtige Lösungsstrategie zu wählen. Die zur Lösung und Bearbeitung der Aufgaben erforderlichen Daten, Informationen und Arbeitsanleitungen stehen in der Form zunehmend komfortabel aufbereiteter computergestützter Informationssysteme zur Verfügung.

Die Rücknahme horizontaler und vertikaler Aufgabenteilung resultiert aus geschäftsprozessorientierten Organisationsstrukturen. Auf diesem Wege lässt sich eine deutlich höhere Arbeitsproduktivität erzielen.

In einem internationalen Vergleich des Kfz-Servicesektors konnte dieser Zusammenhang (exemplarisch) auch für den Bereich des Handwerks bestätigt werden (Abb. 125).

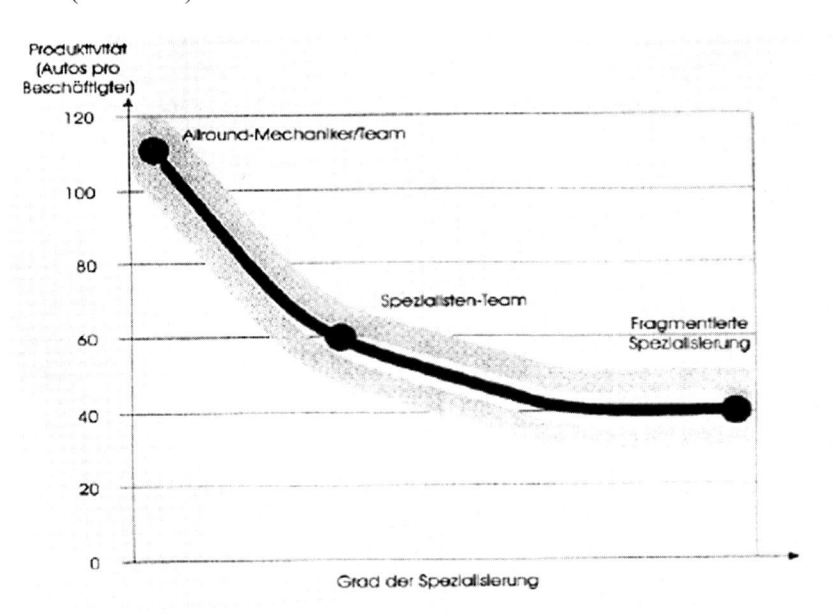

Abb. 125: Zum Zusammenhang von Spezialisierung und Produktivität im Kfz-Sektor (Rauner 1997, 41)

Die positiven Erfahrungen mit dem Konzept der Gruppenarbeit in der industriellen Produktion gaben den Anstoß für die Entwicklung im Kfz-Service hin zum „flexiblen Allroundservice". Der Widerspruch zwischen fragmentierten Organisations- und Qualifizierungskonzepten einerseits und der Initiative zur

Einführung des Teamkonzeptes andererseits wird im europäischen Kfz-Sektor häufig dadurch aufgelöst, dass im Team Spezialisierungen festgelegt werden. Der Erfolg, der der Einführung der Gruppenarbeit in der flexiblen und schlanken Produktion beschieden war, basiert insbesondere darauf, dass die Gruppen ihre Arbeit (teil)autonom gestalten können und alle Mitglieder einer Gruppe über annähernd dieselben Qualifikationen verfügen. Die Einführung von Gruppenarbeit in der industriellen Produktion war die Antwort auf das Scheitern deterministischer Planungs- und Steuerungskonzepte. Der schlanke Qualitätsservice amerikanischer Mega-Dealer im Kfz-Service wird durch einen Verzicht auf Genauigkeitsplanungs- und Steuerungskonzepte, eine deutlich höhere Flexibilität in der Arbeitsorganisation und eine sehr hohe und breite Qualifizierung der Allroundmechaniker erreicht. Das Verhältnis zwischen Beschäftigten und Arbeitsplätzen liegt mit 1 zu 1,5 bis 2 deutlich über den in den EU-Ländern angestrebten und realisierten Werten.

Im Verhältnis der direkt produktiven zu den indirekt produktiv Beschäftigten liegen die US-Betriebe mit einem Verhältnis von 1 zu 0,7 deutlich vor den vergleichbaren europäischen Vertragswerkstätten mit einem Verhältnis von 1 zu 1. In einem internationalen Vergleich zum Grad der durch die Berufsausbildung und die Arbeitsorganisation realisierten Arbeitsteilung und Spezialisierung in ihrem Verhältnis zur Produktivität der Betriebe ergibt sich ein eindeutiger Zusammenhang. Je höher der Hierarchisierungs- und Spezialisierungsgrad bei der Organisation des Kfz-Service ist, umso geringer fallen die Produktivität und die Qualität der Service-Leistungen aus ((Rauner 1997, 40ff.)).

---

3. These:

In der Arbeitspraxis der automatisierten Produktion und Dienstleistung kommt es zu einem höheren Grad unvorhersehbarer Arbeitssituationen. Hier entsteht permanent neues individuelles und kollektives praktisches Wissen. In zunehmend vernetzten und automatisierten Anlagen entsteht eine als systematisch zu bezeichnende Wissenslücke, die subjektiv bewusst wird und situativ immer wieder aufs Neue überbrückt werden muss.

Fehlerhaftigkeit ist eine Systemeigenschaft der Automatisierungstechnik. In vernetzten hochkomplexen Automatisierungssystemen tritt das Phänomen der Verborgenheit von Fehlerursachen und -zuständen auf. Diese Fehler mit ungewissen Ursachen und temporären Störungen, deren Ursache und Verflüchtigung ungeklärt bleiben, verstärken die neue Unübersichtlichkeit komplexer vernetzter Arbeitssysteme. Arbeitsprozesswissen ist daher in Automatisierungsprozessen immer auch unvollständiges Wissen. Die Bewältigung unvorhersehbarer Arbeitsaufgaben, das prinzipiell unvollständige Wissen (Wissenslücke) in Bezug auf unübersichtliche nichtdeterministische Arbeitssituationen ist kennzeichnend für das praktische Arbeitsprozesswissen. Immer dort, wo dies zu einem Charakteristikum beruflicher Arbeit gehört, kann daraus eine Meta-Kompetenz erwachsen, nämlich die Fähigkeit im Umgang mit der Wissenslücke bei der Lösung unvorhersehbarer Aufgaben und Problemen in der beruflichen Arbeit (vgl. Benner 1977). Als ein Dilemma stellt Drescher in diesem Zusammenhang heraus, dass Instandhaltungsfacharbeiter wie Industrieelektroniker über Anlagenwissen verfügen müssen, das notwendigerweise sowohl Strukturwissen als auch Detailwissen ist. „Es beinhaltet Kenntnisse über die technisch-organisatorische und räumliche Gliederung des (vernetzten) Automatisierungssystems in der Anlage, die von ihm gesteuert wird. Um die Bedeutung und Funktion jeder einzelnen Komponente in diesem Gesamtsystem aus Elektrik, Elektronik, Mechanik, Hydraulik und Pneumatik verstehen und beurteilen zu können, muss ihr Zweck darin und ihre gegenseitigen Abhängigkeiten im dynamischen Funktionsablauf bekannt sein. Angesichts dieser Zusammenhänge wird auch klar, warum sich das Anlagenwissen...nicht auf die elektrischen und elektronischen Komponenten der Anlage beschränken darf, sondern von ihm ein ‚interdisziplinäres' und ganzheitliches Verständnis, Denken und Handeln verlangt werden muss" (Drescher 1996, 212).

Der zunehmende Anstieg der Anlagenkomplexität erfordert daher ein entsprechendes Anlagenwissen. Dieses reicht weit über das systematische fachlich-technische Wissen hinaus. Drescher kommt zu der Einschätzung: „Die zur vollständigen Erfassung und Beherrschung einer komplexen, vernetzten Anlage notwendigen Wissensbestände erreichen einen Umfang, der vom einzelnen Instandhalter kaum noch bereitgehalten, geschweige denn aktualisiert werden kann. Anlagenstrukturen werden komplizierter und unübersichtlicher und belasten damit den Erwerb des Anlagenwissens" (ebd. 1996, 216). Facharbeiter und Techniker müssen, so Drescher, mit der Wissenslücke leben.

Fischer u. a. haben im Rahmen einer umfangreichen Untersuchung zur industriellen Instandhaltungsfacharbeit in einem beteiligungsorientierten Entwicklungsprozess ein computergestütztes Werkzeug zur Dokumentation von

Arbeitserfahrungen durch die Instandhaltungsfacharbeiter entwickelt. Anders als bei klassischen Expertensystemen, die sich für die industrielle Instandhaltungsfacharbeit nicht durchgesetzt haben, erlaubt es dieses Werkzeug dem Instandhalter, seine je eigenen Instandhaltungsfälle (Arbeitserfahrung) für sich zu dokumentieren: *"Das Prinzip dieses Systems technischer Unterstützung besteht...darin, arbeitsadäquate Strukturen zur Verfügung zu stellen, die vom Werkstattpersonal zur Entscheidungsfindung genutzt werden können. Das bedeutet, dass die Funktionen zur Entwicklung und Modifikation von Dokumentations- und Diagnosestrukturen weitgehend automatisiert sind, um die zur Bedienung des Systems nötigen Operationen zu minimieren. Schlussfolgerungen und Entscheidungen an sich werden dagegen nicht automatisch zur Verfügung gestellt, da die Kompetenz der Benutzer gerade in der Fähigkeit und Verantwortung Entscheidungen zu treffen besteht, welche es maßgeblich zu erhalten und zu fördern gilt"* (Fischer u. a. 1995, 259).

Mit diesem Werkzeug wird eine angemessene Antwort auf eine am Konzept der Human Centered Systems orientierte Automatisierungsstrategie gegeben.

---

4. These:
Automatisierung in der fertigungs- und verfahrenstechnischen Produktion führt zu einer Automatisierungstechnik, bei der die Beschäftigten (vor allem in der Instandhaltung) mit einer zunehmenden Zahl koexistierender Generationen von Automatisierungstechnik und integrierten Anlagen konfrontiert sind. (Dittrich 2001)

Verfahrenstechnische Anlagen haben häufig eine Lebensdauer von einem Vierteljahrhundert und mehr. Die technische Aufrüstung geschieht Schritt für Schritt, sodass in den Anlagen häufig Technik aus vier oder fünf Generationen nebeneinander bzw. miteinander vernetzt existiert. Das notwendige Wissen am „jungen Ende" des Zeitfensters nimmt wegen der Dynamik der technischen Entwicklung rasch zu, während es am „alten Ende" nur langsam herausfällt. Daraus resultiert ein ausgeprägter Wissenszuwachs, der von Facharbeitern beherrscht werden muss. In der Innovationspraxis sind zwei unterschiedliche Wege anzutreffen, um das Qualifizierungsproblem für Wartung und Instandhaltung zu lösen. Der erfolgreichere Weg besteht darin, die Instandhaltungsfacharbeiter an der Einführung und Erweiterung der Anlagen – in der Regel sind dies rechner- und netzgestützte Systeme – von Anfang an zu beteiligen. Einen besonderen qualifizierenden Effekt hat die Beteiligung an der Installation und Inbetriebnahme der je neuen Anlagen(teile). Der alternative Weg setzt auf Fortbildung. Das Qualifizierungsproblem resultiert in diesem Fall aus der mangelnden Zusammenarbeit zwischen Instandhaltungspersonal mit der Planungs- und Konstruktionsabteilung, die für die Planung und Installation von Maschinen und Anlagen verantwortlich sind.

Schlussfolgerung für die Gestaltung beruflicher Bildungsprozesse

(1) Der Produktcharakter der Technik verändert sich mit der Substituierung von Hardware durch Software zugunsten des Prozesscharakters von Technik. Software existiert in der Form von Versionen, wird durch permanente Updates aktualisiert und eröffnet zunehmend dezentrale Gestaltungsspielräume. Arbeitsprozesse zeichnen sich unter den Bedingungen der fortschreitenden Automatisierung daher zunehmend durch die Beherrschung der Veränderungsprozesse aus. Hier versagt das zweckrationale Handlungsschema, das von definierten und definierbaren Handlungszielen und darauf bezogenen Handlungsschritten ausgeht. An die Stelle des problemlösenden Handelns tritt die Fähigkeit des Identifizierens und Strukturierens von Problemen und ihre Transformation in Aufgaben, die dann zu lösen sind.

(2) Immer wenn es um die Gestaltung von Arbeits- und Qualifizierungsprozessen unter den Bedingungen fortschreitender Automatisierung geht, bedarf es der Untersuchung berufs- und berufsfeldspezifischer Arbeitszusammenhänge. Hier liegt der besondere Stellenwert der fach- und berufsspezifischen Untersuchungen. Der Wandel der Facharbeit vollzieht sich in den einzelnen Berufen und Berufsfeldern nicht nur höchst verschieden, soweit es allgemeine Charakteristika betrifft, sondern das in der praktischen Berufsarbeit inkorporierte Wissen ist immer dann ein zentraler Untersuchungsgegenstand, wenn es darum geht, die Inhalte für berufliche Bildungsprozesse zu begründen. Qualifikationsforschung wird hier zur fach- und berufsbezogenen Qualifikationsforschung als einer wichtigen Grundlage für die Gestaltung beruflicher Bildungsprozesse.

(3) Die Untersuchungen zum Wandel der Facharbeit unter den Bedingungen der Automatisierung legen nahe, Berufsbildung nicht als Reparaturinstanz

problematischer Automatisierungskonzepte zu behandeln, sondern die Entstehung, das Akquirieren und Anwenden von beruflichem Wissen zu einer Entwicklungsdimension der Automatisierung in der Arbeitswelt zu machen. Auf diese Weise lässt sich

- ein großer Umfang an überflüssigem Oberflächenwissen vermeiden,
- die Aneignung des arbeitsprozessrelevanten Wissens in den Arbeitsprozess stärker integrieren und
- die Wissensakquisition bereits automatisierungstechnisch absichern. Diese Maßnahmen entlasten das berufliche Curriculum.

(4) Die Qualifizierung für die Automatisierungsfacharbeit und die darauf bezogene Berufsbildung entziehen sich wegen der extrem hohen Komplexität und Kompliziertheit von Automatisierungsprozessen mit ihrer technologisch-organisatorischen Entwicklungsdynamik einem fachspezifischen Curriculum. Gleichzeitig können sie den Anforderungen an Struktur- und Zusammenhangsverständnis einerseits und an Detailwissen andererseits nicht entrinnen. Als Lösungsweg bietet sich das entwicklungslogisch aufgebaute Curriculum an, mit dem das von Dreyfus formulierte Anfänger-Experten-Paradigma aufgenommen wird (vgl. Rauner 1999).

Ergebnisse zur Geschäftsprozessorientierung

Die zusammenfassende Darstellung der Ergebnisse zur Geschäftsprozessorientierung (GPO; Abb. 4) zeigt einen zunehmenden Verlauf im Laufe der Ausbildung, ähnlich wie er für die Qualitätskriterien ‚Eigenverantwortliches Lernen' und ‚Niveau der Arbeitsaufträge' gemessen wurde (Abb. 126a-c).

a) Schulnote

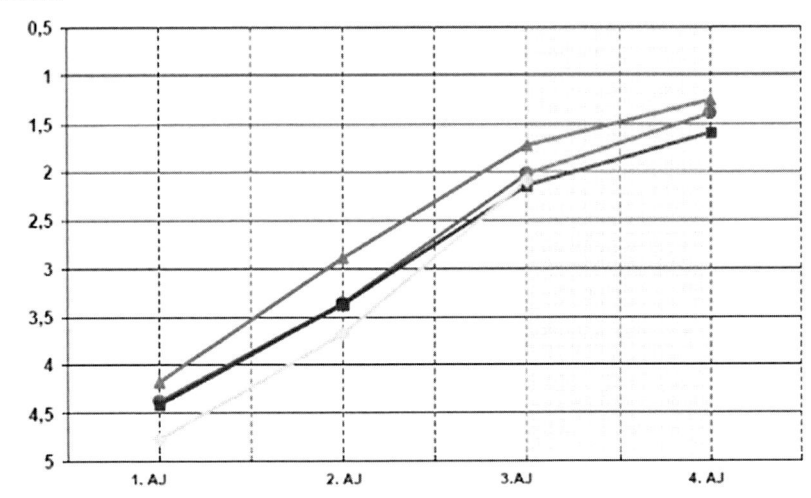

b) Schulnote

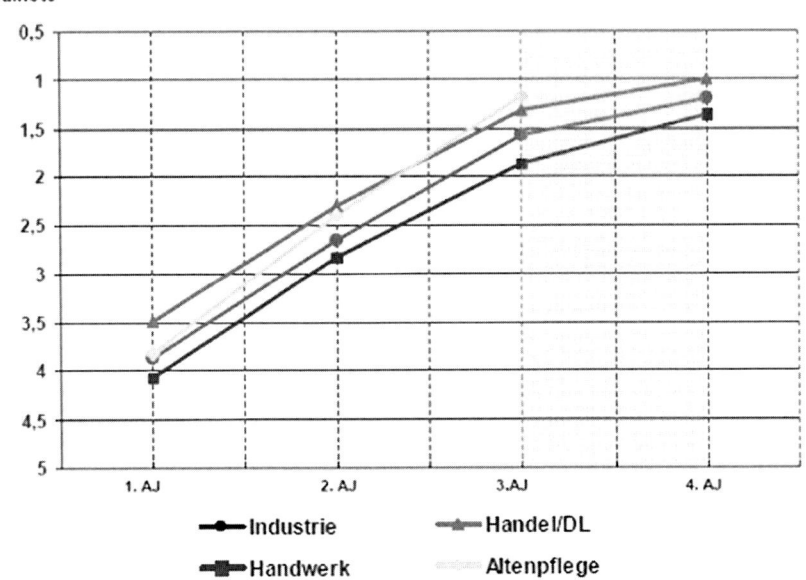

— Industrie — Handel/DL
— Handwerk — Altenpflege

c) Schulnote

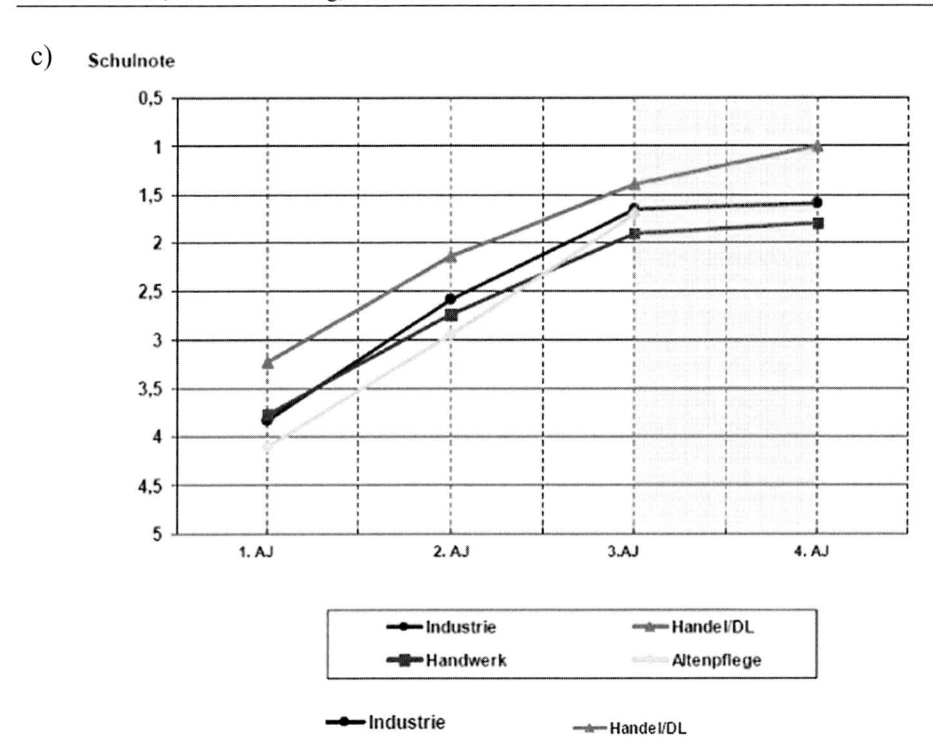

Abb. 126: a) bis c) Niveau der Arbeitsaufträge, eigenverantwortliches Lernen und Lernen in Geschäftsprozessen

Im ersten Ausbildungsjahr vermittelt die Ausbildung bei den Auszubildenden in den Bereichen Industrie und Handwerk nach Einschätzung der Ausbilder kaum Vorstellungen darüber, wie ihre Tätigkeit und Arbeitsaufträge sich in das betriebliche Geschehen einfügen und welche Bedeutung die Qualität ihrer Arbeit für die betrieblichen Arbeits- und Geschäftsprozesse hat. Mit diesem Befund zeichnet sich das Bild einer Ausbildung ab, in der Auszubildende ihre Tätigkeit als *nicht* in die Arbeits- und Geschäftsprozesse einbezogen erfahren. Auf dieser Basis kann das zentrale Ausbildungsziel, die Aneignung *reflektierter Arbeitserfahrung* als *Grundlage für Zusammenhangsverständnis* und *Qualitätsbewusstsein* sowie das *Hineinwachsen in die Prozesse der betrieblichen Organisationsentwicklung*, nicht erreicht werden. Hervorzuheben ist auch bei diesem Qualitätskriterium der Ausbildung, dass sich die Situation im Sektor

Handel und Dienstleistungen deutlich positiver darstellt als in den Sektoren Industrie und Handwerk.

Der Verlauf der Diagramme zeigt deutlich, dass erst im letzten Ausbildungsjahr den Auszubildenden zugetraut wird, Arbeitsaufträge in ihrer Bedeutung für die betrieblichen Geschäftsprozesse zu verstehen – und entsprechend zu handeln. Die GPO-Werte liegen für die Ausbildung in der Industrie sowie für den Sektor Handel/Dienstleistungen zwischen „sehr gut" und „gut". Für das Handwerk liegt der GPO-Wert bei knapp unter „gut". Damit wird ein wichtiges Ausbildungsziel gegen Ende der Ausbildung erreicht, obwohl es in der ersten Ausbildungshälfte offenbar nicht gelingt, diese zentralen Qualitätskriterien in der Ausbildung umzusetzen. Die *Zeit* heilt also ein Ausbildungsdefizit: aus Hilfskräften werden schließlich Fachkräfte. Diese informelle Ausbildungstradition, die als ‚Beistelllehre' spätestens mit dem Berufsbildungsgesetz von 1969 in die Kritik geriet, scheint noch immer verbreitet zu sein. Abhilfe versprechen die ausbildungsbegleitenden Evaluationsformen, die im Zusammenhang mit der Einführung von Methoden der Qualitätssicherung und -entwicklung diskutiert werden (s. auch Rauner/Haasler 2009).

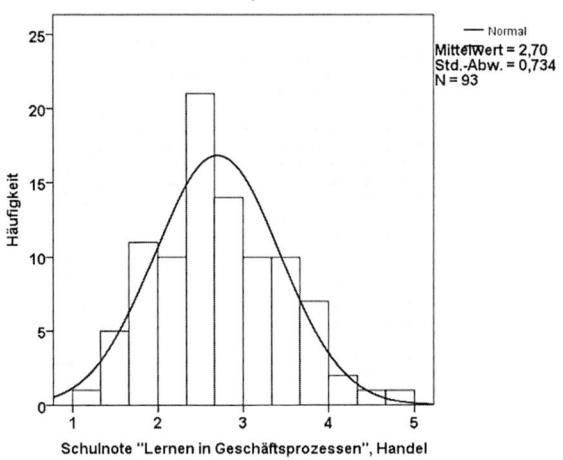

Abb. 127: Häufigkeitsverteilung der Schulnote "Lernen in Geschäftsprozessen"

Die starke Spreizung der Ergebnisse in allen drei Beschäftigungssektoren zeigt, dass die Orientierung der Ausbildung an den Beispielen guter und bester Ausbildungspraxis ein erhebliches Innovationspotential birgt (Abb. 128). Bemerkenswert ist die Ausbildungssituation im Handwerk, bei der es eine deutliche

Kluft zwischen guter und kaum ausreichender Geschäftsprozessorientierung gibt. Außerdem zeigt sich eine Polarisierung zwischen Betrieben mit einer guten – einerseits – und einer kaum ausreichenden Geschäftsprozessorientierung andererseits.

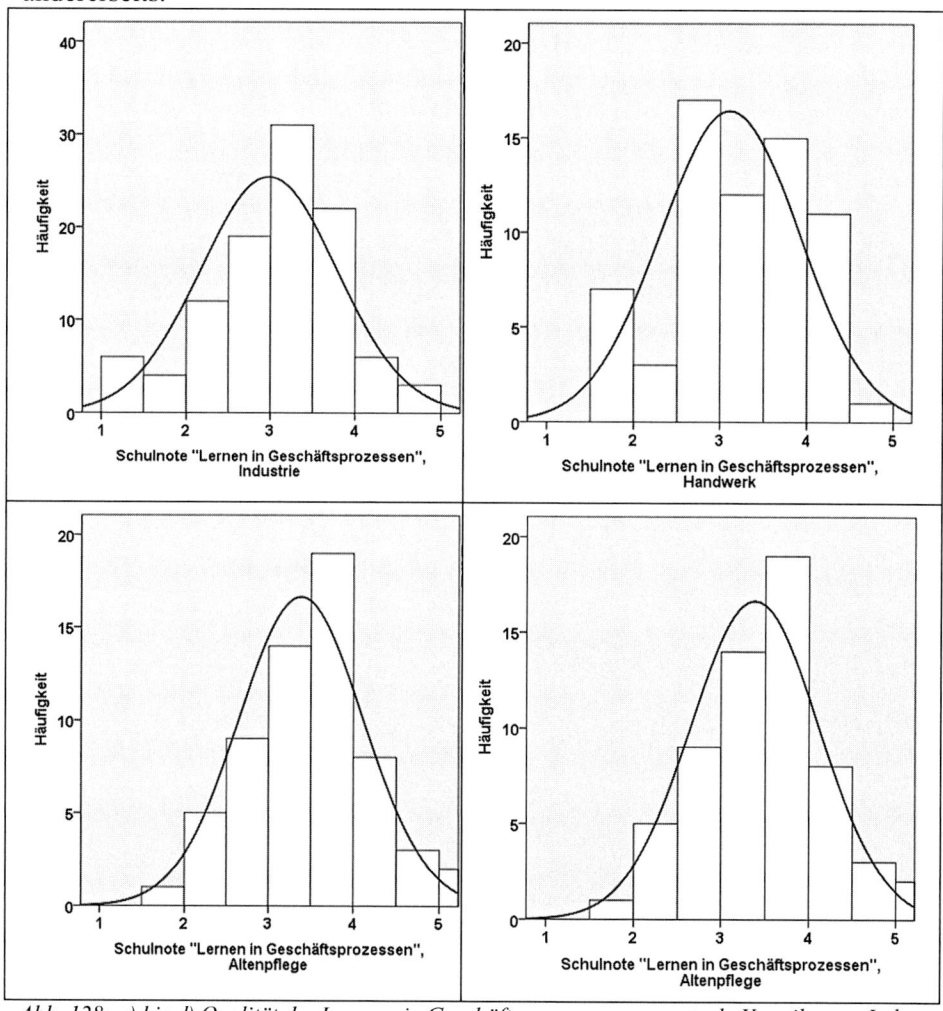

Abb. 128: a) bis d) Qualität des Lernens in Geschäftsprozessen, prozentuale Verteilungen Industrie (MW:2,70, Std.Abw:0,73, N:93), Handel MW:2,98, Std.Abw:0,81, N:103), Handwerk (MW:3,11, Std.Abw:0,80, N:66) und Altenpflege(MW:3,38, Std.Abw:0,73, N:61)

Der zeitliche Verlauf der Qualitätsentwicklung in der Dimension Geschäftsprozessorientierung

Analysiert man den zeitlichen Verlauf der Qualitätsentwicklung in der Dimension Geschäftsprozessorientierung, dann treten in den drei Branchen erhebliche Unterschiede zutage. Im Sektor Handel und Dienstleistungen liegt anders als bei den Qualitätskriterien ‚Niveau der Arbeitsaufträge' und ‚Eigenverantwortliches Lernen' (vgl. Maurer et. al. 2009) *keine zweigipflige Verteilung* vor (Abb. 129).

a) 1. Ausbildungsjahr

2. Ausbildungsjahr b)

c) letztes Ausbildungsjahr

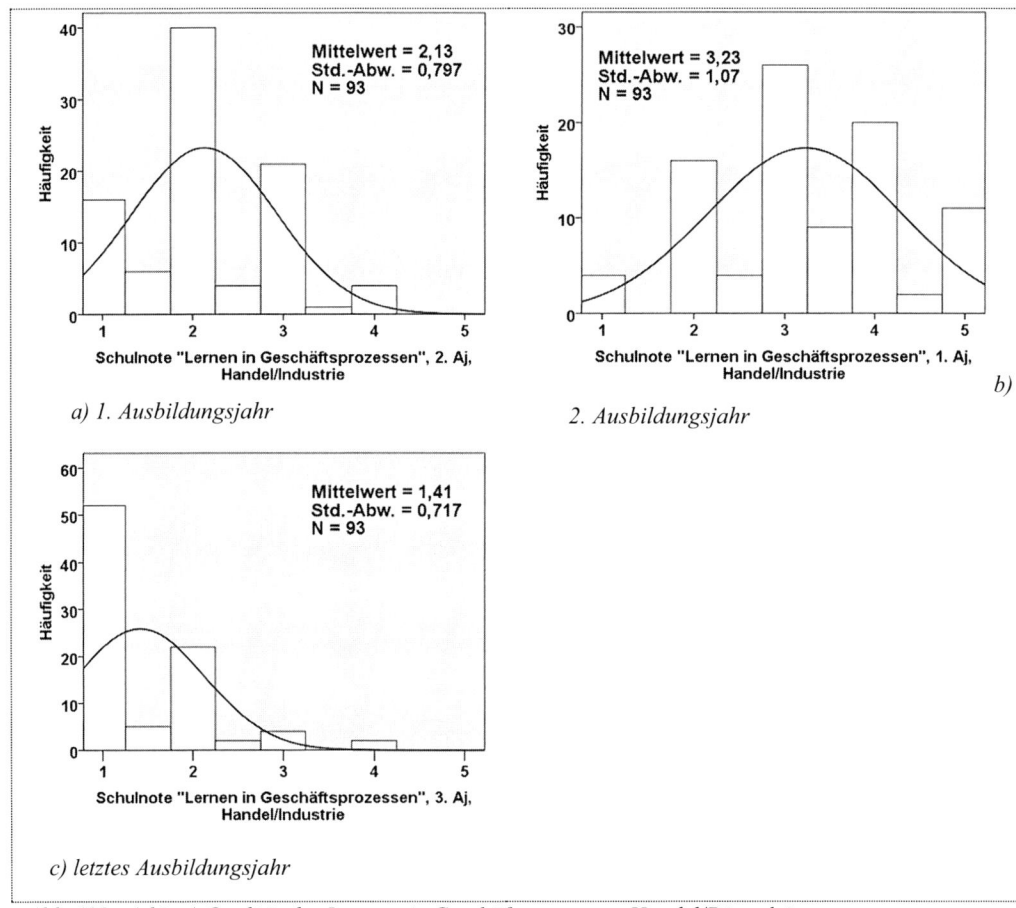

Abb. 129: *a) bis c) Qualität des Lernens in Geschäftsprozessen, Handel/Dienstleistung, prozentuale Verteilungen pro Ausbildungsjahr*

In der Dimension GPO ergibt sich für alle Ausbildungsunternehmen eine stetig zunehmende Verankerung der GPO in der Ausbildung. Die beinahe idealtypische Gleichverteilung zwischen einer je kleinen Gruppe von Ausbildungsbetrieben mit einer sehr guten – einerseits – und einer mangelhaften GPO-Qualität andererseits sowie einer starken Ausprägung des Anteils der Betriebe, die bereits im ersten Ausbildungsjahr ein mittleres GPO-Qualitätsniveau erreichen, spricht für einen relativ zu den anderen Sektoren befriedigenden Einstieg in die Berufsausbildung. In den beiden Folgejahren nimmt der Anteil der Betriebe mit einer hohen bis sehr hohen GPO-Qualität deutlich zu (zweites Ausbildungsjahr: 71%; drittes Ausbildungsjahr: 91%). Dass diese relativ gute Bilanz auch im letzten Ausbildungsjahr immer noch 9% Unternehmen mit einer schwachen bis sehr schwachen GPO ausweist, wirft die Frage nach einer Verbesserung der Ausbildungsberatung auf. Das QEK-Tool, das auch diese Betriebe für eine Selbstevaluation genutzt haben, ist dazu sicher ein erster Schritt. Eine Lösung dieses Problems ist jedoch davon abhängig, ob und wie Methoden der Qualitätssicherung und -entwicklung verbindlich in die betriebliche Berufsausbildung eingeführt werden.

Im Sektor *Industrie* stellt sich die Ausbildungssituation in Bezug auf die GPO-Qualität deutlich anders dar als im Sektor Handel und Dienstleistung (Abb. 116a-c).

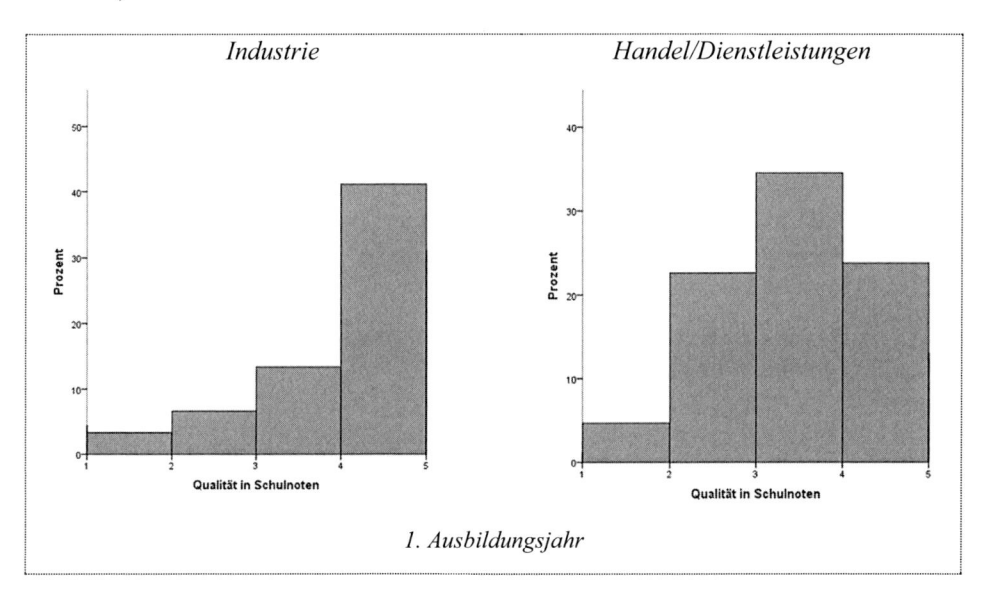

1. Ausbildungsjahr

b) 2. Ausbildungsjahr

c) letztes Ausbildungsjahr

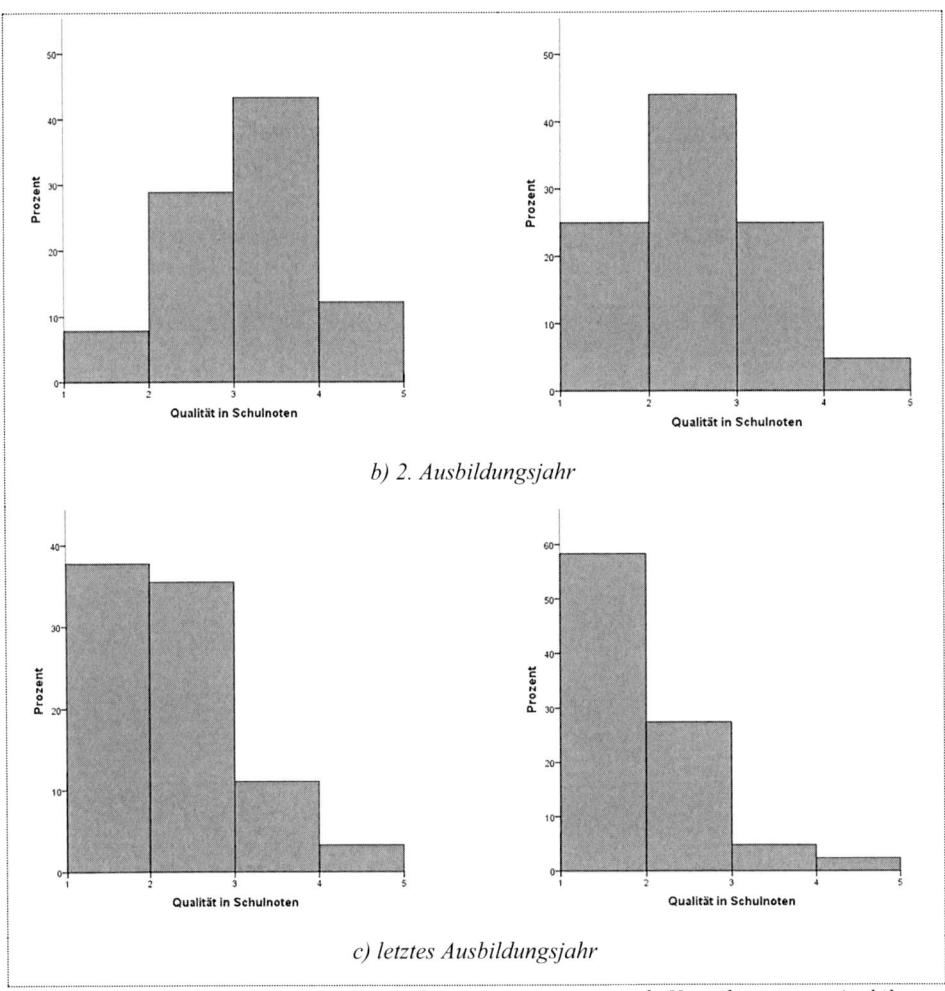

Abb. 130: *Qualität des Lernens in Geschäftsprozessen, prozentuale Verteilungen pro Ausbildungsjahr im Vergleich (Industrie links, Handel/Dienstleistungen rechts)*

Für das erste Ausbildungsjahr ergibt sich eine auffällige und markante Ausprägung einer unzureichenden bzw. mangelhaften Geschäftsprozessorientierung (74% der Betriebe). Hier liegt ganz offensichtlich ein systematisches Ausbildungsdefizit vor. In den Auswertungsinterviews und Beratungsgesprächen wurde deutlich, dass der seit zwei Jahrzehnten andauernde Trend der

Rückverlagerung der Ausbildung in die Arbeitsprozesse mit zwei Schwierigkeiten konfrontiert ist.

1. Die *reduzierte* Fertigungstiefe

Die Reduzierung der Fertigungstiefe in der produzierenden Industrie – teilweise bis auf das 20%-Niveau – geht zwangsläufig einher mit einer eingeschränkten Möglichkeit, die übergreifenden Geschäftsprozesse im Ausbildungsprozess wahrzunehmen. So sind z. B. Automobil-‚Fabriken' weitgehend Montagebetriebe. Die Produktion ist zu einem großen Teil ausgelagert zu den Systemzulieferern. Diese stützen ihrerseits ihre Produktion auf eine mehr oder weniger große Zahl von Teile- und Komponentenzulieferer. Nur noch in den Produktionsplanung- und Steuerungsabteilungen der Automobilindustrie sowie vergleichbarer industrieller Branchen ist auf der Symbolebene Transparenz über die komplexen Geschäftsprozesse herzustellen. Die Vermittlung von Zusammenhangsverständnis und Qualitätsbewusstsein stellt unter den Bedingungen der verteilten Produktionssysteme eine große Herausforderung für die industrielle Berufsausbildung dar. Ein wegweisendes Ausbildungsprojekt wurde in diesem Zusammenhang von einem Traktorenhersteller eingeführt. Zu Beginn der Ausbildung erhalten die Auszubildenden den Auftrag, in Teams einen Traktor vollständig und in eigener Verantwortung herzustellen. Eine Bestätigung fand dieses Ausbildungsprojekt darin, dass von Seiten der Kunden diese in Einzelfertigung hergestellten Traktoren besonders nachgefragt wurden.

2. Facharbeit unter den Bedingungen der Automatisierung

Der hohe Automatisierungsgrad industrieller Prozesse stellt eine Barriere für eine Rückverlagerung des beruflichen Lernens in die Arbeitsprozesse dar. So oder so ähnlich wurde und wird der Rückzug der industriellen Ausbildung – vor allem im ersten Ausbildungsjahr – in Lehr-/Ausbildungswerkstätten begründet. Diese Form des lehrgangsförmigen Lernens zeichne sich, so ein verbreitetes arbeitspädagogisches Argument, zudem durch einen hohen Grad an Systematisierung aus.

In der fortgeschrittenen Automatisierung industrieller Prozesse sind die Möglichkeiten des Handlungslernens auf der Basis handwerklicher Tätigkeiten sehr eingeschränkt. Daraus lässt sich jedoch nicht ableiten, dass es zu einem Bedeutungsverlust des Arbeitsprozesswissens kommen muss. Im Rahmen des Modellversuchs: geschäfts- und arbeitsprozessbezogene, dual-kooperative Ausbildung konnte gezeigt werden, dass eine industrielle Berufsausbildung auf der Grundlage des ‚Lernen im Arbeitsprozess' auch unter den Bedingungen hochautomatisierter und großindustrieller Unternehmensstrukturen auf einem hohen Qualitätsniveau möglich ist (vgl. Bremer/Jagla 2000).

Der gravierende Nachteil einer arbeitsprozessfernen Ausbildung in der Form lehrgangsförmigen Lernens ist ein ausgeprägtes Defizit an Geschäftsprozessorientierung und damit an Zusammenhangsverständnis, ein Defizit, welches auch im zweiten Ausbildungsjahr noch nachwirkt. Lediglich in mittelständischen Industrieunternehmen gelingt es bereits im ersten und zweiten Ausbildungsjahr gute bis sehr gute GPO-Werte zu erreichen. Durchgängig werden Auszubildende ab dem dritten Ausbildungsjahr als angehende Facharbeiter mit entsprechend anspruchsvollen Arbeitsaufgaben betraut. Außerdem erfordern die neuen Prüfungsanforderungen die Aneignung von Prozesskompetenz. Dadurch hat sich eine Ausbildungspraxis herausgebildet, die ab dem dritten Ausbildungsjahr gute bis sehr gute GPO-Werte erreicht. Keines der beteiligten Industrieunternehmen liegt mit seinen GPO-Werten für die letzten beiden Ausbildungsjahre unter der Schulnote ‚3'.

Im zeitlichen Verlauf der *handwerklichen Ausbildung* zeigt sich ebenfalls ein charakteristisches Vergleichsmuster (Abb. 131a-c)

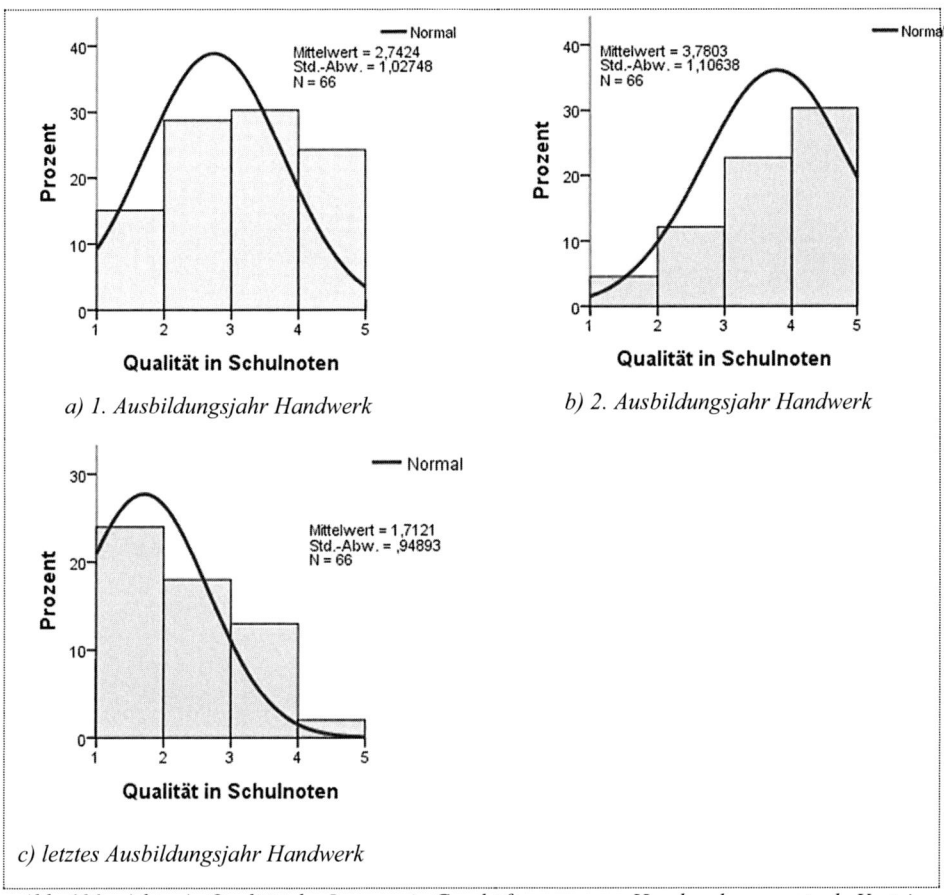

Abb. 131: a) bis c): Qualität des Lernens in Geschäftsprozessen, Handwerk, prozentuale Verteilungen pro Ausbildungsjahr

Die Verankerung der Geschäftsprozessorientierung in der Ausbildung verzögert sich im Handwerk im Vergleich zur Ausbildung im Handel-/Dienstleistungssektor um ca. ein Jahr. Dies zeigt die große Ähnlichkeit der Verteilung ‚erstes Ausbildungsjahr Handwerk' (Abb. 131a) und ‚erstes Ausbildungsjahr Handel/Dienstleistungen' (Abb. 130). Einem Drittel der Handwerksbetriebe gelingt es, eine gute bis befriedigende Geschäftsprozessorientierung im ersten Ausbildungsjahr zu realisieren. Bei mehr als ein Drittel der Betriebe stufen die Ausbilder diesen Qualitätsaspekt als mangelhaft ein. Bemerkenswert ist an diesem Ergebnis, dass es trotz der überschaubaren Größe und Struktur eines Handwerksbetriebes sowie der Nähe handwerklicher Arbeit zu den Kunden nur ausnahmsweise gelingt, den Auszubildenden bereits im ersten Ausbildungsjahr zu vermitteln, wie sich ihre Tätigkeit in die betrieblichen Geschäftsprozesse einfügen.

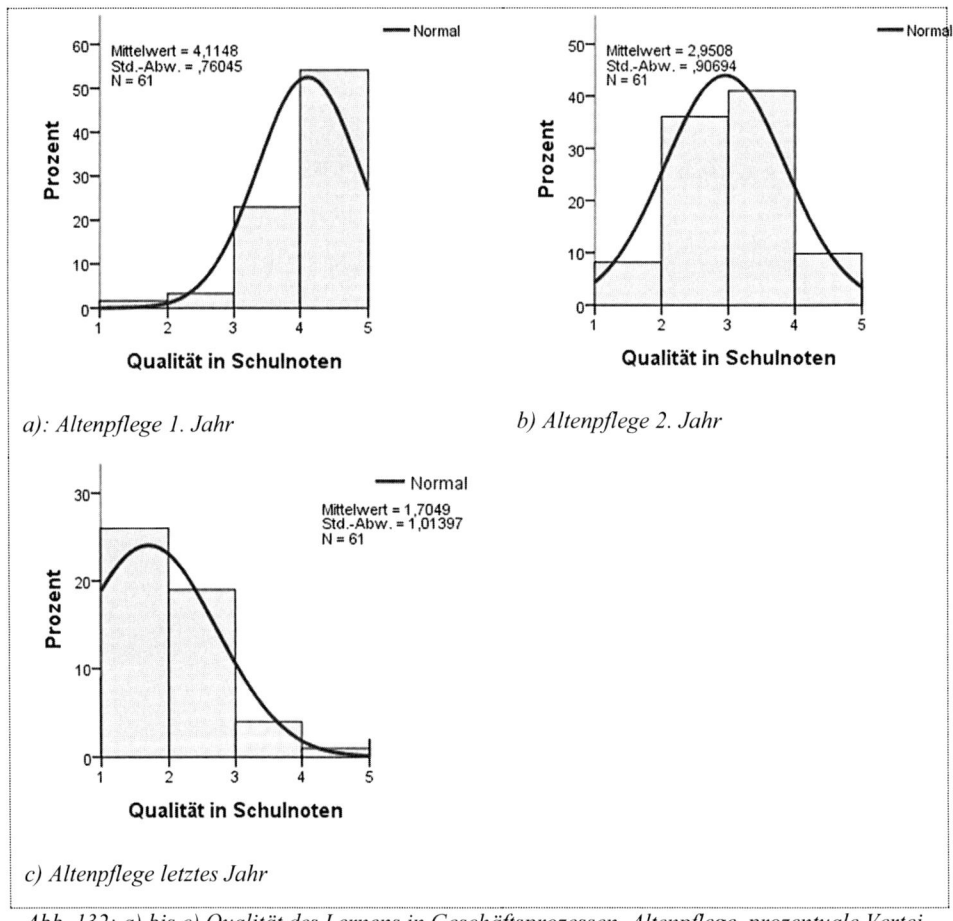

a): Altenpflege 1. Jahr

b) Altenpflege 2. Jahr

c) Altenpflege letztes Jahr

Abb. 132: a) bis c) Qualität des Lernens in Geschäftsprozessen, Altenpflege, prozentuale Verteilungen pro Ausbildungsjahr

Andrea Maurer, Dorothea Piening, Felix Rauner

Ergebnisse zur Geschäftsprozessorientierung aus der Kompetenzdiagnostik

In einem Large-Scale-Projekt zur Kompetenzmessung bei Auszubildenden weist das zugrunde liegende Kompetenzmodell die Arbeits- und Geschäftsprozessorientierung als eine von acht Teilkompetenzen aus (Abb. 133).

Abb. 133: Kriterien der holistischen Lösung beruflicher Aufgaben (Rauner u.a. 2011)

Die von Auszubildenden bearbeiteten offenen Testaufgaben werden von geschulten Ratern anhand dieser acht Kriterien bewertet. Der Kompetenzaspekt Arbeits- und Geschäftsprozessorientierung wird einem von allen Ratern verwendeten standardisieren Bewertungsbogen mithilfe von folgenden fünf Items bewertet:

- Wird die Lösung in die betriebliche Ablauf- und Aufbauorganisation eingebettet (im eigenen Betrieb/beim Kunden)?
- Basieren die Lösungen auf beruflichem Arbeitsprozesswissen?
- Werden bei der Lösung die vor- und nachgelagerten Prozesse berücksichtigt und begründet?
- Kommen in den Lösungen berufstypische arbeitsprozessbezogene Fähigkeiten zum Ausdruck?

- Werden bei der Lösung Aspekt berücksichtigt, die die Grenzen der eigenen Berufsarbeit überschreiten?

Die Kompetenzprofile der Auszubildenden (Elektroniker) zeigen, dass die Fähigkeit, berufliche Aufgaben auch unter dem Aspekt Arbeits- und Geschäftsprozessorientierung zu lösen, deutlich geringer ausgeprägt sind als die Fähigkeit, berufliche Aufgaben lediglich unter dem Aspekt der Funktionalität im engeren Sinne zu lösen (vgl. Abb. 134).

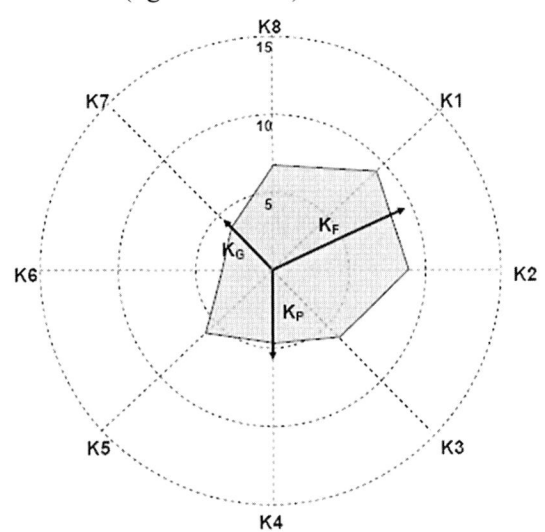

Abb. 134: Kompetenzprofil der Testgruppe Elektroniker FR Energie- und Gebäudetechnik (n=106, Ergebnisse 2009); K1= Anschaulichkeit/ Präsentation, K2 = Funktionalität, K3 = Gebrauchswertorientierung, K4 = Wirtschaftlichkeit, K5 = Arbeits- und Geschäftsprozessorientierung

Die Fähigkeit, die Aufgabenlösungen in die betriebliche Ablauf- und Aufbauorganisation einzubetten, ist kaum entwickelt (Abb. 135). Ganz offensichtlich ist es in diesem Ausbildungssektor (Elektroniker/Hessen) noch nicht gelungen, die mit dem Lernfeldkonzept intendierte Vermittlung von Arbeitsprozesswissen umzusetzen (Abb. 136).

Prozent

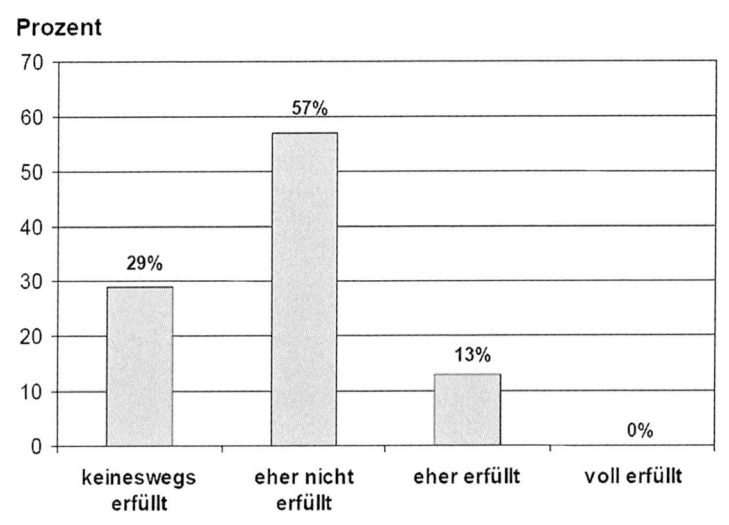

Abb. 135: Prozentuale Verteilung der Bewertungen der Aufgabenlösungen von Elektronikern beim Item „Wir die Lösung in die betriebliche Ablauf- und Aufbauorganisation eingebettet (im eigenen Betrieb/beim Kunden)?" (Ergebnisse KOMET Hessen 2008, n=164)

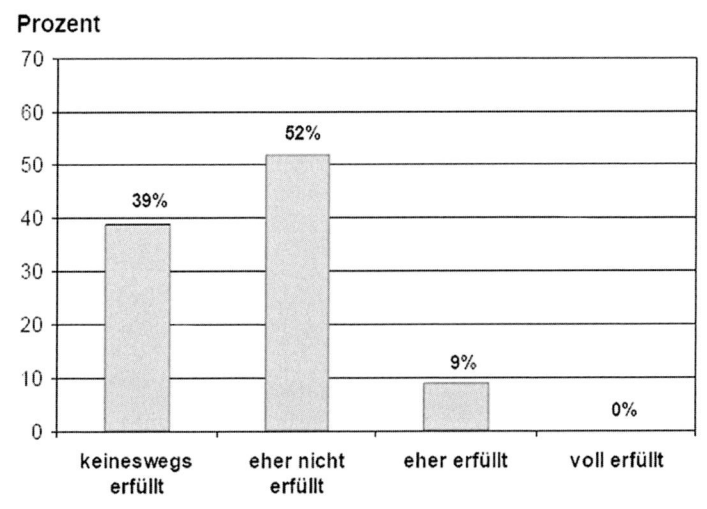

Prozent

Abb. 136: Prozentuale Verteilung der Bewertungen der Aufgabenlösungen von Elektronikern beim Item „Werden bei der Lösung die vor- und nachgelagerten Prozesse berücksichtigt und begründet?" (Ergebnisse Komet Hessen 2008, n=164)

Fasst man die fünf Items zur Teilkompetenz Arbeits- und Geschäftsprozessorientierung zusammen, dann zeigt sich, dass nur ein kleiner Teil der Testgruppe über die Fähigkeit verfügt, die Testaufgaben auch unter Berücksichtigung der Arbeits- und Geschäftsprozessorientierung zu lösen. Auch hier bestätigt sich, dass die GPO-Kompetenz bei den industriellen Auszubildenden höher ausgeprägt ist als bei den entsprechenden Auszubildenden des Handwerks (Abb. 137).

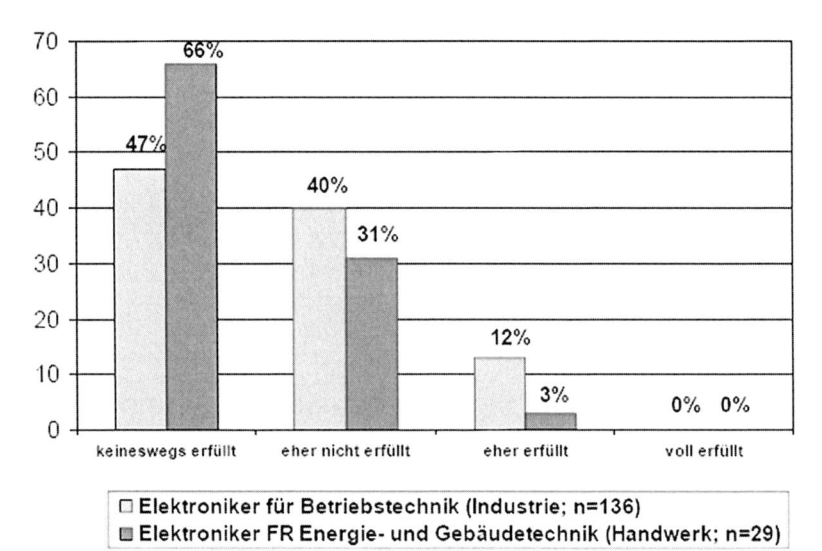

Abb. 137: Prozentuale Verteilung der Bewertungen der Aufgabenlösungen von Elektronikern bei den fünf Items zur Geschäftsprozessorientierung. (Ergebnisse Komet Hessen 2008, n=164)

Fazit

Die Untersuchungsergebnisse zum Qualitätsmerkmal Geschäftsprozessorientierung der Berufsausbildung überrascht in mehrfacher Hinsicht.

Die Auswertung von mehr als 150 Datensätzen zur Selbstevaluation der Ausbildungsqualität ergibt eine positive Korrelation zwischen der Rentabilität der Ausbildung sowie dem Qualitätskriterium Geschäftsorientierung. Dieser Zusammenhang konnte erst mit dem QEK-Projekt empirisch nachgewiesen werden. Die Initiative zur Rückverlagerung der betrieblichen Berufsausbildung in die Arbeitsprozesse, initiiert durch das Modellversuchsprogramm „Dezentrales Lernen" (Dehnbostel 1995) reicht zurück in die 1980er Jahre. Das Konzept dieses Modellversuchsprogramms „Lernen am Arbeits*platz*" wurde schon bald abgelöst durch die Leitidee des Lernens in betrieblichen Geschäfts- und Arbeitsprozessen (KMK 1991). Schließlich hat die KMK mit der Einführung der Lernfelder einen grundlegenden Perspektivwechsel von einer fachsystematischen Strukturierung der Rahmenlehrpläne hin zu einer an betrieblichen Arbeits- und Geschäftsprozessen orientierte Berufsbildung bildungsplanerisch vollzogen. Trotz dieser Forminitiativen zeigt die Auswertung der ‚QEK-Daten' sowie die Ergebnisse des KOMET-Projekts übereinstimmend, dass die Berufsbildungspraxis immer noch geprägt ist durch eine auf die Vermittlung funktionaler Kompetenz ausgerichtete Didaktik.

Die Tradition der dualen Berufsausbildung verfügt über das Potenzial, *im Laufe der Ausbildung* ein zunehmendes Verständnis über betriebliche Geschäftsprozesse zu vermitteln. Dies ist jedoch eher dem informellen Lernen als der systematischen Verankerung dieses Qualitätskriteriums in der Ausbildung zu verdanken.

Auszubildende werden vor allem am Beginn ihrer Ausbildung häufig als Hilfskräfte betrachtet, die daher auch nur mit „Hilfstätigkeiten" betraut werden. Diese Logik stellt eine beträchtliche Barriere für die Implementation einer geschäfts- und arbeitsprozessorientierten Ausbildung dar. Als Instrumente zur Überwindung dieser Barriere wurden vom I:BB[30]

1. die Handreichung „Lernen im Betrieb" sowie
2. das KOMET-Kompetenzmodell – als Grundlage für die Entwicklung von Lern- und Testaufgaben – entwickelt.

---

30 Forschungsgruppe Innovative Berufsbildung, Universität Bremen (www.ibb.uni-bremen.de)

6 Eindrücke und Ausblick

Felix Rauner

6.1 Ausbildungssituation durchleuchten – Kommentare von Anwendern

Unter dieser Überschrift nahmen vier Ausbilder/Ausbildungsleiter Stellung zur Selbstevaluation ihrer Ausbildung mit dem QEK-Tool.

> Mit dem QEK-Tool ist ein Branchenvergleich möglich. Konnten Sie an den Vergleichsergebnissen eine Stäken-/Schwächenanalyse Ihrer Ausbildung vornehmen, Herr Nardmann?
>
> *Ja, wobei hilfreich ist, dass das neue Tool sehr bedienerfreundlich eingerichtet ist. Es erlaubt mit kurzer Vorbereitung einen Überblick über die Stärken und Optimierungspotenziale der Ausbildung zu erhalten. Gerade der Branchenvergleich zeigt deutlich, wie das eigene Unternehmen im Vergleich zu anderen Ausbildungsbetrieben aufgestellt ist.*
>
> *Die Auswertung, die wir erhalten haben, macht ersichtlich, dass wir im Branchenvergleich in den Bereichen erfahrungsbasiertes Lernen, berufliches Engagement, prozessbezogene Ausbildung und selbstständiges Arbeiten und Lernen gut aufgestellt sind. Sehr transparent in der Analyse kommt auch die Entwicklung der Werte während der Ausbildungsjahre zum Tragen. Dies bietet uns gerade in Zukunft die Möglichkeit die Ausbildungssituation in Unternehmen regelmäßig zu durchleuchten und weiter nach vorne zu bringen.*
>
> *Tobias Nardmann, Personalreferent, buw, Osnabrück*

Sie haben das neue Online-Tool getestet. Hat Sie das Ergebnis über Kosten und Erträge in der Ausbildung überrascht oder entsprach es dem, was Sie für Ihr Unternehmen erwartet hatten?

Das für unsere Ausbildung ausgewiesene Ergebnis entsprach meinen Erwartungen. Da wir sehr praxisorientiert ausbilden, verläuft die Renditelinie mit zunehmenden Ausbildungsjahren stark aufsteigend. Am Ende bleibt ein, wenn auch geringes, Plus übrig. Trotzdem wurde durch das Tool ein Analyse- und Nachdenkensprozess, hinsichtlich unseres Ausbildungskonzeptes initiiert. Wir werden uns künftig noch stärker damit befassen, wie wir unsere Ausbildung aufstellen können und was uns in Hinsicht auf die Ausbildung wichtig ist.
Hans H. Lücke, Leiter Berufsausbildung, Arbeitswirtschaft KME Germany AG & Co. KG

Was war für Sie ausschlaggebend, das neue QEK-Tool anzuwenden, das die IHK Osnabrück-Emsland zusammen mit der Universität Bremen anbietet?

Wer in die betriebliche Ausbildung investiert, investiert in die Zukunft des Unternehmens. Dass sich diese Investition lohnt, dürfte subjektive betrachtet jedem klar sein. Was uns Ausbildern in der Vergangenheit jedoch gefehlt hat, war ein Instrument, mit dem sich Kosten, Nutzen und Erträge der Ausbildung tatsächlich berechnen lassen. Das QEK-Tool scheint hier die passende Lösung zu sein. Die differenzierte Betrachtungsweise je Ausbildungsberuf, die Komplexität der Fragebögen, sowie die vielen Annahmen die man treffen muss, zeigen, wie kompliziert eine vernünftige Berechnung ist. Ich bin der festen Überzeugung, wer das QEK-Tool mit verlässlichen Zahlen füttert, wird sein Bauchgefühl „Die Ausbildung lohnt sich" schnell mit Zahlen untermauert bekommen und so durchaus den ein oder anderen zusätzlichen Ausbildungsplatz durch die Geschäftsleitung genehmigt bekommen.
Daniel Hupka, Ausbilder und Ausbildungskoordination, NT plus GmbH; Osnabrück

Hat die individuelle Auswertung für ihr Unternehmen konkrete Aussagen über Kosten, Ertrag und Nutzen der Ausbildung geliefert?

Mit dem Tool können wir betriebliche Kosten und Erträge unserer Ausbildung, die in unterschiedlichen Formen und zu unterschiedlichen Zeiten anfallen, einfach und schnell erfassen. So lassen sich beispielsweise die Personalkosten aller an der Ausbildung beteiligten Personen erfassen. Durch die Auszubildenden entstehen für den Betrieb nicht nur Kosten, sondern sie leisten in der Regel auch einen nicht unerheblichen Beitrag zur laufenden Produktion und den Dienstleistungen des Betriebes. Diese produktive Leistungen senken die Kosten des Betriebs und sind Ausbildungserträge, die wir gegenrechnen können. Wir haben nicht nur einen Nutzen während der Ausbildung, sondern auch nach der Ausbildungsphase nämlich dann, wenn wir die selbst ausgebildete Fachkraft weiterbeschäftigen können.
Johannes Liese, Ausbilder Elektroniker, Nordland Papier, Dörpen

6.2 Entwicklungsperspektiven

Die Bewertung des QEK-Tools durch die Anwender: Vor allem die Ausbilder aber auch die Ausbildungsberater, basiert auf der Einsicht, dass sie auf eine standarisierte Methode angewiesen sind, die es ihnen ermöglicht, die Qualität und Rentabilität ihrer Ausbildung – Augenvergleich zu anderen Betrieben – objektiv, differenziert und genau zu bewerten. Die Qualitätssicherung beruflicher Bildung mit Instrumenten und Methoden, die primär auf die Ebene der Organisationsentwicklung zielen und die die Qualität des beruflichen Lernens allenfalls indirekt zu erfassen suchen, bedarf dringen der Ergänzung um Methoden der (Selbst)Evaluation der Qualität beruflicher Bildungs*prozesse*. Die Landesinitiative QEK-Sachsen entwickelt zurzeit gemeinsam mit dem IBB ein Konzept der Implementation von QEK als eine Ausgestaltung der erweiterten Befugnisse der Berufsbildungsausschüsse (§79 BBiG I) wonach geregelt ist, das die Berufsbildungsausschüsse „auf eine stetige Entwicklung der Qualität beruflichen Bildung hinzuwirken haben [haben]". Den Berufsbildungsausschüssen werden in diesem Zusammenhang Regelungsbefugnisse eingeräumt, die der Umsetzung dieses Auftrages dienen (§79 (2) und (4)). Verstärkt wird diese Entwicklung durch die Etablierung der Qualitätssicherung als ein Knotenpunkt „im europäischen Netzwerk EQAVET, dass sich im der Qualitätssicherung und -entwicklung in der beruflichen Bildung beschäftigt.

Ein Schwerpunkt dieser Forschung wird sich daher mit dem bildungsökonomischen Paradoxon der betrieblichen Ausbildung beschäftigen, wonach die Erhöhung der Ausbildungsqualität in der Tendenz mit einer Erhöhung der Rentabilität der Ausbildung einhergeht.

Da dieser empirischer Befund mit dem bildungsökonomischen Konzept „return-of-investment" kollidiert, wonach sich im Bildungsbereich der Nutzen von Investitionen in Bildungsprozesse nicht im Bildungssystem, sondern im Beschäftigungssystem als ein Effekt der im Bildungssystem erworbenen Fähigkeiten einstellt, besteht hier ein weiterer grundlegender Forschungsbedarf. Dieser begründet sich daraus, dass sich dieser Paradigmenwechsel einer breiten empirischen Bestätigung der durch die QEK-Projekte begründeten Hypothese bedarf. Dieser Forschungsbedarf resultiert auch aus der Notwendigkeit, diese Erkenntnisse, wenn sie sich zweifelsfrei empirisch bestätigen lässt, den potentiellen Ausbildungsbetrieben zu vermitteln, um ihre Ausbildungsbereitschaft zu erhöhen. Die Vermittlung der Einsicht, dass sich die betriebliche Berufsausbildung bereits während der Ausbildung rentiert, wird sich als ein eigenes Forschungsfeld erweisen, wie die bisherige Praxis der QEK-Projekte zeigt.

Mit einiger Sicherheit kann auf dem Stand der Forschung zur (Selbst)-Evaluation von Kosten, Nutzen und Qualität der Berufsausbildung schon jetzt gesagt werden, dass von den Fragestellungen, Methoden und Ergebnissen dieser Forschung ein unerwartet innovativer Beitrag für die Qualitätssicherung und -entwicklung der beruflichen Bildung erwartet werden kann.

7 Literatur

Baethge, M.; Gerstenberger; F.; Kern, H. u. a. (1974): Produktion und Qualifikation. Hannover.

Bardeleben, R. von; Beicht, U.; Fehér, K. (1997): Was kostet die betriebliche Ausbildung? Fortschreibung der Ergebnisse 1991 auf den Stand 1995. Reihe: Berichte zur beruflichen Bildung, Heft 210. Hrsg. Vom BIBB. Bielefeld: Bertelsmann.

Becker, G. S. (1962): Investment in Human Capital: A Theoretical Analysis. Journal of Political Economy, 1962, 70(5), pp. 9-49.

Becker, G. S. (1964): Human Capital: A Theoretical and Empirical Analysis, with Special Reference to Education. New York: National Bureau of Economic Research

Beicht, U.; Walden, G.; Herget, H. 2004: Kosten und Nutzen der betrieblichen Berufsausbildung in Deutschland. Bielefeld: Bertelsmann.

Benner, P. (1997): Stufen zur Pflegekompetenz. From Novice to Expert. (2. Nachdruck). Bern u. a. O.

Benner, P. (1984): From Novice to Expert. Excellence and Power in Clinical Nursing Practice. Menlo Park: Addison-Wesley

Benner, H. (1977): Ausbildungsordnungen. In: Bundesinstitut für Berufsbildungsforschung (Hg.): Schlüsselwörter zur Berufsbildung. Weinheim, Basel, 55–59.

Bertelsmann Stiftung (Hg.) (2009): Steuerung der beruflichen Bildung im internationalen Vergleich. Gütersloh: Verlag Bertelsmann Stiftung

Blankertz, H. (1983): Einführung in die Thematik des Symposiums. In: Benner, D.; Heid, H.; Thiersch, H. (Hg.): Beiträge zum 8. Kongress der Deutschen Gesellschaft für Erziehungswissenschaften vom 22.–24. März 1982 in der Universität Regensburg. Zeitschrift für Pädagogik, 18. Beiheft. Weinheim, Basel S. 139–142

BMBF, KMK (Hg.) (2008): Berufsbildungsbericht 2008: http://www.bildungsbericht.de/daten2008/bb_2008.pdf (letzter Zugriff: 15.02.2010)

BMBF (Hg.) (2013): Berufsbildungsbericht 2013: http://www.bmbf.de/pub/bbb_2013.pdf (letzter Zugriff: 19.08.2013)

Böhle, F./Bauer, H.G./Munz, C./ Pfeiffer, S. (2001): Kompetenzen für erfahrungsgeleitete Arbeit – neue Inhalte und Methoden beruflicher Bildung bei der Arbeit mit komplexen Systemen. In: Eicker,F./Petersen, A.W. (Hg): „Mensch-Maschine-Interaktion". Arbeiten und Lernen in rechnergestützten Arbeitssystemen in Industrie, an Handwerk und Dienstleistung. Baden-Baden:Nomos. 275-288.

Bontrup, H.-J.; Pulte, P. (2001): Handbuch Ausbildung. Berufsausbildung im dualen System. München, Wien: Oldenbourg

Braverman, H. (1974): Die Arbeit im modernen Produktionsprozess (Übersetzung von: Labor and Monopoly Capital. The Degradation of Work in the Twentieth Century. New York, London: Monthly Review Press 1974). Frankfurt/Main, New York: Campus

Bremer, R.; Jagla, H.-H. (Hg.) (2000): Berufsbildung in Geschäfts- und Arbeitsprozessen. Dokumentation und Ergebnisse der Fachtagung vom 14. und 15. Juni 1999 in Hannover. Bremen: Donat

Bremer, R. (2004): Zur Konzeption von Unterzeichnungen beruflicher Identität und fachlicher Kompetenz – ein empirisch methodologischer Beitrag zu einer berufspädagogischen Entwicklungstheorie. In: Jenewein, K.; Knauth, P.; Röben, Zülch, G: Kompetenzentwicklung in Arbeitsprozessen, Baden-Baden: Nomos. 107-121

Bremer, R.; Haasler, B. (2004): Analyse der Entwicklung fachlicher Kompetenz und beruflicher Identität in der beruflichen Erstausbildung. In: Bildung im Medium beruflicher Arbeit. Sonderdruck. In: ZfPäd 50, 2, pp. 162–181

Brödner, P. (1985): Fabrik 2000. Alternative Entwicklungspfade in die Zukunft der Fabrik. Berlin: Sigma.

Brown, A.; Kirpal, S; Rauner, F. (Eds.) (2006): Identities of work. Dordrecht: Springer

Cohen, A. (2007): Dynamics between Occupational and Organizational Commitment in the Context of Flexible Labour Market: A Review of the Literature and Suggestions for a Future Research Agenda. Bremen: ITB-Forschungsbericht 26/2007

Collins, A.; Brown, J. S.; Newman, S. E. (1989): Cognitive Apprenticeship: Teaching the Crafts of Reading, Writing and Mathematics. In: Resnick, Lauren B. (Hg.): Knowing, Learning, and Instruction. Essays in Honor of Robert Glaser. Hillsdale, New Jersey: Erlbaum. 453–494

Corbett, J.-M.; Rasmussen, L.-B.; Rauner, F. (1991): Crossing The Border. The Social And Engineering Design Of Computer Integrated Manufacturing Systems. London u. a. O.

Dehnbostel, P. (1995): Lernen im Betrieb und in dezentralen betrieblichen Lernorten. In: Pätzold, G.; Walden, G. (Hrsg.): Lernorte im dualen System der Berufsausbildung. Bielefeld: Bertelsmann, 257–274.

Dehnbostel, P. (2002): Dezentrales Lernen als vernetztes und reflexives Arbeiten im Prozess der Arbeit. In: Fischer, M.; Rauner; F. (Hrsg.): Lernfeld: Arbeitsprozess. Baden-Baden: Nomos, 341–354.

Dehnbostel, P.; Holz, H.; Novak, H. (Hrsg.) (1992): Lernen für die Zukunft durch verstärktes Lernen am Arbeitsplatz. Dezentrale Aus- und Weiterbildungskonzepte an der Basis. Berlin/Bonn (BIBB).

Dehnbostel, P.; Novak, H. (1995): Innerbetriebliche Lernortkooperation als Handlungsfelder betrieblicher Berufsausbildung im Zusammenhang neuer Unternehmensentwicklungen: Erfahrungen und Erkenntnisse aus der Modellversuchsreihe „Dezentrales Lernen". In: Bundesinstitut für Berufsbildung (Hrsg.): Lernorte im dualen System der Berufsbildung. Bielefeld: W. Bertelsmann, 517–533.

Dehnbostel, P.; Peters, S. (Hrsg.) (1991): Dezentrales und erfahrungsorientiertes Lernen im Betrieb. Alsbach: Leuchtturm.

Dehnbostel, P.; Walter-Lezius, H.-J. (Hg.) (1995): Didaktik moderner Berufsbildung. Standorte, Entwicklungen, Perspektiven. Berichte zur beruflichen Bildung. Heft 186. Bielefeld: W. Bertelsmann Verlag

Deitmer, L.; Hauschildt, U.; Rauner, F.; Zelloth H. (Eds.) (2013): Architecture of Innovative Apprenticeship. Dordrecht: Springer

Descy, P.; Tessaring, M. (2001): Kompetenz für die Zukunft – Ausbildung und Lernen in Europa. Zweiter Bericht zur Berufsbildungsforschung in Europa: Zusammenfassung. Cedefop Reference Service. Luxemburg: Amt für amtliche Veröffentlichungen der Europäischen Union

Deutsches Kraftfahrzeuggewerbe (1998): Kosten und Erträge im Kraftfahrzeughandwerk. Ergebnisse eine Umfrage unter Betriebsinhabern ausbildender Kfz-Betriebe. Bonn: 12-1998

Dittrich, J. (2001): Zu den Kontrasten in der Facharbeit in automatisierten Umgebungen. In: Petersen, W./Rauner, F./Stuber, F. (Hg.): IT-gestützte Facharbeit – gestaltungsorientierte Berufsbildung. Baden-Baden: Nomos. 145-158.

Drescher, E. (1996): Was Facharbeiter können müssen. Elektroinstandhaltung in der vernetzten Produktion. Bremen

Dreyfus, H. L.; Dreyfus, S. E. (1986): Mind over Machine. New York: The Free Press.

Dybowski, G./Dietzen, A. (2006): Berufliche Bildung und betriebliche Organisationsentwicklung. In: Rauner, F. (Hg.): Handbuch Berufsbildungsforschung (2. aktualisierte Auflage). 277-283.

Dybowski, G.; Haase, P.; Rauner, F. (1993): Berufliche Bildung und betriebliche Organisationsentwicklung. Reihe: Berufliche Bildung, Bd. 15. Bremen: Donat, 5.

Dybowski, G.; Pütz, H.; Rauner, F. (1995): Berufsbildung und Berufsbildungsforschung als Innovation. In: G. Dybowski; H. Pütz; F. Rauner (Hg.), Berufsbildung und Organisationsentwicklung. Bremen: Donat. 10–34

Emery, F. (1959): Characteristics of sociotechnical Systems. Document No. 527. London: Tavistock Institute

Emery, I. E.; Emery, M. (1974): Participative Design: Work and Community of Life. Canbessa: Centre for Continuing Education. Australien National University

Entorf, H./Sprengler, H. (2002): Crime in Europe. Causes and consequences. Dodrecht: Springer.

Erbe, H.-H. (2001): Kooperative Arbeit in Fertigungsgruppen. In: Petersen, W./Rauner, F./Stuber, F. (Hg.): IT-gestützte Facharbeit – gestaltungsorientierte Berufsbildung. Baden-Baden: Nomos. 85-94.

f-bb (2005): Prozessorientierung in der Ausbildung. Ausbildung im Arbeitsprozess. Bielefeld: wbv

Fischer, M. (2001): Die partizipative Gestaltung eines Arbeits-Informationssystems für die betriebliche Instandhaltung. In: Eicker,

F./Petersen, A. (Hg.): „Mensch-Maschine-Interaktion". Arbeiten und Lernen in rechnergestützten Arbeitssystemen in Industrie, an Handwerk und Dienstleistung. Baden-Baden: Nomos. 71-86.

Fischer, M. (2000): Von der Arbeitserfahrung zum Arbeitsprozesswissen. Opladen.

Fischer, M. (1996): Überlegungen zu einem arbeitspädagogischen und -psychologischen Erfahrungsbegriff. In: Zeitschrift für Berufs- und Wirtschaftspädagogik 92. Bd. 227–244.

Fischer, M. (1995): Technikverständnis von Facharbeitern im Spannungsverhältnis von beruflicher Bildung und Arbeitserfahrung. Untersucht anhand von einer Erprobung von rechnergestützten Arbeitsplanungs- und Arbeitssteuerungssystemen. Bremen: Donat

Fischer, M.; Rauner, F. (Hrsg.) (2002): Lernfeld: Arbeitsprozess. Ein Studienbuch zur Kompetenzentwicklung von Fachkräften in gewerblich-technischen Aufgabenbereichen. 53–86. Baden-Baden: Nomos.

Fischer, M/Rauner, F./Stuber, F. (2001): Computer, Medien- und netzgestützte Arbeit als Herausforderung für die Berufsbildungsforschung. In: Petersen, W./Rauner, F./Stuber, F. (Hg.): IT-gestützte Facharbeit – gestaltungsorientierte Berufsbildung. Baden-Baden: Nomos.13-18.

Fischer, M. u. a. (1995): „Jede Maschine hat ihre Marotten". Instandhaltungsarbeit in der rechnergestützten Fertigung. Bremen.

Ganguin, D. (1993): Die Struktur offener Informationssysteme in der Fertigungsindustrie und ihre Voraussetzungen. In: Dybowski, G.; Haase, P.; Rauner, F. (Hg.): Berufliche Bildung und betriebliche Organisationsentwicklung. Anregungen für die Berufsbildungsforschung. Bremen.

Garfinkel, H. (1986): Ethnomethodological Studies of Work. London: Routledge & Kegan Paul

Grubb, W. N. (1999): The Sub baccalaureate Labor Market in the United States: Challenges for the School-to-Work Transition. In: W. R. Heinz (Hg.): From Education to Work: Cross-National Perspectives. Cambridge, UK: Cambridge University Press. 171–193

Gruber, H. (1999): Erfahrung als Grundlage kompetenten Handelns. Verlag Hans Huber Bern

Gruschka, A. (Hg.) (1985): Wie Schüler Erzieher werden. Studie zur Kompetenzentwicklung und fachlichen Identitätsbildung in einem doppeltqualifizierenden Bildungsgang des Kollegschulversuchs NW. (2 Bände). Wetzlar: Büchse der Pandora

Haasler, B. (2008): Wertschöpfende Arbeit im Zentrum der Berufsausbildung: Ein Praxisbeispiel aus einem KMU. In: F. Rauner; D. Piening (Hg.): Innovative Berufsbildung. Auf die Attraktivität für Jugendliche und Unternehmen kommt es an! Münster: LIT

Haasler, B.; Meyer, K. (2004): Kompetenzentwicklung von gewerblichtechnischen Berufsanfängern in Großindustrie und in kleinen und mittleren Unternehmen im Vergleich. In: K. Jenewein; P. Knauth; P. Röben; G. Zülch (Hg.): Kompetenzentwicklung in Arbeitsprozessen ◻ Beiträge zur Konferenz der Arbeitsgemeinschaft gewerblich-technische Wissenschaften und ihre Didaktiken in der Gesellschaft für Arbeitswissenschaft am 23./24. September 2002 in Karlsruhe. Baden-Baden: Nomos. 137–146

Haasler, B.; Rittmeyer, W. (2007): Wertschöpfende Arbeit im Zentrum der Berufsausbildung.

In: l+l, Heft 97, 2007. 125–131.

Hackman, J. R.; Oldham, G. R. (1976): Motivation through the Design of Work. Test of a Theory. In: Organizational Behaviour of Human Performance 60. 250–279

Hall, P.A./Soskice, D. (Hg) (2001): Varieties of capitalism. The institutional foundation of comparative advantage. New York: Oxford University Press.

Hamilton, S. F.; Hamilton, M. A. (1999): Creating New Pathways to Adulthood by Adapting German Apprenticeship in the United States. In: W. R. Heinz (Hg.): From Education to Work: Cross-National Perspectives. New York: Cambridge University Press. 194–213

Havighurst, R. J. (1972): Developmental Tasks and Education. 3rd Edition. New York: David McKay (1948)

Heidegger, G.; Rauner, F. (1997): Reformbedarf in der Beruflichen Bildung für die industrielle Produktion der Zukunft. Düsseldorf: Ministerium für Wirtschaft und Mittelstand, Technologie und Verkehr NRW.

Heinemann, L.; Rauner, F. (2008): Qualität und Rentabilität der beruflichen Bildung. Ergebnisse der QEK-Studie im Land Bremen, 2. Ausgabe. Institut Technik und Bildung (ITB): Universität Bremen.

Hellpach, W. (1922): Sozialpsychologische Analyse des betriebstechnischen Tatbestandes „Gruppenfabrikation„. In: Lang, R.; Hellpach, W. (Hg.): Gruppenfabrikation. Berlin: Springer. 5–186

Heritage, J. (1984): Garfinkel and Ethnomethodology. Cambridge: Polity Press.

Höpfner, H.-D. (1995): Integrierte Lern- und Arbeitsaufgaben für ein handlungs-/gestaltungsorientiertes Lernen im integrierten Bildungsgang. Berlin: IFA.

Huisinga, R. (2006): Curriculumentwicklung. In: F. Rauner (Hrsg.): Handbuch Berufsbildungsforschung. Bielefeld. Bertelsmann. 357–362.

Jäger, C. 1988: Die kulturelle Einbettung des europäischen Marktes. Kultur und Gesellschaft. In: Haller, M.; Hoffmann-Nowotny, H.-J.; Zapf, W. (Hg.): 24. Deutscher Soziologentag. Frankfurt (Main), Zürich: Campus.

Jander, D. 2008: Einfluss von Prüfungen auf die Qualität und Rentabilität der betrieblichen Ausbildung. In: In: Piening, Rauner (Hrsg): Innovative Berufsbildung – Auf die Attraktivität für Jugendliche und Unternehmen kommt es an!, Münster: LIT 107-113

Keep, Erwart; Mayhew, Ken (2001): Globalisation, models of competitive advantage and skills. SKOPE Research paper No. 22

Kern, H.; Sabel, C. F. (1994): Verblasste Tugenden. Zur Krise des Deutschen Produktionsmodells. In: N. Beckenbach; W. van Treeck (Hg.), Umbrüche gesellschaftlicher Arbeit. Soziale Welt, Sonderband 9. Göttingen: Schwartz. 605–625

Kern, H.; Schumann, M. (1984): Das Ende der Arbeitsteilung? Rationalisierung in der industriellen Produktion. München: Beck, 738

Kirpal, S. (2004): Work identities in Europe: continuity and change. Final report of the 5th EU framework project 'FAME'. ITB-Arbeitspapiere 49. Universität Bremen: ITB

Klinger, H. (1991): Automatisierungstechnik – Konturen eines berufsfeldübergreifenden Lernfeldes. In: lernen und lehren. 6 Jg. Heft 22. Hamburg, 11–22.

KMK - Kultusministerkonferenz (1991): Rahmenvereinbarung über die Berufsschule. Beschluss der Kultusministerkonferenz vom 14./15.3.1991. In: Zeitschrift für Berufs- und Wirtschaftspädagogik, Heft 7, 590–593 Bonn

Krause, E. (1961): Grundlagen einer Industriepädagogik. Berlin: Beuth-Vertrieb.

Kruse, W. (1986): Von der Notwendigkeit des Arbeitsprozesswissens. In: Schweitzer, J. (Hg): Bildung für eine menschliche Zukunft. Basel: Juventa. 188-193.

Laur-Ernst, U. (Hg.) (1990): Neue Fabrikstrukturen – veränderte Qualifikationen. Berlin: BIBB.

Lave, J.; Wenger, E. (1991): Situated learning: Legitimate peripheral participation. Cambridge, Cambridge University Press

Lehberger, J. (2013): Arbeitsprozesswissen - didaktisches Zentrum für Bildung und Qualifizierung : ein kritisch-konstruktiver Beitrag zum Lernfeldkonzept. Berlin, Münster: Lit-Verlag

Lutz, B. (1988): Zum Verhältnis von Analyse und Gestaltung in der sozialwissenschaftlichen Technikforschung. In: F. Rauner (Hg.): Gestalten: Eine neue gesellschaftliche Praxis. Bonn: Verlagsuni Neue Gesellschaft, 750.

Martin, W. (1984): Mikrocomputer – Ein Gegenstand beruflicher Bildung. In: Lehren und Lernen. 1. Jg. Heft 3.

Maurer, A; Rauner, F.; Piening, F. (2009): Lernen im Arbeitsprozess – ein nicht ausgeschöpftes Potenzial dualer Berufsausbildung. A+B-Forschungsbericht Nr. 4. Bremen: Universität Bremen.

Mühlemann, S.; Wolter, S. C. 2007: Lehrlingsausbildung lohnt sich. Die Volkswirtschaft 10, 2007, S. 44-47.

Müller, B.; Schweri, J. (2006): Die Entwicklung der betrieblichen Ausbildungsbereitschaft. Eine Längsschnittuntersuchung zur dualen Berufsbildung in der Schweiz. SIBP Schriftenreihe Nummer 31, Zolligkofen: SIBP

Münch, J. (Hg.) (1977): Lernen – aber wo? Trier

Münch, J. (1983): Pluralität der Lernorte – Konzept oder Notwendigkeit für beruflich sozialisierende Lernorte? In: Verbände der Lehrer an beruflichen Schulen in Nordrheinwestfalen (Hg.): Berufliche Sozialisation in der Auseinandersetzung mit verschiedenen Lernorten.

Neuweg, Georg Hans. (1999): Könnerschaft und implizites Wissen. Zur lehrlernfeldtheoretischen Bedeutung der Erkenntnis- und Wissenstheorie Michael Polanyis. Waxmann Münster, New York, München, Berlin

OECD (2008): VET in PISA: Results from PISA 2003 and 2006, EDU/EDPC/CERI(2008)5, Paris

Pätzold, G.; Walden, G. (Hg.) (1995): Lernorte im dualen System der Berufsbildung. Bielefeld: W. Bertelsmann

Ploghaus, G. (2003): Die Lehrgangsmethode in der berufspraktischen Ausbildung. Genese, internationale Verbreitung und Weiterentwicklung. Bielefeld: Bertelsmann.

Polanyi, M. (1966): The Tacit Dimension. Garden City: Doubleday & Company

Porter, M. E. (1990). The Competitive Advantage of Nations. New York

Rauner, F. (2007): Kosten, Nutzen und Qualität der beruflichen Ausbildung. In: ITB-Forschungsbericht Nr. 23, Februar 2007, Institut für Technik und Bildung, Bremen.

Rauner, F. (2006): Gestaltung von Arbeit und Technik. In: Arnold, R.; Lipsmeier, A. (Hg): Handbuch der Berufsbildung. 2. überarbeitete und aktualisierte Auflage. Wiesbaden: VS Verlag

Rauner, F. (2004): Qualifikationsforschung und Curriculum – ein aufzuklärender Zusammenhang. In: ders. (Hrsg.): Qualifikationsforschung und Curriculum. Analysieren und Gestalten beruflicher Arbeit und Bildung. Bielefeld. W. Bertelsmann, 9–44.

Rauner, F. (2002): Die Bedeutung des Arbeitsprozesswissens für eine gestaltungsorientierte Berufsbildung. In: M. Fischer; F. Rauner (Hg.): Lernfeld: Arbeitsprozess. Baden-Baden: Nomos. 25–52

Rauner, F.: (1999) Entwicklungslogisch strukturierte berufliche Curricula: Vom Neuling zur reflektierten Meisterschaft. In: Zeitschrift für Berufs- und Wirtschaftspädagogik. 3/1999, 424–446.

Rauner, F. (1997): Automobil-Service im internationalen Vergleich. In: Rauner F./Spöttl, G./Micknass, W. (Hg.): Service, Qualifizierung und Vertrieb im internationalen Automobil-Sektor. Ergebnisse des Automobil-Welt-Kongress am 15. und 16. Oktober 1996 in München. Bremen: Donat. 35–50.

Rauner, F. (1988): Die Befähigung zur Mitgestaltung von Arbeit und Technik.

Rauner, F.; Haasler, B. (2009): Lernen im Betrieb – Eine Handreichung für Ausbilder und Personalentwickler. Technisches Institut für Aus- und Weiterbildung. Konstanz: Christiani Verlag

Rauner, F.; Smith, E. (Hg.) (2010): Rediscovering Apprenticeship. Springer: Dordrecht

Rauner, F.; Spöttl, G. (1995): Entwicklung eines europäischen Berufsbildes „Kfz-Mechatroniker" für die berufliche Erstausbildung unter dem Aspekt der arbeitsprozessorientierten Strukturierung der Lehrinhalte. ITB-Arbeitspapier Nr. 13. Bremen.

Rauner u. a. (2011): Messen beruflicher Kompetenzen. Bd. III. Drei Jahre Testerfahrung. Berlin: LIT.

Röben, P. (2001): Arbeitsprozesswissen und Expertise. In: Petersen, W./Rauner, F./Stuber, F. (Hg.): IT-gestützte Facharbeit – gestaltungsorientierte Berufsbildung. Baden-Baden: Nomos. 43-58.

Rothe, G. (2004): Alternanz – die EU-Konzeption für die Berufsausbildung: Erfahrungslernen Hand in Hand mit Abschnitten systematischer Ausbildung; dargestellt unter Einbeziehung von Ergebnissen aus Ländervergleichen. Universitätsverlag Karlsruhe

Schön, D. A. (1983): The Reflective Practitioner. How Professionals Think in Action. New York: Basic Books

Schreier, N. (2000): Integration von Arbeiten und Lernen durch eine arbeitsprozessorientierte Qualifizierungskonzentration beim Einsatz tutorieller Diagnosesysteme im Kfz-Service. In: J.-P. Pahl, F. Rauner, G. Spöttl (Hg.): Berufliches Arbeitsprozesswissen. Ein Forschungsgegenstand der Berufsfeldwissenschaften. Baden-Baden. 289–300.

Schweri, J. (2008): Kosten und Nutzen der betrieblichen Berufsbildung – Schweizer Resultate im Vergleich mit Deutschland. In Piening, D.; Rauner, F. (Hg.): Innovative Berufsbildung – Auf die Attraktivität für Jugendliche und Unternehmen kommt es an! Berlin: LIT Verlag, 72-89

Schweri, J. (2007): Lohnt sich die betriebliche Ausbildung? Resultate zu den technischen Berufen in der Schweiz. In: lernen & lehren, Nr. 86/2007

Schweri, J.; Mühlemann, S.; Pescio, Y.; Walther, B.; Wolter, S. C.; Zürcher, L. (2003): Kosten und Nutzen der Lehrlingsausbildung aus der Sicht Schweizer Betriebe, Beiträge zur Bildungsökonomie, Band 2, Zürich: Rüegger

Steedman, H.; Mason, Geoff; Wagner, Karin (1991): Intermediate skills in the workplace: deployment, standards and supply in Britain, Germany and France. National Institute Economic Review, May, National Institute Economic Review. Vol. 136 pp. 60–76

Steedman, H.; McIntosh, S.; Green, A. (2004): DfES Research Report No. 548, 2004

Strahm, R. . (2008): Warum wir so reich sind: Wirtschaftsbuch Schweiz. Bern : hep, der Bildungsverl.

Teggemann, W. (2001): Die historische Entwicklung des Arbeitsprozesswissens im Kfz-Service – untersucht an der Entwicklung der Service-Dokumentationen. ITB-Arbeitspapiere Nr. 34. Bremen: Institut Technik und Bildung der Universität.

Ulich, E. (1994): Arbeitspsychologie. 3. Aufl. Zürich, Stuttgart: Schäffer-Poeschl

Ulich, E. (2001): Arbeitspsychologie. 5. Aufl. Zürich: vdf, Stuttgart: Schäffer-Poeschel

Schönfeld, G.; Wenzelmann, F.; Dionisius, R.; Pfeifer, H.; Walden, G. (2010): Kosten und Nutzen der dualen Ausbildung aus Sicht der Betriebe. Ergebnisse der vierten BIBB-Kosten- und Nutzen-Erhebung. Bielefeld.

Walden, G.; Herget, H. (2002): Nutzen der betrieblichen Ausbildung für Betriebe - erste Ergebnisse einer empirischen Erhebung. Berufsbildung in Wissenschaft und Praxis 31(6). 32–37

Wehner, Th.; Classes, Ch.; Endes, E. (1996): Situatives Lernen und kooperatives Handels in Praxisgemeinschaften. In: Endes, E.; Wehner, Th. (Hg.): Zwischenbetriebliche Kooperation. Die Gestaltung von Lieferbeziehungen. Weinheim: Beltz

Womack, J.P./Jones, D.T./Roos, D. (1992): Die zweite industrielle Revolution in der Autoindustrie. Frankfurt a.M./New York: Campus.

8 Abbildungs- und Tabellenverzeichnis

8.1 Abbildungsverzeichnis

Abb. 1: Studienanfängerquoten (Quelle: OECD 2008) 7
Abb. 2: zusammenfassende Ergebnisse zur Integration der Steuerungssysteme (Dimension 1) der beruflichen Bildung in Dänemark, Deutschland, Österreich und der Schweiz (Die Bewertungsskala reicht von sehr gut (10) bis völlig unzureichend (1).)(aus: Bertelsmann Stiftung 2009:18) 10
Abb. 3: Arbeitsprozesswissen als ein Zusammenhang von handlungsleitendem, handlungserklärendem und handlungsreflektierendem Wissen 18
Abb. 4: : Entwicklung des Nachfragepotenzials für berufliche Bildung in Westdeutschland 22
Abb. 5: : Entwicklung des Nachfragepotenzials für berufliche Bildung in Ostdeutschland 23
Abb. 6: Kostenarten bei der Erfassung der Bruttokosten für die betriebliche Berufsausbildung 25
Abb. 7: Entwicklung des Leistungsgrades Auszubildender nach Halbjahren (vgl. Rauner 2008, 52). 30
Abb. 8: Branchenübergreifender Vergleich des Niveaus der Arbeitsaufgaben 33
Abb. 9: : Berechnung der Nettokosten bzw. Nettoerträge bei QEK 35
Abb. 10: Beispiel für die Rentabilität der Ausbildung (Quelle: Fallstudie QEK Kfz-Mechatroniker, ID-281022a_R) 35
Abb. 11: Die sechs Qualitätsaspekte der Selbstevaluation 39
Abb. 12: Von einer funktions- zu einer geschäftsprozessorientierten Organisationsstruktur 45
Abb. 13: Qualitätsdiagramm über den Durchschnitt der gesamten Ausbildung (Quelle: Fallstudie QEK) 49
Abb. 14: Rentabilität- Qualitätsmatrix (Quelle: QEK-IHK, Osnabrück-Emsland) 53

Abb. 15: Ausgewähltes QRM-Beispiel A 54
Abb. 16:Ausgewähltes QRM-Beispiel B... 55
Abb. 17: Ausgewähltes QRM-Beispiel C... 55
Abb. 18: Ausgewähltes QRM-Beispiel C... 56
Abb. 19: Qualitätsprofile der Ausbildung in Industriebetrieben zweier
Regionen (NRW, Osnabrück-Ems)... 57
Abb. 20: Qualität der Ausbildung im Ausbildungsverlauf in
Industriebetrieben zweier Regionen (NRW OS).. 59
Abb. 21: Fallbeispiele Ausbildungsberuf Industriemechaniker 61
Abb. 22: Fallbeispiele Ausbildungsberuf Industriekaufmann/-frau 62
Abb. 23: Fallbeispiele Ausbildungsberuf Elektroniker Betriebstechnik 63
Abb. 24: Zeitliche Aufteilung der Berufsausbildung 65
Abb. 25: Prüfungsstück im Ausbildungsberuf Industriemechaniker................ 66
Abb. 26: Kosten-Ertrags-Bilanz der beruflichen Erstausbildung 68
Abb. 27: Mechatroniker/in 70
Abb. 28: Mediengestalter/in 71
Abb. 29: Fachmann/-frau für Systemgastronomie.. 73
Abb. 30: „best practice"-Beispiel Industriekaufmann/-frau (IK) 76
Abb. 31: „best practice", Beispiel Kaufmann/-frau für
Bürokommunikation (BüKo) 77
Abb. 32: schwächstes Beispiel Kaufmann/-frau für
Bürokommunikation (KBK) 78
Abb. 33: „best practice"-Beispiel Bürokaufmann/-frau (BK) 79
Abb. 34: schwächste Ausbildung, Bürokaufmann/-frau (BK) 79
Abb. 35: „best practice"-Beispiel Elektroniker (EL).. 80
Abb. 36: schwächste Beispiel Elektroniker/-in (EL) 81
Abb. 37: schwächstes Beispiel, Anlagenmechaniker/-in (AM)....................... 81
Abb. 38: „best practice"-Beispiel Anlagenmechaniker/-in (AM).................... 82
Abb. 39: „best practice"-Beispiel Industriemechaniker (IM).......................... 83
Abb. 40: „best practice"-Beispiel: Mechatroniker/-in 84
Abb. 41: schwächste Ausbildung, Mechatroniker/-in 85
Abb. 42: „best practice", Beispiel Fachinformatiker/-in 86

Abb. 43: „best practice", Beispiel: Mediengestalter/-in 87
Abb. 44: Entwicklung der Ausbildungsqualität (auf der Basis von
QEK-Daten) 88
Abb. 45: Verteilung der erfassten Ausbildungen nach Branchen 92
Abb. 46: Verteilung der Betriebe nach Betriebsgröße 93
Abb. 47: Verteilung Ausbildungsdauer 93
Abb. 48: Anzahl der Auszubildenden im Betrieb (prozentuale
Verteilung) 94
Abb. 49: Ausbildungsquote der Betriebe bezogen auf die
Betriebsgröße 95
Abb. 50: Kosten, Leistung und Nettoertrag eines Auszubildenden pro
Ausbildungsjahr 96
Abb. 51: Nettoertrag pro Auszubildenden und Jahr, Ausbildungsdauer
3 Jahre 97
Abb. 52: Nettoertrag pro Auszubildenden und Jahr, Ausbildungsdauer
3,5 Jahre 98
Abb. 53: : Verteilung der Nettokosten bzw. -erträge 99
Abb. 54: Qualitäts-Rentabilitäts-Matrix gesamtes Sample QEK
Deutschland 100
Abb. 55: Kosten, produktive Leistung und Nettoertrag dreijährige
Ausbildung 102
Abb. 56: Kosten, produktive Leistung und Nettoertrag
dreieinhalbjährige Ausbildung 103
Abb. 57: Für Ausbildung verwendete Zeit der hauptamtlichen
Ausbilder in Minuten pro Woche. 107
Abb. 58: Für Ausbildung verwendete Zeit der nebenamtlichen
Ausbilder in Minuten pro Woche. 108
Abb. 59: Kosten und Nutzen von Ausbildung nach Branchen 109
Abb. 60: Entwicklung des Leistungsgrades von Auszubildenden nach
Halbjahren 112
Abb. 61: Verteilung der Ausbildungszeiten über die Ausbildungsjahre 114
Abb. 62: Durchschnittliche produktive Zeiten nach Betriebsgrößen 115
Abb. 63: Durchschnittliche produktive Zeiten nach Branchen 116

Abb. 64: Qualitätsindex der erfassten Ausbildungen 118
Abb. 65: Ausbildungsqualität nach Branche 119
Abb. 66: Entwicklung der Ausbildungsqualität 120
Abb. 67: Beispielverlauf einer Ausbildung 121
Abb. 68: Qualitätsentwicklungen im Vergleich (Fachinformatiker) 121
Abb. 69: Qualitäts-Rentabilitätsmatrix Industrie 122
Abb. 70: Qualitäts-Rentabilitätsmatrix Handel/Dienstleistungen 123
Abb. 71: Qualitäts-Rentabilitätsmatrix Handwerk 123
Abb. 72: Qualitäts-/Rentabilitäts Matrix: Branchen Handwerk und
Handel/Dienstleistungen im Vergleich zur Referenz-Branche
Industrie 126
Abb. 73: Qualitäts-/Rentabilitäts Matrix: Branchen Handwerk und
Handel/Dienstleistungen im Vergleich zur Referenz-Branche
Industrie – nur das letzte Ausbildungsjahr 127
Abb. 74: Kosten und Erträge aller Branchen im Vergleich 128
Abb. 75: Qualitätsindices – gesamte Ausbildung: Branchen Handwerk
und Handel / Dienstleistungen im Vergleich zur Referenz-
Branche Industrie 133
Abb. 76: Qualitätsindices – 1. Ausbildungsjahr: Branchen Handwerk
und Handel / Dienstleistungen im Vergleich zur Referenz-
Branche Industrie 134
Abb. 77: Qualitätsindices – 2. Ausbildungsjahr: Branchen Handwerk
und Handel / Dienstleistungen im Vergleich zur Referenz-
Branche Industrie 134
Abb. 78: Qualitätsindices – 3. Ausbildungsjahr: Branchen Handwerk
und Handel / Dienstleistungen im Vergleich zur Referenz-
Branche Industrie 135
Abb. 79: Qualitätsindices – 4. Ausbildungsjahr: Branchen Handwerk
und Handel / Dienstleistungen im Vergleich zur Referenz-
Branche Industrie 135
Abb. 80: Verteilung der Ausbildungszeiten in den Branchen Industrie,
Handwerk und Handel/Dienstleistungen 136
Abb. 81: : Partner der Landesinitiative QEK Sachsen 139

Abbildungsverzeichnis

Abb. 82: : Wirkungsebenen der Landesinitiative - Beispiele 141
Abb. 83: Aktivitäten der Landesinitiative QEK [2013].................................. 143
Abb. 84: Rentabilität und Qualität der Ausbildung der beteiligten
Betriebe in allen QEK-Projekten... 149
Abb. 85: Qualität und Rentabilität in Sachsen.. 149
Abb. 86: QEK Sachsen im Vergleich mit den anderen QEK-Projekten.......... 151
Abb. 87: Kosten und Nutzen der Ausbildung der Sächsischen Betriebe
im Vergleich zu den anderen QEK-Projekten..................................... 152
Abb. 88: Leistungsgrad: Vergleich QEK Sachsen mit anderen QEK-
Projekten... 154
Abb. 89: Leistungsgrad Industrie Sachsen im Vergleich zu Industrie
Bremen, Osnabrück-Emsland und NRW 155
Abb. 90: Qualität der Ausbildung im Vergleich Sachsen und anderen
QEK-Projekten.. 156
Abb. 91: Qualität im Ausbildungsverlauf in den Betrieben in Sachsen
im Vergleich zu den Betrieben in anderen QEK-Projekten 157
Abb. 92: Rentabilität und Qualität in Sachsen: im Branchenvergleich,
grafische Einordnung 159
Abb. 93: Rentabilität und Qualität in Sachsen: im Branchenvergleich,
absolute Zahlen 160
Abb. 94: Qualität der Ausbildung: Branchenvergleich 164
Abb. 95: Qualität der Ausbildung im 1. Ausbildungsjahr 166
Abb. 96: Qualität der Ausbildung im 2. Ausbildungsjahr 166
Abb. 97: Qualität der Ausbildung im 3. Ausbildungsjahr 167
Abb. 98: PDCA-Zyklus der betrieblichen Altenpflegeausbildung
(eigene Darstellung) 174
Abb. 99: Eingesetzte Qualitätsbausteine der Pflegeeinrichtung..................... 176
Abb. 100: Qualitäts-/Rentabilitätsmatrix (gesamte Ausbildung):
Erhöhung der Qualität und Rentabilität.. 177
Abb. 101: QR-Matrix 2011/2012 zum Verlauf der QR-Werte vom
ersten bis dritten Ausbildungsjahr 178
Abb. 102: Qualitätsprofile im Vergleich über alle Ausbildungsjahre 180

Abb. 103: Qualitätsprofile im Vergleich für die einzelnen Ausbildungsjahre 181
Abb. 104: Verteilung der Ausbildungszeiten 183
Abb. 105: Verteilung der QEK-Betriebe nach Branchen 190
Abb. 106: Anzahl der Auszubildenden der QEK-Betriebe nach Branchen 191
Abb. 107: Verteilung der QEK-Betriebe nach Betriebsgröße 191
Abb. 108: Produktive Lernzeiten nach Branchen 194
Abb. 109: Durchschnittliche produktive Zeiten Auszubildender in Tagen pro Jahr nach Branchen. Der ..... Median ist jeweils hervorgehoben.
Abb. 110: Produktive Lernzeiten nach Branche und Ausbildungsjahr 196
Abb. 111: Verteilung der produktiven Zeiten Auszubildender in den Industriebetrieben 197
Abb. 112: Durchschnittliche produktive Zeiten Auszubildender in der Industrie nach Ausbildungsjahr und Betriebsgrößenklasse 198
Abb. 113: Gesamtverteilung „Niveau der Arbeitsaufgaben" nach Schulnoten 200
Abb. 114: Verteilung „Niveau der Arbeitsaufgaben" im Handwerk nach Schulnoten 200
Abb. 115: Verteilung „Niveau der Arbeitsaufgaben" in der Branche Handel/Dienstleistungen nach Schulnoten 201
Abb. 116: Verteilung „Niveau der Arbeitsaufgaben" in der Industrie nach Schulnoten 202
Abb. 117: Verteilung „Niveau der Arbeitsaufgaben" in der Altenpflege nach Schulnoten 202
Abb. 118: Durchschnittliche Schulnote „Niveau der Arbeitsaufträge" nach Branche und Ausbildungsjahr 204
Abb. 119: Verteilung „Niveau der Arbeitsaufträge", 2. Ausbildungsjahr, Handel/Dienstleistungen, nach Schulnote 206
Abb. 120: Verteilung „Niveau der Arbeitsaufträge", 2. Ausbildungsjahr, Industrie, nach Schulnoten 206
Abb. 121: Verteilung „Eigenverantwortliches Lernen" in Handel/Dienstleistung nach Schulnoten 208

Abb. 122: Durchschnittliche Schulnote „Eigenverantwortliches Lernen" nach Branche und Ausbildungsjahr 210
Abb. 123: Prozess- und gestaltungsorientierte Berufsausbildung 218
Abb. 124: Wissenszuwachs repräsentiert durch den Umfang der Servicedokumentation für Kfz-Werkstätten (Teggemann 2001) 229
Abb. 125: Zum Zusammenhang von Spezialisierung und Produktivität im Kfz-Sektor (Rauner 1997, 41) 230
Abb. 126: a) bis c) Niveau der Arbeitsaufträge, eigenverantwortliches Lernen und Lernen in Geschäftsprozessen 237
Abb. 127: Häufigkeitsverteilung der Schulnote "Lernen in Geschäftsprozessen" 238
Abb. 128: a) bis d) Qualität des Lernens in Geschäftsprozessen, prozentuale Verteilungen Industrie, Handel, Handwerk und Altenpflege 239
Abb. 129: a) bis c) Qualität des Lernens in Geschäftsprozessen, Handel/Dienstleistung, prozentuale Verteilungen pro Ausbildungsjahr 240
Abb. 130: Qualität des Lernens in Geschäftsprozessen, prozentuale Verteilungen pro Ausbildungsjahr im Vergleich (Industrie links, Handel/Dienstleistungen rechts) 242
Abb. 131: a) bis c): Qualität des Lernens in Geschäftsprozessen, Handwerk, prozentuale Verteilungen pro Ausbildungsjahr 245
Abb. 132: a) bis c) Qualität des Lernens in Geschäftsprozessen, Altenpflege, prozentuale Verteilungen pro Ausbildungsjahr 246
Abb. 133: Kriterien der holistischen Lösung beruflicher Aufgaben (Rauner u.a. 2011) 247
Abb. 134: Kompetenzprofil der Testgruppe Elektroniker FR Energie- und Gebäudetechnik (n=106, Ergebnisse 2009); K1= Anschaulichkeit/ Präsentation, K2 = Funktionalität, K3 = Gebrauchswertorientierung, K4 = Wirtschaftlichkeit, K5 = Arbeits- und Geschäftsprozessorientierung 248
Abb. 135: Prozentuale Verteilung der Bewertungen der Aufgabenlösungen von Elektronikern beim Item „Wir die Lösung in die betriebliche Ablauf- und Aufbauorganisation

eingebettet (im eigenen Betrieb/beim Kunden)?" (Ergebnisse KOMET Hessen 2008, n=164) 249

Abb. 136: Prozentuale Verteilung der Bewertungen der Aufgabenlösungen von Elektronikern beim Item „Werden bei der Lösung die vor- und nachgelagerten Prozesse berücksichtigt und begründet?" (Ergebnisse Komet Hessen 2008, n=164) 249

Abb. 137: Prozentuale Verteilung der Bewertungen der Aufgabenlösungen von Elektronikern bei den fünf Items zur Geschäftsprozessorientierung. (Ergebnisse Komet Hessen 2008, n=164) 250

8.2 Tabellenverzeichnis

Tab. 1: Ausgewählte Tätigkeitskategorien des Operateurs (Vorarbeiters) an einer Industrieroboteranlage im Maschinenbau nach Düll 1988, zitiert nach Ulich (2001, 83) 28

Tab. 2: Durchschnittliche Zeiten während der Ausbildung in Tagen pro Jahr (dreijährige Ausbildungsgänge) 34

Tab. 3: Merkmale der Aufgabengestaltung in Anlehnung an Emery & Emery (1974), Hackman und Oldham (1976) und Ulich (1994, 161) 43

Tab. 4: Qualitätsunterschiede in der industriellen Berufsausbildung (OS und NRW), vgl. auch Abb. 19 58

Tab. 5: Kosten-Ertrags-Aufschlüsselung 68

Tab. 6: Anzahl der Arbeitstage, die auf Prüfungen und Lehrgänge entfallen 74

Tab. 7: Qualitätsindex (Durchschnitt, max., min) ausgewählter Berufe 75

Tab. 8: Kostenstruktur dreijährige Ausbildungsgänge; Angaben pro Auszubildenden über die gesamte Ausbildungsdauer (Summe) 104

Tab. 9: Kostenstruktur dreieinhalbjährige Ausbildungsgänge; Angaben pro Auszubildenden über die gesamte Ausbildungsdauer (Summe) 105

Tab. 10: Kostenstruktur der Ausbildungen nach Branche 110

Tab. 11: Kosten und Ertrag verschiedener Branchen 129

Tab. 12: Kostenstruktur in der Branche Industrie 130

Tab. 13: Kostenstruktur in der Branche Handwerk 131

Tab. 14: Kostenstruktur in der Branche: Handel/Dienstleistungen 132

Tab. 15: Kosten und Erträge der Ausbildung in Sachsen im Vergleich zu den anderen QEK-Projekten 152

Tab. 16: Überblick über die Kostenstruktur der Ausbildung in den Betrieben in Sachsen im Vergleich zu den anderen QEK-Betrieben 153

Tab. 17: Kosten und Erträge der Ausbildung in Sachsen, Branchenvergleich 161

Tab. 18: Kostenstruktur der Sächsischen Ausbildung:
Branchenvergleich „Industrie" mit „Handel-Dienstleistung" 162
Tab. 19: Kostenstruktur der Sächsischen Ausbildung:
Branchenvergleich „Handwerk" mit „Landwirtschaft"........................ 163
Tab. 20: Strukturelle Verbesserungen der Ausbildung................................... 179

Bildung und Arbeitswelt
hrsg. von
Prof. Dr. Rolf Arnold (TU Kaiserslautern), Prof. Dr. Philipp Gonon (Universität Zürich) und
Prof. Dr. Felix Rauner (Universität Bremen)

Felix Rauner; Bernd Haasler; Lars Heinemann; Philipp Grollmann
Messen beruflicher Kompetenzen
Band I: Grundlagen und Konzeption des KOMET-Projektes
Ein Berufsbildungs-PISA gilt als ein weiteres Anwendungsfeld für die Kompetenzdiagnostik. Die Berufsbildungsforschung ist daher herausgefordert, Methoden und Instrumente zu entwickeln und zu erproben, die für ein international vergleichendes Berufsbildungs-PISA genutzt werden können. In einem überschaubaren, begrenzten Projekt der Kompetenzdiagnostik im Berufsfeld Elektrotechnik (KOMET) werden in einer Längsschnittsuntersuchung (unter Beteiligung der Bundesländer Bremen und Hessen) Fragen der beruflichen Kompetenzentwicklung und der Entwicklung beruflicher Identität und beruflichen Engagements untersucht. In dem hier vorgelegten „Grundlagenband" werden das Kompetenzmodell sowie das darauf basierende Testkonzept begründet und vorgestellt. Schon jetzt zeigt sich, dass das Testinstrumentarium sich zugleich für die Gestaltung und Evaluation beruflicher Bildungsprozesse eignet. Daher ist diese Schrift nicht nur für Wissenschaftler, sondern auch für Lehrer und Ausbilder gedacht.
Bildung und Arbeitswelt, Bd. 20, 2009, 216 S., 19,90 €, br., ISBN 978-3-8258-1955-2

LIT Verlag Berlin – Münster – Wien – Zürich – London
Auslieferung Deutschland / Österreich / Schweiz: siehe Impressumsseite